여섯 가지 핵심 오류 관리

우리는 왜
똑같은 오류를
범할까

우리는 왜 똑같은 오류를 범할까

윤용구 지음

조직들이 쉽게 범하는 오류의 요인
조직의 안전을 위한 인적 오류 예방 필독서

이담북스

왜 나와 조직은
오류를 자초하는가?

사실, 오류는 인간의 잘못된 행동과 생각, 인지, 정보, 지식, 태도의식에 의해 원치 않은 사건과 사고가 발생이 된다. 안전의 역행이 되고, 목표에 방해물로 표출이 되고, 사회의 큰 이슈이자 논란이 되어 경제의 장애물로 발생이 되고 있다. 결과적으로 장애물과 걸림돌로 인하여 인간행동의 규제가 되고, 안전하게 진행되는 진로에 뒷다리를 잡히게 되어 뒤로 후진을 하게 된다.

오류는 산업 현장뿐만 아니라 국가안전, 국민안전, 사회 안전, 경제안정 등 재난관리까지 영향을 미치고 있다. 그 피해는 직접이든 간접이든, 크든, 작든 간에 시민들의 생활과 사회, 문화, 경제와 국제 사회에도 여러 가지 이슈가 되고 있다.

인간의 오류로 인한 강도와 빈도는 치명적이고 커서 하루에 여러 상황을 정량화하면 이루 셀 수가 없을 것이다. 오류는 반복이 누적되거나, 누적된 한계를 벗어남으로써 결과물로 나타나는 것이, 인간이 생각하는 것보다 사소하다고 보기에는 중요한 팩트(Fact)이다. 엎지른 물을 담을 수 없는 상태의 존재가 된다. 매스미디어를 통해 느끼고 살아가고 있다.

실수를 초래하면 인적과 물적 형태의 조건이나 결과물로 유추된다. 안전의 역행으로, 방해물로, 장애물로 초래하는 오류는 인간의 발생원적 사고, 이원적인 덫(trap)의 결과이다.

오류를 접하고 있는 사회에 상존하기 위해 어떻게 대응하며, 위기 능력에 대하여 대처할 것인지 방법을 숙지하고 있어야 한다. 과거의 실패사례를 거울삼아서 재발 방지를 세우면 실패학이 좋은 사례를 근거로 성공사례의 귀감이 될 것이다. 그러나 방치하고, 남의 일로 생각한다면 결과는 실패와 오류의 연속이 될 것이다. 현재를 직시해서 오류가 없는 사회로 가기 위해, 미래 지향적인 문제해결 중심으로 방향이 전환된다면 현대인들의 오류 해결능력은 발전적일 것이다.

문제를 명확히 정의하면 문제의 반은 풀었다고들 한다. 문제에 대하여 상황적 판단과 원인의 정확한 추정을 하고 해결책을 결정하고 실행을 하게 된다면 순방향이 될 것이다. 그만큼 성숙한 안전 의식과 높은 해결능력이 전제되지 않는다면 인간의 오류는 말로만 외치는 빈 강정일 것이다. 성숙한 안전 의식이 인간의 오류를 줄이는 해결책이 된다.

인간의 사고(思考)와 행동을 인지한다면 오류의 반은 제거할 수 있는 실마리가 된다. 인간의 오류는 어느 관점으로 보느냐에 따라 해결책이 다를 수 있지만, 안전관점에서 보면 빅(Big)이슈인 오류의 인자는 조직의 문화, 의사소통, 정보, 사고(思考), 인지 등 다양하다. 이처럼 다수가 있겠지만 일반적으로 언급하면 6개 정도가 꼽힐 것이다. 인간의 행동, 인지, 의식, 지식, 생각, 경험이 시작점이 되어 오류 해결의 실마리를 갖게 하는 접근일 것이다. 오류는 '무심코, 내가 설마, 나쯤이야, 심지어, 그렇게 될 줄 몰랐네, 그것쯤이야 등으로 이어지는 안전 개념하고도 상통하며 잘못된 의식이 오류의 갭으로 연속됨을 인지하고 있어야 한다.

위험과 불안한 사회가 되는 중요한 원인에 대하여 오류가 무엇인지를 알아가는 것도 안전학자 입장에서 얘깃거리가 될 것 같다. 인지의 태두이고 대가인 피아제(Jean Piager)의 이론은 인간의 행동주의를 인간의 내적인 부분보다 외적인 부분에서 찾으려고 했다. 더더욱 사회 학습 이론과 병행되면서 인간의 내적 동기나 욕구나 인식에서 찾지 않고 관찰로 찾으려고 했다.

인간에게 위험과 불안을 가져오는 인간의 요인에 방향을 돌려 안전관점에서 인간의 행동과 의식과 위험요인 등으로 접근해서 오류의 인자가 어떤 요인들이 있는지 부분적으로 언급했으나 조직의 상황에 따른 요인들이 특화나 차별화가 있을 수 있다.

국내 심리학자인 모 교수는 디지털 사회에 주목해야 할 부분을 5개로 분류했는데 그중의 2개가 위험사회와 불안사회라고 했다. 일부 위험과 불안을 더 가중하거나 해소하는 부분도 있다.

위험과 불안은 둘 다 사회에 존재하는 한 사회의 구성원과 사회의 운영 실체로 안정화를 기하지 못하는 경우가 있다. 덧붙여 설명하면 위험사회는 가시화되거나 산업화 측면에서 더 집중화되어 있는 것이라 본다면, 불안사회는 아직도 표면화되어 있지 않아 비가시화되거나 비산업화된 것처럼 잠재적이고, 투명치 않아 부분적인 무시 관계사항일 뿐이고, 일부분의 사소 부분이다.

가령 교통, 항공, 전력사고, 자연재해로 야기되고 있는 기상, 화재, 특허, 정보, 인터넷, 기술복제, 인간의 오류로 발생하는 사고와 실수가 위험이 있다. 인간복제, 네트워크, 노동의 사회, 경제적인 물가, 경기침체, 매스미디어, AI(인공지능), IT(인터넷기술)들로 인해 불안의 발생원이라면 불안요인이 인간의 오류와 관계가 있다. 2011년 〈OECD Health Data〉 자료에 의하면 우리나라의 안전 관련 데이터 중 교통사고사망자 수는 인구 100만 명당 105명으로 OECD 국가 중 밑에서 폴란드(109명)에 이어 우리가 2위, 이어 미국(104명) 3위를 기록하고 있다. 평균은 100만 명당 63명이지만 영국(31명), 노르웨이(34명), 아이슬란드(38명)는 적은 것으로 나타났다.

각각의 문제를 가져오는 원인에 대하여 세분화해서 인간 오류는 어디서 발생하는가를 생각하는 시간을 이 기회에 찾아보자. 이번 출간에서는 인간의 오류는 어떤 형태의 요인이 있고, 쉽게 느끼고, 행동하고, 접할 수 있는 것에서 발생하고 있는지를 앞으로 인간의 행동 차원에서 중요한 부분으로 사전인지, 대응, 조직문화 차원에서 접근했다.

행동에서 오는가? 인지에서 오는가?

의식에서 오는가? 지식에서 오는가?

생각에서 오는가? 경험에서 오는가?

환경에서 오는가? 의사소통에서 오는가?

협력에서 오는가? 규율에서 오는가?

각종 오류는 하나의 프로세스 작동 중에 실수, 미비, 무지, 부족, 실패를 요인으로 완벽하지 않을 때 발생하고 있다. 상기 조건들이 연관되어야 발생원이라 볼 수 있는 오류의 접근이 쉽게 노출되거나 발생하게 된다.

현대인의 조직은 어느 지대(ZONE)에 분류되어 있는 것일까? 각 개인의 특성보다는 조직들이 범하는 분류는 구체적으로 표현하면 안전지대, 위험지대, 완충지대, 3개로 구분할 수 있다.

안전지대(SAFETY ZONE)는 조직이나 개인에게 있어 〈인간의 본성과 규범과 질서와 수칙을 조직원들이 보든, 안 보든 간에 스스로 준수하고 그들의 집단으로 구성된 어떠한 문제에도 안전우선의 행동과 환경과 생각을 하고 사전예방을 최우선으로 하는 사람과 환경에 속해 있는 지대의 사람〉으로 생각하면 어떨까?

위험지대(DANGEROUS ZONE)는 〈각 개인에게 행동반경과 환경에서 위험에 노출되어 생각과 행동이 사건과 사고를 수반하고 조직으로 위험의 요인, 불안의 요인으로 인해 다수의 결과로 가져오는 지대의 사람〉에 속한 조직일까, 혹은 구성원으로 속한 사람일까?

완충지대(BUFFER ZONE)는 〈조직과 구성원들이 행동과 환경의 위험과 불안에 노출되는 것을 반신반의해서 의사결정을 완전한 위험과 불안이 반쯤만 들어가 있는 지대에 있는 사람일까요?〉라고 하는 사람을 오류에 대한 사람들의 행동과 생각으로 집단구분한 것이다.

안전한 지대(ZONE)는 어느 정도의 수준인가? 그렇게 판단하기 위한 요인들에 대하여 많은 판단과 행동이 인간 속에 있는 잠정적인 정신적과 행동적인 인자를 가지게 되는지를 알게 됨으로써 군집단의 특성으로 좋은 점을 찾는 것이 목적이다. 위험지대와 완충지대에서 각자의 구성원이 판단하여야 한다. 현대 사회의 안전은 남의 얘기가 아니고 이웃 나라만의 고민이라고 생각하는 것은 잘못된 인식이고 생각이다.

오류는 아는 것과 적용하는 것엔 절대적인 차이가 있다. 오류로 인한 문제는 사회든, 회사든, 이익집단에 있어 인간에게는 존재 가치가 없고, 그렇다고 무시하기에는 안 되는 "사실"이다. 오류는 인간에게 주어진 필수 불가결한 사항으로 크게는 생각과 행동을 반경에 두어야 하지만, 깊게는 인간의 행동, 인지, 의식, 지식, 경험, 생각 등이 오류의 원인으로 발목이 잡히는 덜미의 시초가 된다.

이 책을 통하여 인간의 행동과 이에 수반한 오류의 원인을 알아 대처하고 예방하여 실수가 없기를 바란다. 산업사회와 안전 사회를 동반하기 위해서는 서로 간의 윈윈(WIN-WIN)이 되어야 한다.

현장 속에서 인간의 오류로 발생할 수 있는 모든 불안한 요인에 대하여 산업 역군뿐만 아니라 이와 관련된 이해관계자들도 발생해선 안 되는 인간의 행동으로 인해 오류가 발생하는 요인을 결국 6개 인자로 정하고 이야기를 전개했다. 최근에 남녀노소 없이 산업 현장뿐만 아니라 학교에서, 길거리에서, 지하철에서 혹은 기타 여러 환경에서 발생하고 있는 인간의 오류는 시간과 환경을 봐주는 것 없이 나와 타인으로 인해 발생하고 있다. 오류에 대하여 조금만이라도 알면 예방할 수 있는 분위기를 정립시켜야 한다. 사전에 인지하고, 교육, 훈련 및 문화까지 정착하면 사후에 대책을 세우는 우리의 안전 의식보다 일본처럼 사전에 준비하는 의식을 가지는 것이 예방의 근간이 될 수 있다. 모든 오류가 발생할 수 있는 곳의 오류 인자를 파악하여 조직과 개인의 행동으로 프로세스, 시스템 구축을 구체화하여 실행의 결과로 이어져 행복한 사회로 이어지길 기대해 본다.

저자 윤용구 박사

PART 06 경험의 오류

PART 01

행동의 오류

#1.
행동오류의 실마리는
다양한 곳에서 찾아라

대기업에서의 안전관리를 근 30년 이상 근무했던 나에게 안전에 관여되는 그 시절에는 산업 현장의 시간과 장소에 상관없이 24시간 늘 긴장의 연속이었다. 업무에 가장 중요하면서도 빼놓을 수 없는 것으로 안전 일은 매사에 점검과 확인하는 것이 습관이었다. 중요한 사고와 사건은 현장 중심으로 원인분석과 대책에 재발이 없도록 완전하게 조치를 하고, 실패를 거울삼아 부족했던 부분을 반성, 개선으로 이어지는 루트였다. 모든 문제의 실마리는 현장에 답이 있음이 안전경영의 기본철학이다. 그래서 S 대기업에서는 "환경 안전은 경영의 제1원칙이다."라고 경영 철학으로 삼고 있다. 사고는 사방팔방에서 도사리고 있고, 어디든지 산재해 있으며, 잠재되어 있거나,

방치되어 인지 못 함으로써 발생한다.

　잠재의 불합리가 많아지거나, 점점 악화하거나, 누적되거나 평계로 일괄되고, 관리해야 할 장소나 시설과 운영 부분에서 예측성, 잠재성을 갖지 못함으로써 불시의 경우에 안전사고를 유발할 수 있기 때문이다. 심지어는 재발과 삼발로 일어나고 있다면 클로즈 루프(Close Loop)는 안 되기도 한다. 클로즈 루프는 일에 대한 끝맺음을 완결하는 루트로 남의 일 같지 않고 나의 일, 나의 사업장에 일이라 늘 생각하고 있다면 실행이 기본인 행동, 현장경영이 적합하게 운영하는 것이 필요하다. 잠재가 보이면 그럴 때마다 작은 수첩으로 아이디어나 개선할 아이디어와 방향, 목표 중에 인간의식을 중심으로 적어 놓고, 변화의 혁신이 필요함을 지속적으로 유지해야 함을 수십 년을 현장감으로 느꼈다.

　안전에 대한 선봉자는 최전방의 현장 작업자다. 연결고리가 되어 현장관리자, 관리감독자로 최고경영자인 관리책임자로 이어져야 한다. 이들은 안전관리에 있어 위험한 부분이나 사고의 부분에 대하여 필히 숙지하고 있거나, 관심을 가져야 한다. 혹은 리더로서 의사결정 및 신속한 판단에 대한 부분이 요구되기도 해서 머릿속의 생각보다 실행력이 우선일 경우도 있다. 더불어 중요 사항은 손의 부지런함이 크게 작용하는 메모일 수도 있다. 머리가 못 따르거나 많은 일이 수반된다면 중요 포인트마다 핸드폰이나 노트를 이용하여 기록하고 확인해야 한다. 현장에서 아랫사람만 혹은 지시받은 사람만 인지하고 있다면 결과의 확인은 누군가는 확인하는 체크자가 있어야 한다.

■ 메모하는 습관은
   오류를 예방하는 하나의 방법이다

　　메모하면 미국의 제16대 대통령 에이브러햄 링컨은 그 큰 모자 속에 메모 종이를 가지고 다녔다고 하며, 이해인 수녀님은 작은 가방에 몇 개의 수첩과 몇 자루의 몽당연필을 가지고 다니면서 수시로 기록하는 메모의 습관이 남달랐다고 한다. 메모하는 습관은 나 자신이 기억하고자 하는 순간적인 생각을 찾기 위한 즉시형 기록 습관이다.

　　메모가 현장의 개선 포인트를 찾는 실마리가 되고, 인적 오류가 발생할 수 있는 잠재요소를 미연에 예방하는 교육의 한 줄거리를 가져오는 중요한 키워드가 되기 때문이다. 메모는 아이템을 찾는 실타래 같은 것이다. 그런 활동이 안전제안, STOP 제도, 레드카드, TBM(Tool Box Meeting) 등과 연관된다. 메모의 중요성은 사카토 켄지의 '메모의 기술'에서 언급하고 있다.

　　레드카드는 미국의 3M 회사에서 자주 쓰는 일의 한 방법인데 부하에게 불합리한 지시를 했는지에 대한 생각과 판단을 통해 이 카드를 활용하는 것이다.

　　"메모의 기술"을 서술한 사카토는 메모 기술을 7가지가 있는데, "시간과 장소에 구애받지 말고, 관찰하는 눈과 자기방식의 메모가 필요하고, 중요 사항은 한눈에 띄게 하고, 메모시간을 따로 가지고, 데이터베이스를 구축하고, 재활용하라"라고 제시하고 있다. 메모는 자기관리의 부분이고, 자기 업무의 부분이라고 판단을 하게 되면 더욱 충실한 실행의 효율이 높아지지 않을까 하는 생각이 든다. '왜 메모를 해야 하는가?'라는 질문을 하게 되면 '왜

일을 해야 하는가?'를 자문자답함으로써 우리가 갖게 되는 동일관점의 목적의식을 확연하게 인지하게 된다.

결국, 메모는 여러 가지 형태별의 문제점과 시간적인 문제점으로 복합적인 현상과 본질을 가지고 있는 부분을 적는 것이다. 메모는 아이템으로 현상과 본질을 가지고 있어 분류하듯이 안전과 오류는 눈으로 보는 현상과 눈으로 볼 수 없는 본질로 나뉜다. 본질적인 사항은 시간적, 근원적, 역사적으로 세분화한다.

시간적인 부분은 시간적인 통념이 들어가 있어, 인간의 오류가 오늘도 없다고 해서 내일도 없는 것은 아니다. 시간적인 찰나와 긴급한 부분에서도 인간은 오류를 충분히 일어날 수 있다는 의미이고, 근원적인 내용은 안전과 오류는 발생원 자체를 근본적으로 제거할 수 없다는 개념이다. 역사적인 내용은 인간이 주관이 되고 생산체계나 창조가 구축되기 위해서는 늘 존재하는 것이 안전과 오류의 관계인 것이다. 역사적 의미는 인간과 안전과 오류는 상호 이해관계나 밀접성이 상존해 있다고 보면 된다.

적어 놓은 메모를 근거로 아이템을 찾고 우수마발(牛溲馬勃)처럼 필요한 곳과 긴요한 곳에 쓰기 위하여 사전에 준비를 하지 않으면 안 되는 것과 같다. 다양한 아이템이 사용하기 위한 최적한 조건을 찾아가는 하나의 과정인 것이다. 메모를 습관화해서 안전관점에서 인적의 오류에 대하여 행동 관찰을 한다고 보면 발생에 대한 원인과 결과의 관점이 달리 보일 것이다. 그 당시에는 조직원의 조직관점에서 분위기가 너무 딱딱하고, 무겁고, 일에만 몰두하고 있었다. 여유가 없이 문제와 해결과의 씨름하고 있어 분위기를 반전하기 위해 일에 대한 분위기를 바꾸어볼까 고민하곤 했다.

마치 나무를 베는 나무꾼이 오직 나무만 베는 일에만 열중하다 보니 톱과 낫을 갈면서 쉬는 여유가 있는 나무꾼보다 비효율적인지 모르면서 일을 하는 것처럼 보인다. 분위기 쇄신을 해서 일 중심에서 사람 중심으로 바꾸기 위한 아이템을 낚기 위해 머리에서 계속 맴돌고 있었다.

　조직원들의 간담회나 회식이나 시간 날 때마다 고충과 업무의 부가 가치 없는 일을 없애는 방법을 간간이 대화나 간담회를 실시했다. 일상적인 생각을 다람쥐 쳇바퀴 도는 형태로 움직이고 있는 것은 아닌가 싶어 근본적인 발상으로 접근이 되어야 했다. 겉만 빙빙 도는 분위기로 마음을 알 수가 없어, 현재 하고 있는 환경에서 무엇인가를 찾아야 하는 심정으로 "부서원들이 일할 맛 나고, 부서원 간에 일이 마음에 와닿게 해보려고 하는 동기 부여가 그 무엇을 찾아주는 것이 우선이다."라는 생각과 실행을 옮기려고 접근을 고민했다.

　전체적인 부서원들의 자신과 일과의 연관성에 접근해 문제의 해결책을 찾지 못하고 급급하게 아이템마다 긍정적으로 생각만 하고 지속적으로 운영만 했다. 그중에 찾는 것이 자화상개념이다. 아이템을 찾아 조직원들의 일을 지금보다는 좀 더 재미와 보람과 활기차게 할 방법을 찾아내는 것이다.

　일반적인 고정관념으로 접근해서 찾기란 쉬운 일이 아님을 알고 직급에 상관없이, 학력과 경력에 상관없이 허심탄회하게 얘기를 일반적으로 듣고 메모하고 그중에는 불만의 각종 이야기보따리를 풀어놓고 들어보았다. 조직원과 자신이 풀어야 하는 문제의 해결은 과반수가 자신임을 알게 되었다. 해보려고 하는 생각과 판단해서 행동으로 옮겨 보려고 하는 세대들의 부족한 차이가 있는 것을 느꼈다. 속담 중에 "소를 우물가에까지 끌고 갈 수는 있어도 물은 먹일 수는 없다"라는 것처럼 모든 문제의 해결은 자신들이 키가 있다.

그런 세대들 간의 답은 이처럼 "X세대, Y세대, N세대, P세대, G세대, MZ세대들이다"라고 얘기하면 섣부른 오산일까? 추가적인 세대를 덧붙인다면 I세대를 넘어 H세대라고 부르고 싶다. 여기서 H세대는 인적 오류(Human Error)인 세대로 이해하면 된다.

■ 현재는 인적 오류(Human Error)인 H 세대이다

우리는 20대나, 30대나, 40대나, 50대나, 60대나 세대에 가장 공통적인 인적 오류 세대이다.

공통적인 것은 대상이 분명치 않아 누구든지 해당이 된다. 나이든, 지위 고하든, 작업환경에 상관없이, 혹은 개인이든, 단체이든 인간행동으로 인해 오류의 잠재성이 있는 세대로 범위가 포괄적이다.

산업 현장에서의 많은 작업이 진행되고 있고, 각종 작업으로 인해 작업자들이 매달리는 일은 관계의 조력자들 간에 얽혀있어 쉽게 해결되지 않음으로 사고가 빈번하다. 원인은 가장 기본적인 틀에서부터 틀어지고 있음을 알 수 있다. 결국, 문제해결의 역할과 책임(R&R: Role and Responsibility)이 명확하지 않은 기준의 가치로 인해 발생하고 있다. 부하(負荷)가 추가되면 이해와 지식과 의사소통의 뒷받침이 안 되어 가중되고 있는 상태이다. 행동을 중시하지 않음으로 직접적인 타격을 받게 되는 것이 현장이고, 표식화되는 부분이 안전과 직결된다.

바쁜 와중에 회사의 리스크 화재보험 계약 건으로 출장을 가게 되었다. 비행기 안에서 이런저런 생각으로 10시간을 넘게 고민하고 있었는데, 출장 가기 전에 책장에 읽지 않고 꽂아 두었던 책을 꺼내어 출장 중에 읽게 되었다. 〈누구나 같이 일하고 싶은 CEO〉라는 책이었다.

책하고의 시간은 늘 나만의 상면(相面)식처럼 내 마음을 한층 궁금증에 실마리를 풀게 해주고 있었다. 마치 한겨울의 황태를 말리기 위해 한 마리, 한 마리들이 어두육미를 자랑하는 것처럼 줄줄이 머리에 꿰어 황금빛 나는 몸뚱이를 햇빛과의 시간에서 행렬하여 의장하는 것처럼 말이다.

줄줄이 마음의 보석상자를 채우는 듯한 책과의 희열을 느끼게 하여 주었다. 그렇다고 나 스스로가 글을 잘 쓰는 작가도 아니고 오래전에 석사와 박사과정의 중요내용을 정리해 첫 출판을 해놓고 이름값도 못한 적이 있다. 그것을 조금이라도 불식(拂拭)하기 위해 첫 번째 습작 형식의 출간을 보완하고, 두 번째 책인 '리더의 조건: 다양성의 7가지 원칙'을 내면서 조금은 마음의 위로를 독자들이 해주었던 기억을 스치게 하였다.

시차로 인해 피곤을 사전에 감소하기 위해 다른 탑승객같이 약간의 양주와 잠을 청하는 일반적인 상황에서도 피곤함도 뒤로 하고 자신에 도취함을 뒤로한 채 책을 완독하는 기쁨을 누렸다. 내용 중에는 회사의 점심시간에 정구공으로 사원들 간에 책상에서 책상으로 던지기 연습을 하는 시간을 갖는 아이템과 어느 회사는 호텔 수영장을 빌려 종이배를 접어 누구 것이 빨리 가는지 시합을 하고, 종이비행기 날리기 시합을 통해 여러 가지 좋은 점을 재미있게 시상을 하고 있었다.

시상의 종류는 종이비행기의 여러 형태를 진행했다. 멀리 날아간 상, 튼튼하고 견고하게 접은 상, 어여쁜 상, 멋있게 만든 상, 각종 인기상 등으로 종이비행기들을 가지고 사원들에게 재미있게 펀(FUN)으로 즐기고 있었다. 회사의 행사와 갖가지의 이벤트를 접하게 되는 것을 느꼈다. 그러나 CEO 중에는 조직원들의 재미있고, 신나는 분위기를 꺼리는 오너도 있는데 아이러니하게도 첨단산업과 정밀 산업의 연구원을 둔 기업체의 CEO들은 반대한다고 한다. CEO들은 이런 FUN의 분위기가 조직원들의 일하는 분위기를 더 흩뜨려 놓는다는 게 미추진의 원인이었다. 전자는 조직원들을 일하는 생산의 도구라고 생각하는 것은 아닌지, 궁금하다.

다른 한편으로는 조직원들이 충전(리프레쉬)해서 더 좋은 성과를 낸다고 생각하는 것은 생각과 행동에서 창조된다고 경영 철학에 반영하는 것이 더 발전적일 거라 생각된다. 관리자들도 조직원들도 구성원을 위한 펀(FUN) 점수도 반영해보고, 사내의 안전점수를 지수화해보면 어떨까?

나름대로, 책의 요점들을 정리하니 조금은 어려운 숙제의 틀을 머릿속에 대략적인 그림으로 그려놓은 것처럼 한결 마음이 놓였다. 엉뚱한 곳에서의 아이템들을 생각하다 보면 해결책이 나오는 것은 행동과 생각이 살아있다는 것을 보여주는 증거이다.

사례를 보자. 어려운 문제는 경중에 따라 다르겠지만 차후나 나중에 해결한다는 생각을 없애고 지금, 현재에서 본인과 동료들하고 함께 공유하고 해결해야 할 것을 등급화, 우선 순위화해서 먼저 풀어라. 문제해결을 위한 팁(Tip)을 제시한다.

· 문제를 해결을 위해서는 직급과 경력의 차이를 두지 말자.

· 문제의 해결을 위한 목적은 명확히 해야 한다.

· 문제점을 정의해야 중간과정과 해결 과정을 나아갈 수 있다.

· 문제의 해결을 위해 조직의 능력에 대한 선택과 집중이다.

· 문제의 해결을 위해 자유분방한 의견을 수렴하자.

· 문제의 해결을 위해 긍정적으로 풀어갈 방법을 제시하자.

· 과정 중심이든, 결과 중심이든 할 수 있는 것을 로드맵 하자.

· 성과의 질/양에 관한 결과가 나오면 프로세스하고 역할을 정하자.

· 문제의 해결을 위한 공통과제와 개별과제의 역할을 두자.

· 문제의 진행 과정을 공유하고 얼굴을 맞대는 시간을 갖자.

가설에 대한 검증은 필요한 부분은 아니겠지만 현대 직장인들 생각의 검증과 가설은 시간과 경험에 상관관계가 있음을 문제의 해결기안을 둔 이야기가 있다.

사원은 오늘 문제를 가지고 해결하려고 하고, 대리는 3일까지 보고 일을 하고 있다. 과장은 주간 단위를 가지고, 부장은 분기를 가지고, 임원은 반기 및 연간을 가지고 사장은 일, 이 년에서 오 년, 십 년의 장기 계획을 가지고 일한다고 한다. 단기적이고, 정기적인 플랜은 미래지향적인 움직임의 실행 방향이다. 미래를 제시하고 희망적인 것에 청사진을 갖도록 해야 한다.

결국, 행동의 실마리가 우리를 움직이게 하는 것이 아니라, 움직이다 보니 행동의 실마리가 풀리게 된다는 것이다. 가까운 것과 다양성을 나 자신의 행동과 생각으로 접근해 보자. 오류 같은 문제점을 찾는 중요한 요인이다.

#2.
명품의 시발점은
자신의 눈(眼目)에서부터 온다

LA 다운타운의 로데오 거리를 걷다 보면 멀리는 할리우드(HOLLY
WOOD)라는 이름이 산 중턱에 하얀 글씨가 눈에 보이고 같은 중턱의 동
쪽으로 지척에 있는 산 중턱에 그린피스천문대가 하얀 돔으로 위치하고 있
다. 걷는 거리에는 사람들의 다양한 헤어 스타일과 특유한 의상으로 젊음의
발상을 외모로 풍기듯 다양한 자기 나름의 개성과 특색을 가지고 각양각색
의 인종이 활보하는 것을 볼 수가 있다.

간간이 영화에서 인기가 있었던 슈퍼맨, 스파이더맨, 두 얼굴의 사나이
형태의 복장을 한 이미테이션(복사) 사람이 거리에서 모델이 되어 같이 사
진을 찍어주고 팁을 받는 것도 보인다. 영화에서 전 세계 사람들의 뇌리에

있는 주연의 외형적인 모습에 진짜가 아니더라도 거리에서 유명 캐릭터와 같이 사진을 찍어 멋있는 추억을 남기게 하는 것도 눈으로 보아온 주연의 활약상에 대한 이미지 때문이 아닐까 생각한다. 마치 LA의 쪽방도 영등포의 쪽방처럼 연령(年齡)도 생각의 차이도 삶에 대한 차이도 다르겠지만, LA 근처에는 연예계의 관심과 뜻을 두고 사는 사람들이 실낱같은 희망을 품고 연예계 즉 미국에서의 스크린에서의 성공의 실마리를 위해 어려운 여건인 쪽방에서 힘듦을 이겨내며 미래의 희망을 품고 살고 있다.

자연의 아름다움은 동쪽에서 서쪽으로 가다 보면 태평양을 끼고 산타클라라의 일몰 해변도 멋있지만, 서북쪽에 자리 잡은 베벌리 힐스가 있는 이곳도 눈요기하기에는 멋과 유행과 세계적인 스타들이 사는 부호의 메카이며 영화의 산실이 되는 곳이기도 해서 유명세를 치르고 있는 곳이기도 하다. 미국의 연예인이 산다는 값비싼 산 중턱의 멋있는 집도 눈요기가 되고, 양옆으로 영업을 하는 상점들도 세계의 명품들이 다 진열되어 있다.

고가품과 값비싼 상품들이 위풍당당하게 멋과 가격으로 최고의 브랜드를 가지고 지나가는 사람을 돈으로 평가하듯이 쳐다보는 것이 여간 머쓱하기도 한 곳이기도 하다. 들어가서 가격 정도는 물어볼 수 있어도 명품을 사기에는 가벼운 지갑은 나를 부끄럽게 하고 있었다. LA는 불법체류자도 많고 극과 극처럼 많은 사람이 로데오 거리를 활보하는데 코닥 시어터(KODAK THEATER)의 간판이 보이는 곳에는 아카데미 시상식 할 때 빨간 카펫을 깔아 놓고 올라가는 계단도 보이고, 바로 언덕 위에는 일본인이 운영하는 야마시노(YAMASHINO: 산성)의 고급 음식점이 눈에 들어온다. 이 거리를 걷다 보니 많은 연예계의 뜻을 두고 있는 전 세계 사람들이 갖은 형태와 패션으로 길을 행보하는 것을 보고 다양한 사회의 한 면을 보고 있는 것 같다. 어찌 보면 명품의 평가요인은 가격으로 보기 전에 손에서의 기술, 머리에서의 기술, 입으로의 기술 등으로 나눌 수가 있지만, 멋, 가격, 유행과 상존하고 있음을 알 수 있다.

그중에 나 보고 제일로 치라고 하면 단연 눈으로 보는 기술이 아닐까 생각한다. 로스앤젤레스의 로데오 거리만은 눈으로의 기술이 우선이 되는 곳이기도 하다. 이곳에서 눈으로 많은 것을 봄으로 눈의 요기를 한 단계 업그레이드하는 계기가 되었다. 40분 이상을 걸으며 영화의 명성을 가진 로데오 거리, 아카데미 시상식의 장소, 거리 바닥에 블록의 형태에 역대 유명 월드스타의 손도장(HAND PRINT), 영화배우들이 사는 초호화 주택들이 있는 베벌리 힐스의 동네, 인간이 살기 좋다고 한 3군데 중의 한 도시에 들기도 한 LA는 마치 그랜드캐니언의 시시각각으로 다양한 색깔을 가지는 타운임을 알게 하였다.

미국의 전체인구의 14.8% 거주하는 캘리포니아주의 로스앤젤레스(LA)는 우리나라의 인구에는 조금 미치지 못하는 3780만 명의 인구가 있는 곳이기도 한 곳이다. 미국의 예찬론자도 아니고 아름다움과 명품을 염두에 두고 이 거리를 지나가면서 느낌을 적어본 것이다.

이탈리아의 밀라노를 걷다 보면 색이 경쟁력이며 명품이고, 나폴리 항구를 처다보면 자연이 경쟁력이고, 프랑스의 루브르 박물관의 작품을 감상하고 있으면 예술의 작품이 경쟁력인 것으로 생각이 든다.

우리나라도 제주도가 세계 6대 관광지로 선정되었지만, 그전에는 많은 홍보와 관심이 있었다. 눈으로 보았을 때의 명품의 가치를 가지는 감동과 느낌이 오는 것이 세계인들을 상대로 문화의 가치를 새로운 눈의 가치를 찾아서 차별화된 눈의 경쟁력을 갖추어야 하는 본질적인 것이다. 눈의 인지는 청각의 인지보다 인지능력의 시간이 조금은 지속된다고 한다. 눈에 대한 경쟁력은 행동의 인지에 중요한 요소이자 요인이다.

■ 보는 눈에도 품격이 있다

보통 사람들이 눈은 "살림의 보배"라고 한다. 그 의미는 눈썰미가 있을 때를 두고 하는 말이다. 이런 가치적인 것에 의미를 부여해서 세 가지로 분류를 한다. 일반적인 명품의 가치는 가격의 높음과 브랜드의 글로벌한 인식으로 평가를 한다. 가치의 품격은 어디 보이는 제품이든, 보이지 않는 제품이든 간에 품격은 생각하는 만큼이나 수준과 레벨을 가진다고 본다. 양에서 질로, 질에서 격으로 점점 격상된다. 눈에 대한 품격의 분류를 해보면 세 가지 분류를 명명해본다.

상품(上品)의 눈, 중품(中品)의 눈, 하품(下品)의 눈인데, 상품의 눈은 현실에 안주하지 않고 미래지향적인 눈으로 보는 눈이다. 칭찬할 것을 찾고, 격려 거리를 찾고, 잘할 수 있도록 타인에게 용기와 꿈을 주고, 할 수 있다는 자신감을 줘서 미래에 자기 나름의 로드맵을 만들게 한다. 현재에 안주하기보다는 자기의 장점을 찾아 서로 간에 도움이 되도록 상생을 하고 궁극적으로 나와 남에게 희망과 미래를 적극적으로 찾고자 하는 눈을 말한다.

상품의 눈은 성직자나 성인들의 눈이나, 좋은 선생님의 눈, 좋은 선배나 상사의 눈, 좋은 의견을 나누어 해결책을 나누는 친구의 눈 혹은 다수의 이

익과 인간의 행복을 위해 개척하고, 창조적인 눈이 여기에 해당한다.

　중품의 눈은 현재에 상황을 두고 일반적인 것으로 겉치레 인사를 하는 눈으로 보는 것과 찾는 것을 말하는 눈이다. 중품의 눈은 발전이 늦거나 없고, 현재에 변함이 미진한 평이한 상태를 유지하는 것으로 칭찬과 비난을 주지도 않고, 받지도 않으려고 하는 눈을 가지고 생활하는 일반적인 시황만 보는 눈이다. 바쁜 현대인의 눈이 여기에 해당하는 눈이다. 모두 다 그렇지는 않지만, 누구에게도 싫은 소리나, 조언을 주거나, 받지도 않은 눈치레의 분위기가 여기에 속하지 않을까 싶다. 하나를 받으면 하나를 주는 이해관계의 눈이 된다.

　하품(下品)의 눈은 비난을 찾고, 흠집을 찾고, 트집을 잡기 위해 보는 눈이고, 남의 장점을 보지 못하고 단점과 약점을 끄집어내는 눈을 말한다. 선과 호혜의 전화위복(轉禍爲福) 눈으로 피차간에 보면 좋은 발전이 될 수 있으나 그와는 정반대로 나보다는 나아지는 것에 부정적인 눈을 가지고 상처를 내는 눈이다. 양심적이지 못한 눈, 정직함을 속이는 눈, 마음이 바르지 못해 나쁜 쪽에 마음을 두고 있는 눈, 이해관계가 있으면 자기 이득을 이해선과 악을 가리지 않는 눈, 눈으로 사회를 혼탁하게 보는 눈이 여기에 속한다. 속담에 "아는 만큼 보인다"라고 한다. 그만큼 지식으로 인한 시각적인 폭과 넓이를 볼 수 있음을 얘기한다.

　안전을 하는 눈은 하품에서 중품으로, 상품으로 상위의 개념으로 상승이 되어야 한다. 상승하자는 것은 국민의 의식과 문화 수준이 함께 올라갈 수 있는 분위기를 조성해서 함께 행복-사회화되는 것이다. 나만이 아닌 이웃과 동료와 사회와 국민을 포함한 인류를 위해 진정성이 있는 것이어야 한다. 눈의 높이에 가치를 부여하고 지향하는 것에 상향조정 되어간다면 우리 국민은 어느 나라 국민보다 눈썰미가 있어 눈의 가치를 높여주는 상품 가치를 갖게 되면 국민성으로 좋은 상품 가치를 지속화할 수 있는 것을 찾아보는 것도 경쟁력이다.

안전의 눈높이를 행동의 실마리에서 시작하는 것도 생각해 볼 일이다. 인간의 행동은 인간 가치화의 1.0이고, 인격 특성화의 2.0이며, 인간 판단화의 3.0이다.

구체적으로 설명을 하면 인간 가치의 1.0은 인간의 외면과 내면의 품격과 성품을 가지고 행동수반을 가져보는 의미이다. 겉과 속이 이면성이 있는 것이 아니고, 어떤 상황이나, 어떤 환경 속에서도 인간행동의 삶의 지렛대를 바르게 갖자는 것이다.

인격 특성화의 2.0은 나의 강점과 장점을 기반으로 한 언행과 태도들을 수반으로 한 분위기의 특징을 자기것화 하는 것이다. 옳고, 그르고 하는 것은 생각과 사고의 패러다임의 연속성을 가지고 운영하는 것이다.

인간 판단화의 3.0은 인간행동과 가장 밀접한 부분이다. 판단은 인간의 행동과 생각 등이 정화되고 여과되어 이 단계에까지 오르게 되는 것이다. 눈의 상품화를 3분류로 했지만 결국 인간 판단화에 들어가는 영역이다.

#3.
인간행동의 기반조건은
지각과 인지이다

인간에게 인지의 조건은 감각기관을 통해 연구되고 있다. 시각으로 보는 것과 청각으로 듣는 것과 촉각으로 느껴지는 것과 심지어 미각 및 후각으로 인지하는 다양한 형태가 있다. 청각으로 부족한 부분을 시각으로 강점화 하고 보완해서 경쟁력을 갖추게 되어 살아가는데 장애를 극복한 사례가 많다. 이를테면 정상인들도 힘든 세계적인 연주가가 되고, 시각으로 부족한 부분을 청각과 촉각으로 보완해서 훌륭한 교육자가 되는가 하면, 촉각으로 법률을 다루는 법조인이 있고 후각으로 각기 다른 산업 현장과 자기의 기술로 자기 발전과 국가의 경쟁력을 발전시키고 있는 과거형과 진행형이 있다.

잠재력 있는 무수히 많은 우수 인재가 밤과 낮을 가리지 않고 직장에서 연구실에서 노력하고 있다. 산업 현장에서는 인간이 시각과 청각을 시각적인 응답속도에 관한 연구를 함으로써 물체를 인지했을 때 뇌 속에 전달되는 과정의 응답속도를 보면 몇 초 단위의 시각적인 효과가 빠름을 결과로 발표해서 현장에 적용하고 있다. 그 예로 교통 신호는 시각과 청각을 복합화한 것이다. 인지능력은 실생활에서도 작은 정보를 놓치고 허둥지둥하는 경우가 실생활에서도 자주 발생하고 있다.

- 백화점의 지하층에 주차했는데 지하 1층인지, 2층인지, 3층인지를 찾지 못할 때
- 친구의 결혼식을 찍어주겠다고 하면서 렌즈의 특성과 조명을 제대로 알고 있지만 적용하지 않아 사진사의 역할을 하지 못할 때
- 출장 간다고 잘 챙겨놓은 서류가 전날에 다시 한번 본다고 해서 책상위에 놓고 가방에 챙기지 못하고 목적지에 가서야 빠진 것을 알 때
- 가스레인지의 1번 튜브를 켜야 하는데, 3번 튜브를 켜서 불이 나와 깜짝 놀랄 때 등등이 인지되지 못할 때

인간이 가지고 있는 감각기관과 중추적 처리를 하는 기억과 의사결정과 피드백과 반응을 보이는 선택과 실행의 단계에서 에러나 오동작이 발생한다. 단계별로 보았을 때 인간의 지각적 단계나 인지적 단계나 행위적 단계는 전자에서 언급한 3단계를 풀어쓴 것이다.

인간이 가지고 있는 자체 처리 정보 시스템이라는 것을 볼 때 일을 해야한다는 작업기억 인간의 모델로 한 프로세스를 가지는 인간의 처리능력이

다. 인간의 오류 모델 가운데 정보용량을 가지고 시간과 어떤 일을 할 때 인간이 처리해야 하는 것을 인간이 지각 기능이 생태적이든 감각적이든 인간의 움직임에 따라 주변 조건이 변화하는 지각 현상을 알아야 한다. 적용 가능성에 가져가도록 해서 인간의 오류에서 나타날 수 있는 기인과 발생을 확률론적 가능성으로 사전예방이다.

다양성에 대한 대응을 시스템적으로 이론과 실행력이 집중화된다면 좋은 기대가 될 것으로 판단된다. 워싱턴 주립대의 심리학 교수인 존 고트만(John Gottman)은 "가장 위험한 생각은 감성 지능이다"라고 했듯이 인지 신경과학 혁명의 맥락에서 심리학에서 감성에 초점을 맞추는 것은 유별난 것이다.

인간의 감성은 인간에게 있어 상존하고, 같은 것이 있다는 생각, 감성 지능이 신경과학의 대상이라는 생각, 그것이 하나의 뇌 안에 있는 것이 아니라, 사람과 사람 사이, 즉 두 개의 뇌 사이에 일어난다는 생각같이 특별하다. 인간 심리학에서 아주 혁명적인 개념이다. 부부, 가족, 성인발달, 노화 분야에서의 혁명이기도 한 것이다. 존 고트만 박사처럼 감성 지능이 위험한 이유는 이성도 있고, 혹 감성과 이성을 혼합한 합리적인 판단이 존재하지 않을 경우를 말한다.

행동의 인지도 브랜드의 마케팅처럼 3.0으로 가야 한다. 1.0은 감성으로, 2.0은 이성으로, 3.0은 영혼으로 브랜드가 가야 한다고 한다. 그렇다면 인간에게 행동의 인지와 지각이다. 결국, 인지와 지각의 차이는 위험의 인식력, 판단력에 대한 깊고 낮은 차이, 혹은 각도의 차이라고 본다.

■ 인지도에 따라 오류도, 등급이 된다

리스크의 대한 등급도 레벨 차원에서 삼등분하는데 "리스크 1.0은 문제의 정의를 정확히 내리고, 2.0은 선행관리에 초점이 맞춰지고, 3.0은 리스크에 대한 프로세스를 구축하는 데 있다"라고 정의를 내리고 있다.

상품에 대한 등급도 가치 차원의 레벨에 따라 분류하는데 가격으로 정의를 내리면 3등급이라 하고, 상품으로 정의를 내리면 2등급이라 하고, 소비자의 마음으로 등급을 내리면 1등급이라 한다. 리스크 및 상품에 대한 분류도 동일한 핵심의 중심축으로 보면 사람의 인지가 내재해 있다는 것이다. 프로세스를 구축하는 차원은 인간의 행동에 대한 시간을 줄여주는 인지의 조건이 된다. 소비자의 마음을 느끼게 하는 일종의 인지 관점이다.

인간이 가지고 있는 인지는 인간의 감각기능으로 느끼는 부분이 다르다고 정의를 내리고 있지만, 인간 중심의 행동과 심리와 환경 등으로 인지의 기본형성이 되는 관계이기도 하다. 인간에게 인지는 그릇된 것과 옳은 것을 자기 생각과 행동에 채우기 위한 사고방식이다. 인간에게 인지는 큰 의미가 있다. 특히 오류로 인해 나 자신이 실수의 주인이 되기도 하고 종이 되기도 한다. 부딪혀서 해결해야 하는 것은 문제의 해결능력을 선 개인화해서 후 솔루션화 해서 판단하고, 의사결정 해야 한다.

인간의 인지는 과거와 현재와 미래에까지 환경, 인간관계, 인간 처세, 사람의 생각과 사고(思考)로 떨어져서는 미지의 결말을 못 내는 것처럼 되는 인간의 행동이 될 수도 있다. 우리가 말하는 미주알고주알 하는 것도 인지 안에서 그릇된 오류의 틀을 벗어나서, 약함과 지지부진한 부분을 강하게 추진하고자 하는 인간의 행동 경쟁이다. 인간행동의 기반조성이 마치 지각과 인지가 전부인 것처럼 느껴질 수 있는데 절대류이고 인간 오류에 지각과 인지의 분류 안에서 제일 우선적이다.

인간의 지각과 인지의 넓은 범위 안에 심리, 의사결정, 실수, 과오, 의지, 사고, 판단, 행동, 수행, 시간, 환경, 지각, 인식, 생각이 들어있다. 오류의 정의도 이 안에 있을 것이고, 오류를 발생치 않겠다고 다짐할 때도 안에서 움직이는 요인이 이 안에 있다. 오류의 이미지를 명확히 하는 것도 범주 안에 들어가 있다. 오류에 대한 인자나 요인들을 정리하자면 수준과 실현 가능성을 정해두어야 한다. 사실 가정(假定)처럼 일반성과 보편성을 어느 한 바구니에 채워 넣고 정리하는 오피니언들의 시대성일 수도 있다.

인간에 대하여 캐서린 하킴이란 작가는 〈매력 자본〉이란 저서에서 인간의 매력에 대하여 언급을 하고 있다.

"인맥만이 능사가 아니라 패션과 성적으로도 매력을 유리한 조건이라 말하고 있는데, 특히 강조하고 있는 키가 크면 소득이 10~20% 늘어난다고 하고 있으며, 매력적인 남성은 평균보다 14~28%, 매력적인 여성은 12~20% 더 많이 번다"라고 말하고 있다. 작가는 이런 부분을 매력 자본이라 표현하면서 애로틱 - 캐피탈(EROTIC -CAPITAL)이라 표현했다. '돈, 지식, 경험, 인맥만이 개인의 자본이 아니라, 자격증, 경력같이 무엇을 아느냐에서 누구를 아는가로 진화하더니, 이제는 '어떤 매력이 있는가'를 따지는 세상이 되었다고 논평을 하고 있다.

인간이 오류를 가지는 것은 인간이 실수할 수밖에 없는 기존의 틀에서 현재의 시각에서 느끼고 있는 전환점의 사고를 해야 하는 환경의 틀로 전환해야 한다. 인간의 오류는 너무 큰 호각을 치르기 때문에 행동의 인지에서 오류의 갭을 현실화해서 대응해야 한다. 인간의 인지는 체계적인 부분이 아직 학술적으로 진행 중이고, 무궁한 부분의 연구해야 할 학문이다. 그중에 인지를 언급하는 부분은 숲에서 일부 나무만 보고 얘기하는 경우가 된다.

인간의 인지나 지각은 인간의 신체적인 뇌 부분에서 시작해서 마음까지 가는 보이지 않는 행로의 정신적인 세계로 일궈야 하며, 인간의 한 차원 높은 세계의 행로이자, 반드시 정립되어야 하는 학문이고 과학 분야이다. 인간의 안전분야는 인적과 물적 사고에서 시작하는 직접적인 사고의 일차적인 발생원이다. 인간이 실수하지 않는 것과 실수를 하는 것을 이분화해서 보지 않으면 어떤 상황에서는 안전하다고 판단하거나 정의할 수 없다. 불안하거나, 잠정적인 이슈 사항이 많거나, 커지면 사고로 이어질 부분의 확률이 커지는 것과 같다. 인간의 실수는 인간의 생각과 사고의 저울질과 같다. 결국, 생각과 사고는 인간행동의 비중을 두고 있다.

이도영의 〈기적을 만드는 1퍼센트의 힘〉에서 1퍼센트가 얼마나 큰 힘인지를 보여주는 시가 있다. 인간이 형이상학적으로 가지는 힘은 곧 자각의 능력인 것이다.

저울에 행복을 달아/ 불행과 행복이 반반이면/ 저울이 움직이지 않지만/ 불행 49퍼센트, 행복 51퍼센트/ 저울이 행복 쪽으로 기울게 됩니다./ 행복의 조건엔/ 이처럼 많은 것이 필요하지 않습니다./ 우리 삶에서 단 1퍼센트만 더 가지면 행복한 것이죠 행복과 불행의 차이는 1퍼센트 차이라는 것을 얘기하고 있다. 안전과 실수 간에도 별 차이가 없다는 것을 알 수 있다. 행복을 안전이라 하면 불행을 실수라는 수학적 평등방식이다. 안전과 실수의 차이는 미세한 1퍼센트의 차이로 인해 인간의 행동은 안전이냐, 사고냐는 양면성을 결정되어야 한다면 긍정적인 목표는 안전이며, 행복이란 것에 집중해야 한다.

인간도 행복하기 위해서는 인간의 행동 중에 실수라는 것을 일시적인 현상으로 볼 게 아니라 근본적인 차이가 있음을 직시해야 한다. 아주 작은 1퍼센트라는 것을 가볍게 여기지 않고 실수의 비율을 줄여가는 것이 안전으로 가는 핵심의 원리이다.

안전과 실수의 차이가 클수록 인간의 행동이 사고로 이어지는 연계성이 커진다. 인간의 행동에서 안전하다는 의미는 실수와 같은 오류성을 갖고 있지 않고 어떤 상황에서는 편안하다는 판단과 의사결정을 할 수 있어야 한다. 불안하거나, 잠정적인 이슈 사항이 많거나, 결정하지 못한다는 것은 명분이 자꾸 커지면 사고로 이어질 부분의 확률이 커지는 것을 의미한다.

실수의 발생으로 나타나거나 인간의 불안전한 행동의 발생률이 잦아지는 것은 인지와 지각으로 갖추고 있어야 할 부분을 놓치고 가는 것이다. 안전과 실수는 백지장처럼 아주 근소한 차이를 두고 있는 것과 같다. 조금만 조심하고, 조금만 시간을 두고 생각하고, 조금만 관심만 가진다면 결과를 두고 후회하는 일은 없을 것이다. 결국은 실수의 근간은 인간의 인지와 행동이 미치지 못하는 문제로 발생한다.

#4.
인간의 인지 문제는
항상 존재한다

  인간의 인지와 지각에 대한 부분은 일반적으로 구별하기가 쉽지 않다. 우리말 사전에는 인지를 '어떤 사실을 인정하여 앎'이라 했고, 지각은 '이치나 도리를 분별하는 능력'이라고 한다. 인지나 지각의 공학적 접근은 인지학회, 인간 공학회나, 심리학회나 일부 안전 공학이나 산업 공학회 연구와 논문을 통해 공유하고, 최근 들어 로봇학회, 인공지능학회 등에서 발표나 세미나, 교류회를 통해 이루어진다.

  안전 관련된 사항이나 작업자나 근로자에 관련된 인적교류도 국경을 넘나들면서 작은 사안부터 큰 사안까지 정치, 경제뿐만 아니라 사회, 문화적인 면으로 진행이 된다. 대형사고나 안전의 이슈는 인적, 물적 문제이지만 닫혀 있는 것이 아니고, 국경을 넘을 정도를 국제화되고 이슈화되고 있다.

존 브록만 (John Brock man)은 엣지의 발행인이나 편집자인데 세계의 석학들은 〈인간에게 가장 위험한 생각이 무엇이냐〉를 주제로 100명이 넘는 오피니언 리더들에게 답변을 들은 내용을 보고 큰 프레임의 주제만 정리해 보면 석학들의 생각도 네 분류로 좁혀진다.

하나는 우리가 사는 테두리의 사회, 인류, 우주, 지구 부분에 대하여 언급을 하는데, 사회에 대한 인간구성원들의 역할과 책임과 인류에 대한 발전과 파괴, 우주와 지구에 대한 환경적인 변화에 대한 대응의 요인들이다.

두 번째, 현대 사회의 가장 핵심 되는 주체인 인간에 대한 부분으로 자신, 자각, 생각, 자아, 자율, 감정이입들로 인간의 행동과 정신세계에 대한 발전적인 요인들도 있다. 부정적인 면에서의 인간에게 미치는 혼돈과 정립에 대한 것으로 도덕과 인간의 정신적인 관계인 것들이다.

세 번째는 인간이 만들어내는 사회의 흐름과 정서인 문화, 예술, 도덕, 역사, 종교로부터 인간과 인간과의 규칙과 약속과 일관성과 비일관성과 합리적인 것과 비합리적인 것에서 발생하는 갭의 차이다. 예술의 효과는 자유스럽고 통제할 수 없어 예측할 수 있는 인간이 가지는 진화론적 부분에 대하여 추가하고 있다.

마지막으로 네 번째는 인간에게 가장 위험한 요인은 의학으로 박테리아인 것에 대하여 과학기술 석학들이 가장 위험하다고 표현하고 있다. 의학이 발전해서 좋은 순방향으로 아픈 사람과 불치의 병으로 인간에게 의학 발전이 되어 완쾌와 치유의 결과를 성취하는 미래가 주어지는 조건이라면 좋은 소식이고, 인간의 생로병사의 수명을 더 연장시킬 수 있다. 결국, 인간에게 위험한 생각은 나를 중심으로 환경, 정신, 정신 속의 콘텐츠, 나하고의 인체적인 것이 인간의 무서움을 가져오는 것이 아닐까 생각한다.

인간의 수명에 관한 그림 형제의 우화를 언급해 본다.

"신이 세상을 창조하면서 당나귀, 개, 원숭이, 인간에게 똑같이 30년의 수명을 주었다. 그런데 당나귀, 개, 원숭이는 30년이 너무 길다고 수명을 줄여 달라고 애원했다. 그래서 신은 당나귀는 12년, 개는 18년, 원숭이는 20년으로 각각 수명을 줄여 줬다. 반면에 30년이 너무 짧다고 생각한 인간은 수명을 늘려 달라고 애원을 해서, 신은 당나귀, 개, 원숭이에게 줄여 준 시간을 전부 인간에게 주었다. 그 결과 인간은 70세까지 살게 되었지만, 처음 30년만 인간처럼 살고 이후 18년은 당나귀처럼, 다음 12년은 개, 마지막 10년은 원숭이처럼 살아야 하는 신세가 되었다."

이처럼 당나귀처럼 살아야 하는 인간의 고통, 고민, 고충은 이루 말할 수 없으리라 본다. 어느 만족도에서도 사례를 보면 미국과 독일학자들이 2만 1000명의 영국인을 대상으로 삶에 대한 연령대별 만족도를 조사했었다. 현재의 만족감을 1점(완전 불만)부터 7점(완전 만족)까지 점수를 표시하도록 했더니 40대의 만족도가 가장 낮은 것으로 나왔다. 20대는 미래에 대한 희망이 있어 근심과 걱정이 적었지만 46세 나이가 근심과 걱정으로 가장 만족도가 낮았다. 그리고 다시 높아지기 시작했다.

삶에 대한 인지도가 개인 인생의 질과 양에 대한 가치의 포지션이 어느 정도로 높고, 낮음으로 수준의 모랄(moral)이 형성되었느냐이다. 인지도의 판단 기준이라 할 때 근심과 걱정의 기준은 부하(負荷)에 대한 여러 가지의 상황 속에 있는 40대의 형태가 아닐까 생각이 든다. 결국은 하우스-푸어로 표현된다. 처음, 인간이란 말이 순수과학이자 실용과학이 인간에게 더 나은 미래의 꿈을 주지 못하고 다른 악용에 쓰이면서 리스크가 있고 위험한 것으로 판단하고 있기 때문이다. 인간의 끊임없는 미래 지향적인 발전으로 사용되어야 한다.

인지는 인간에게 주어지는 감성과 이성의 부분이지만 인간의 행동과 생각과 반응에 의한 전체일 것이다. 두 번째에서도 언급한 것처럼 인간의 인지는 자신의 세계에서 미치는 감성의 내부의 한계와 이성 내부의 존재 안에서 느껴지고 판단되어 어느 한계의 점에서 정의를 내릴 수 있는 무한의 도전으로 모든 가치를 부여해 줄 수 있다.

섬기는 교회의 목사님의 설교 중에 "하나님은 불평등한 인간관계를 만드셨기 때문에 인간과 자연에는 나눔과 흐름을 주셨다"라고 했다. 하나님은 잘난 사람과 못난 사람, 부유한 집안에서 태어난 사람, 가난한 집안에서 태어난 사람, 건강하게 태어난 사람, 장애를 가지고 태어난 사람 등으로 불평등하게 태어나게 하셨다.

자연에도 높은 산이 있는가 하면, 낮은 산이 있고, 밝고 넓은 바다가 있는가 하면, 썩은 호수도 있다. 그러기 때문에 바람의 흐름으로, 태풍의 흐름으로 공평하게 나눔을 가지게 하셨다. 물은 위에서 아래로, 공기의 밀도로 높은 것에서 낮은 것으로, 물질적인 부자는 빈곤한 사람에게 베풀도록 하셨다. 근심과 걱정은 어느 세계 곳곳에 산재해 있다는 것이다.

옛말에 '화와 복은 마치 꼬아 놓은 새끼줄과 같다'라는 말이 있다. 만사가 순조롭게 진행되었더라도 자세히 살펴보면 문제의 싹이 숨어 있을 경우가 많다는 뜻이다. 인간의 인지로 보이는 것과 보이지 않는 걱정과 근심은 구별되어야 한다.

눈에 보이는 것은 인간의 인지를 정의하고 접근해서 풀어가면 되는 것으로 문제의 해결능력을 푸는 과정과 동일하다고 보면 된다. 눈에 보이지 않는 것도 걱정과 근심으로 이어지면 인간의 오류에는 문제를 미친다고 볼 수 있어 문제의 시급성과 문제의 정의를 내려 명확하게 이해할 필요가 있다.

■ 근심과 걱정이 있다면 풀기 위해
내가 잘 할 수 있는 것에 몰두해 본다

몰두해서 풀어갈 수 있는 과정의 하나가 몰입도이다.

몰입도는 하나의 목표 안에 해결키 위한 집중강화의 한 과정이다. 근심과 걱정의 얘기는 충무공 이순신도 예외는 아니었다.

전쟁 중에 아들의 병이 낫지 않자 걱정하다가 홀로 앉아 점을 치고, 아내가 위독하다는 소식에 앉았다 누웠다 잠을 이루지 못해 촛불을 밝힌 채 뒤척이다 이른 아침 세수하고 조용히 앉아 점을 쳤고, 장문포 전투 직전에 전투를 걱정하고, 왜적이 출현할 것인지 걱정이 되고, 영의정 류성룡의 사망설에 당혹스러워하고, 비가 많이 내리는 걸 걱정하며 그는 홀로 점을 쳤다고 한다. 난중일기에 17번 나오는데, 14번이 홀로 앉아 점을 친 이야기를 이순신연구소에서 개최한 세미나에서 역사 평론가인 박종평 씨가 발표했다.

인간에게 근심과 걱정을 없애기 위한 자신의 해결책으로 세 가지 원칙을 제시하고자 한다.

첫째는 내 삶의 키맨(Key Man)이 되자.

운전자는 멀미하지 않는다고 한다. 우리 집사람과 딸은 내가 운전하는 차가 좋지 않은 이유도 있겠지만 같이 타면 차멀미를 한다. 그런데 아내가 직접운전을 하면 이상하게 멀미를 하지 않는다. 원인은 차를 운전하지 않고 탔을 경우, 방향의 전환이나 급제동이나, 출발이나, 차선의 바꾸기 등으로 운전자는 미리 대비하지만, 차를 탄 사람은 사전 대비가 안 되기 때문이다. 운전자처럼 사전준비를 통해 인생의 위기를 사전대처 하도록 하는 것이 인생의 참맛을 갖게 되는 이유이다. 우리의 삶의 키맨은 자신이 되자는 것이다.

두 번째는 내 삶을 주도하자.

성공하는 리더들의 7가지 습관이라는 저서와 창시자인 스티븐 코비 박사는 사람의 유형을 크게 두 가지로 나눈다고 했다. 주도적인 사람과 대응적인 사람인데 주도적인 사람은 우리가 "주도적인 생활을 하라(Be Proactive)"라고 하는데, Proactive는 "앞을 내다보는", "미래를 사전에 대응하는" 의미가 있다. 삶을 주도하는 사람이 바르게 정립이 되어있다면 대인관계나 업무나 자기의 미래는 어떤 상황이나 문제에도 대처하도록 철저하게 준비하는 사람일 것이다.

세 번째는 생각과 사고(思考)의 유연성을 갖자.

갤럽에서 151개국의 국민감정 표현을 보니 세계에서 가장 무뚝뚝한 국민은 싱가포르인, 한국인도 20위, 중국인은 60위, 일본은 80위라고 한다. 가장 희로애락을 잘 표현하는 이는 필리핀인이라는 조사결과가 나왔다고 한다.

싱가포르는 1인당 GDP가 최고 수준이지만 근무 만족도가 2%에 불과한 것은 학교에서 남과 다르게 행동하지 말라고 해서 감정 표현이 주저된다고 한다. 생각에 대한 부분은 보이는 부분과 보이지 않는 부분으로 나눌 수 있다. 인생이 선택의 연속인 것처럼 그 선택의 기준을 보이는 것에 대한 몸에 익히고 생활 실천하는 긍정적인 사고와 할 수 있다는 자신감, 미래에 대한 희망으로 폐부에 깊숙이 불어넣도록 해야 한다. 실패와 실수로 인해 우리가 할 수 있다는 자신감마저 잃거나 잊어버려 마음의 두려움을 없애는 것이 전제 조건이 되어야 한다.

실패의 재발이 없도록 자신의 오류를 구체적으로 겉을 드러내어 철저하게 분석을 하되, 우선 의지와 행동에 가치를 부여해야 한다. 조절능력으로 실수와 실패를 경험해보고 다시 느끼는 정신적인 자신감과 중압감을 가질 수가 있다. 자신감은 자신의 조절 값을 최대치로 올리는 것이다. 중압감은 자신의 부족함과 다시 해보려는 재기에 자신감과 확신을 가져야 한다. 즉 실의의 마음적인 면을 가급적 빨리 없애는 것이다.

초기에 계획과 실천으로 갭(Gap)을 두지 않도록 한다. 갭을 크게 가져간다는 것은 계획에 비해 실천의 빈도가 적어 벌어지는 것이고 자기 실천의 의욕과 실천의 행동이 줄어든 것을 의미한다. 초기라는 시간과 시작의 의미를 부여하는 것은 반복의 의미가 있음으로써 인간이 느끼는 생각과 사고는 일체감이 있어야 하고 실현하려는 갭을 줄일 수 있는 방편이 되는 것이다.

그리스 철인인 헤라클레이토스는 이런 말을 했다고 한다.

> 비탈길도 하나의 길이다. 비탈길도 밑에서 쳐다보면 오르막길이고, 비탈길
> 도 위에서 쳐다보면 내리막길이다.

어느 관점으로 보느냐에 따라 생각의 프레임이 다른 것이다. 자기의 실수와 실패를 자산화해서 산지식이 되도록 해야 한다. 자신의 자산은 스스로 얼마나 크고, 값어치 있는 것을 지니고 있다는 것을 알고 있는 것처럼 중요한 것은 없다.

#5.
상반된 인간의 감각 척도는
허영과 성공이다

어느 책자에 허영이란 말을 재미있게 표현한 말이 있어 인용해본다. "허영이라는 집안 족보를 들추어 보면 허장성세(虛張聲勢)라는 이름의 시조(始祖)를, 허비, 허상, 허물, 허사, 허례, 허식, 허욕, 허위, 허무, 허송, 허풍, 허전, 허망, 허접, 허탈 등의 자손들이 있었다. 마지막 자손인 허탈이 재산을 말아먹고 패가망신에 이르자 지금은 그 아들 허영이 이종사촌인 유행과 결탁해서 가계의 부흥을 모색하고 있는 중이다."라고 허영에 대한 부분을 얘기하고 있다. 허영은 내면적인 내실보다 외형적인 외연에 치중하는 우리나라 사람만이 가지는 형식적인 굴레의 고비가 아닌가 싶다.

우리는 선조 시대부터 "선비는 굶어도 양반이다"라는 초자연적인 형식

시대부터 밥은 굶어도 밥을 먹은 것처럼 행세하였다. 그러면서도 끼니가 없어 물로 채운 후에도 이쑤시개로 밥을 먹은 것처럼 행세했다.

체면과 겉치레로 보여주는 형식에 치우쳐 외형적인 품새에만 시선이 갖고, 거기에 맞춰 우리 평가의 잣대도 위, 아래를 재보는 시선의 잣대가 전통적인 것처럼 허세에 멋 부린 겉모습에만 바깥으로 보여주는 겉모습의 형태에 몸이 밴 것이 되었다.

허영은 봄바람이 처녀의 옷소매에 스며들게 하는 나이의 허영을 먹게 했다. 유행 따라 색색의 옷으로 치장하는 패션에 적응하는 세대의 옷에 허영과 적성과 관계없이 좋은 학벌과 좋은 학교에 치중하다 보니 전혀 인성과 적성과는 상관없는 졸업장만 방에 뒹굴뒹굴 도는 형태를 보이는 것이다. 학벌의 허영과 빚으로 집을 짓고 당장 생활비도 없어도 차는 번쩍번쩍 빛나는 차를 모는 빈 강정의 허영은 우리 사회의 허영의 일부인 것이다. 진실하고 성실하게 하루하루를 바로 사는 성공의 시발점인 사람하고는 정반대의 흐름에 사는 진면목을 보는 것으로 씁쓸함을 느낀다. 지금 사회의 보이는 허영 사회의 한 형태이다.

허영을 시궁창에 버리고, 정도를 가기 위한 삶의 용광로에 타오르는 올바른 열정과 성공의 확신을 하고 정열을 태워야 한다. 시대와 환경과 지식의 높고 낮음의 불평과 이해타산보다는 기울기와 절편을 성공을 위한 지수와 요인을 찾는 것에 치중해야 한다. 이상을 높게 가지고 실천의 발판을 힘껏 차는 것이 허영과 성공을 대조할 수 있는 인간적인 인생의 성장판이 되는 것이다.

■ 성공인이 되기 위한 5대 조건

성공의 5대 조건은 ( )에 들어있다.

* 잘 ( )는다 ------- (   ) 안에 들어갈 단어는 먹, 참, 듣, 웃, 적이다. 우리는 성공의 5대 조건을 모르고 있을 뿐이다.

먹는다 -------- 건강해야 매사에 자신이 생기고 활기를 찾고 에너지를 생성하게 된다. 잘 먹는다는 것은 좋은 에너지를 쓰기 위한 밑바탕이 된다고 생각할 때 국력이 체력의 원천이기도 한 것이다.

참는다 --------- 인간에게만 있는 정신적인 부분과 육체적인 부분이 존재하지만, 환경과 자신의 고통을 참고 시간과 노력과 정성을 다해 목표달성을 이루기 위한 어려움과 시련과정을 참고 이겨내는 인내라는 정신적인 것에 우선을 두는 것이다. 그만큼 멘탈이 강한 사람이 남이 남이 안가지고 있는 것을 가짐으로 굳건한 정신이 하나의 목적에 접근하는 무기이다.

듣는다 --------- 경청(傾聽)이란 말을 하는데 '들을 청'의 한자어를 세부적으로 보면 왕의 귀를 가지고 한 마음으로 열네번 정도를 듣는 것이라 했다. 자기의 말을 먼저 피력하는 것도 중요하겠지만 남을 배려하는 마음이 있는 사람이 되기 위해, 남의 말에 귀를 기울일 줄 알아야 진정한 듣는 의미가 있다. 듣는다는 것은 남의 배려하는 태도이며, 행동이 배려되는 것이다. 나이 먹을수록 '나 때'를 강조하는 분일수록 '꼰대'라는 유행어에 버금가는 자기 상승기를 올리기에 헛발판을 다지는 부분적인 언동이 되는 것이다.

웃는다 --------- 일본 속담에 "웃으며 보낸 시간은 신들과 함께 보낸 시간이었다"라는 말이 있듯이 웃음과 긍정은 우리에게 주는 선물은 건강한 삶이다. 덧붙이면 "우리 몸에 완벽한 약국이 있는데 어떠한 병도 치유할 수 있는 강력한 약이 웃음이라고 한다"라고 미국의 심리학자인 노먼 커먼스가 이야기하고 있다.

적는다 --------- 적는 습관은 나와의 시간약속이고, 알차게 시간을 사용하기 위한 근검절약의 패턴이다. 어릴 적 습관 중에서 가장 가지고 가야 할 습관이 메모하는 습관이다. 미국의 제16대 대통령이었던 에이브러햄 링컨은 머리 위의 모자 안에 항상 연필과 수첩을 넣고 다녔고, 이해인 수녀님은 항상 몽당연필이 서너 자루씩, 수첩과 함께 가방에 들어있어 시상이 떠오르면 늘 적었다고 한다. 입으로, 귀로, 눈으로, 손으로, 마음으로의 의미가 우리를 성공의 조건으로 인지하는 단어들이다. 한번 심사숙고하게 생각을 해보자. 좋은 볼펜이 있는 사람은 적는 조건에 다가가는 사람이고, 결과물인 기록물로 활용의 가치를 더하는 것처럼 말이다. 요즈음은 핸드폰을 이용하면 더욱 삶의 가치, 혹은 개인 생활의 즐거움과 유익의 가치를 더할 수 있는 일면도 아닌가 싶다.

성공의 조건에 물질적인 것을 초월해 성공의 조건들을 한 단계 높여보자는 것이다. 한국이 세계기부 지수에 의하면 153개국에서 1위는 호주이고 2

위가 뉴질랜드이고 3위가 미국이고 81위가 한국이다. 어떤가? 한국의 허영과 성공의 조건으로 볼 때 성공의 레벨의 수준을 높여야 하지 않을까?

성공조건이 개인의 멋, 형용사적 의미인지 모르지만, 멋은 개인적인 인품이나 성품이라 표현한 것이다. 개인의 심성이나 인내, 개인의 청취나 청각, 개인의 기쁨이나 환희의 기준, 개인의 메모 습관이나 기록에 대한 능력을 최대한 인간이 갖게 될 때를 성공했다는 정량적 수준으로 평가하는 잣대가 된다. 이 얼마나 단순하고 행복한 멋이냐! 인간이 가지고 있는 감각의 척도가 허영이란 인간의 낙심을 고삐로 마음에서 티끌이 잔재되면 다시 시작되는 전환점이 된다. 성공만 쳐다보고 허영의 연결고리를 끊지 않으면 결국은 두 개의 상반된 골인과 노골(no goal)이 되는 키커의 발놀림에 좌지우지하게 된다.

인간의 감각 척도는 감성의 시대에 논하는 감성공학의 논리를 접하는 학구의 학습척도가 아니어야 한다. 개인의 심성이 각각의 마음속에 들어가 있는 진정성과 진솔성에 대한 보편적인 생각과 사상이 내재해야 한다. 성공을 위한 허영의 위장된 모습의 탈심을 버리고, 허영의 잘못된 것을 병행치 말아야 한다. 허영과 진실과 허영과 성공이 이율배반적인 표현이 있다.

리디어드 키플링의 '정글북'의 내용을 인용한다.

> 인생의 비밀은 단 한 가지, 네가 세상을 대하는 것과 똑같은 방식으로 세상도 너를 대한다는 것이다. 네가 세상을 향해 웃으면, 세상은 더욱 활짝 웃을 것이요, 네가 세상을 좋게 대하면 세상이 나를 좋게 대할 확률이 높아지겠지. 그리고 네가 최선을 다하면 적어도 나 스스로에게 부끄럽지 않아.

심리학자이자 홀로코스트 생존자인 빅터 프랭클린은 〈죽음의 수용소에서〉를 통해 "성공을 목표로 삼지 마라. 성공을 목표로 삼을수록 성공에 더욱 이르지 못하게 될 것이다."라고 표현했다. 성공의 조건들은 일반성에서 자기의 목표를 향해 가는 과정에서 결과적으로 얻어지는 결과물이다. 방법과 수단이 정의롭지 못하고 노력도 없이 갖게 되는 자연적인 것과 선천적인 것을 제외하고는 말이다. 나 스스로 감히 성공의 5대 조건이라고 말하면서 먹, 참, 듣, 웃, 적이라고 강조한다. 이 다섯 가지의 조건을 인간의 행동과 마음으로 접근할 수 있는 프레임으로 정해본다.

· 목표를 가지되, 실현 가능한 실천을 하고,

· 희망을 품되 포기하지 않고,

· 꾸준하게 하되 멈추지 않고,

· 바르게 가되 비뚤지 않고,

· 진솔하게 가되 헛되지 않게,

· 조금은 늦더라도 그릇되지 않게.

함께 안전한 사회를 가기 위해, 인간 오류를 범하지 않기 위해 나만의 욕심을 채우지 않고, 최선을 다하는 것이다. 허영과 성공은 택하지 않은 길에 주저함은 없어야 한다. 명확한 제시는 허영이 아닌 성공에 맞춰져야 한다. 허영에 시선의 방향과 생각의 방향과 행동의 방향을 두지 말자. 시간에 대한 아쉬움으로 허영을 두게 되면 우리가 말하는 겉치레의 한 면을 가지게 되는 것이다. 바르게 가게 되는 것은 허영과의 갭을 두되 영원히 접근해서는 안 되는 것이라 본다.

#6.
행동의 표출은
인지의 초기 상태이다

    인간에게 인지는 지식과 경험과 학습에 의해 스스로의 판단된 행동과 생각으로 주어지는 것을 말한다. 일전에 TV에 두 종류의 개를 칸막이 입구에 개를 풀어 넣고 먹이가 있는 출구를 먼저 찾아가는 게임이었는데, 어떤 개는 느린 행동과 잘못된 길에 반복의 연속으로 전진이 안 되고, 다른 개는 활달하며 열심히 찾고, 행동의 움직임을 꾸준히 보여주더니, 그 개가 출구를 찾게 됨을 보게 되었다.

    상기에서 언급한 경험과 학습으로 단 한 번에 쉽게 찾아내지는 못했을 것이고, 보이지 않는 환경적인 부분과 개 주인의 빨리 나오라고 소리를 지른 부분도 우리에게는 비치지 않았을 것이다. 개의 실험 중에 식사시간에 종을

치면 개의 혀에 침을 흘리게 되는 '무조건적인 반사'의 실험을 배운 것이 기억날 것이다. 인간에게 가장 충성하는 동물이 말이라고 하지만, 개 역시 선진국과 비교했을 때 우리도 뒤지지 않을 만큼 애지중지하는 반려동물로 여겨지는 것이다. 우리 국민만큼 개에 대한 애착이 강한 민족도 없을 것이다.

요즈음 애완동물에서 가장 우대받는 동물 중의 하나인 것도 반려견일 것이다. 세계 각국에 개의 품평회를 여는 도그 쇼(Dog Show)도 다양한 개를 접하는 계기가 되기도 한다. 일상생활에는 개의 품종도 많고, 키우는 방법도 다양할 것이고 품종에 상관없이 테스트할 때 주인들이 데리고 걸음을 시키는 것과 같이 주인과의 관계도 다양하다. 개는 어린이부터 연세가 있으신 할아버지와 할머니까지, 친구부터 청각장애인의 도우미 역할까지 하며, 사회의 악행을 저질러 범죄를 잡는 사회정의와 안전 사회에 일익을 담당하고 군병으로 계급까지 달고 사병의 한몫까지 하는 개의 충성스러움을 본다.

그 역할을 하기 위한 중간과정은 수많은 반복의 행동이 수반되었을 것이다. 개에게 주어지는 목표를 달성하기 위한 수많은 오류와 반복의 실패에서 점점 줄어들게 함으로써 목표를 수행하는 인지의 능력을 갖추게 되는 것이다.

인간에게도 인지의 능력은 실패를 줄여서 자기의 목표에 달성하는 동기와 과정 일부분이다. 인지의 능력도 실제 반복과 행동의 연속성이 이루어져야 스스로의 자기 학습능력을 갖추게 되는 것이다. 남에게 끌려가는 타의적인 인지와 자의적인 인지는 문제에 대한 해결과 직면한 문제에 대하여 얼마만큼의 인식할 수 있는 지식의 정도를 가진다. 현대인들이 얼마만큼의 인지의 능력을 갖추고 궁금한 것을 풀어가는지와, 인지로 인한 오류가 어떻게 발생하고 있는지에 대한 해결책을 어떻게 대처할지의 접근방법에 대한 고민이 있지 않을까 생각한다.

- 실패를 가져오지 않을 만큼인가?
- 인간행동의 오류를 발생시키는 원인이 되는 것은 무엇인가?
- 그 원인에 대하여 후진국형의 안전관리처럼 초발이나 재발이나 삼발을 일으키는 원인이 되는 것은 아닌가?
- 오류로 인한 발생원이 인지되어 실패학의 학습이 될 것인가?
- 인지를 간과해서 대형의 사고를 사후약방문(死後藥方文)할 것인가?
- 인지 = 오류의 요인 줄이기* 행동의 실패 요인 없애기를 정확히 알고 있는지?
- 인지에 대한 실수나 실패나 오류를 만들지 않기 위해서는 인간의 행동에 대한 분석 시스템은 적용하고 있는지?
- 인지는 늘 몸에 배야 하며 인간행동의 매개체임을 알고 있는지?

스스로 자문자답해본다.

■ 오류, 나 자신에게 있음을 직시한다

당신만이 가지고 있는 인지의 능력을 표현하고, 존재에 대한 오류와 실패의 흔적에 귀를 기울이지 않는 것은 나와 너, 우리가 연계된 것에 따돌림을 당하게 되는 것이다. 인지의 범주를 산업 현장의 안전과도 연계되어 있으며 글로벌의 세계에 안전이 추구하는 목표와 동기를 갖고 산업사회에 일익을 감당한다. 인지의 학문과 인적 관련된 오류와 인간의 행동에 대한 실패학과 에러율을 학문적으로 발전시켜 인간의 인적요인에 대한 발전적인 요인에 많은 노력과 시간을 투자해야 한다. 인간의 오류가 없는 행동을 공식화한다고 나름대로 정의해본다.

인간행동 = 목표, 동기 * 노력, 시간 * 인적요인

인간의 행동은 세 가지의 목표에 따라 달라질 수가 있다.

첫 번째 요인은 목표와 동기이다.

목표와 동기는 인간의 행동으로 생길 수 있는 지식, 규율, 시스템, 문화 등으로 인해 발생이 되는 것이다. 결핍성은 부족하거나, 미비하거나, 결핍의 요인이 명확히 정의되어야 한다. 행동은 목표와 동기와 노력과 시간과 인적요인의 따라, 올바른 행동을 가져올 수 있고, 그릇된 형태의 행동을 가져올 수 있다. 보이지 않는 과정에서는 먼지로 더럽혀진 사람, 용감하게 분투하는 사람, 시간을 잊어버리고 악전고투하는 사람, 실패해도 행동에 못 미치는 사람, 보이지 않는 곳에서 각고의 노력을 했지만, 헛수고로 돌아가기도 한다. 이처럼 목표와 동기는 좋은 결과를 산출하기도 하지만 결과가 기대치 이하로 나오지 않을 때도 허다하다. TV의 여러 방송이 노래 잘하는 가수를 뽑기 위해 적극적이지만 한가수가 이방송, 저 방송에 출연해서 열심히 하는 과정을 보면 동기와 목표가 있기 때문에 나중에는 좋은 결과가 있을 것이다.

두 번째 요인은 노력과 시간이다.

인간행동에 있어 노력과 시간은 절대적인 우위의 조건이다. 보통 사람들이 성공의 조건에 노력이나 시간을 필요충분조건의 이유로 거론한다. 노력과 시간에는 많은 유명어가 뒤따르고 있다. 1만 시간의 법칙을 얘기한 말콤 글래드웰은 아웃라이어(outlier)로 1만 시간을 달성하기 위해 하루 3시간을 10년 이상 한 것이며, 리버풀의 별 볼 일 없는 록밴드의 비틀스는 하루 8시간을 통해 270일을 연주했으며, 5년간 연주했고, 함부르크에서 1만 2천 시간을 가짐으로 차별화를 갖기 시작했다고 필립 노먼의 비틀스 자서전에서 얘기하고 있다. 랜시 암스트롱의 자전거 선수는 날마다 6시간을 8년간 함으로써 1만 7천5백 시간을 가짐으로써 투르 드 프랑스의 6연패를 달성했다. 모차르트는 6세 때 작곡을 시작하여 걸작은 1만 시간이 흐른 21세 이후에 만듦으로 최초의 걸작인 협주곡 9번을 작곡하게 되었다.

올바른 행동을 하기 위해 목표를 가지고 노력하는 사람, 위대한 열정과 혼을 가지고 헌신하는 사람, 인적요인을 극복하고 가치 있는 삶에 대하여 자기를 혁신하는 사람, 꼭 성공하기 위해 높은 성취도를 가지고 노력하는 사람, 가장 나쁘게 실패와 후회를 해도 올바른 인간의 행동을 위해 다시 일어나는 사람이다.

정직한 행동은 개인이 가지는 사회적 도덕성으로 말할 수 없을 만큼 중요하며 사회테두리 안에서 준수해야 하는 사회인의 약속이다. 사회 안에서는 정직한 행동이 정직하지 못한 행동만큼이나 사회 안에서 큰 지장과 장애를 주지 못해도 사회적인 문화나 규율이나 정서적으로 번져 나가는 전파속도를 보는 측면은 중요하다.

올바르지 못하거나, 준수하지 못하면 인간의 행동은 실수로 이어지는 사회의 연결고리는 우리가 안전이라는 고리에서만 지켜지는 것은 아니다. 인간의 행동만큼 연결고리를 형성된 것은 부지기수이다.

인간의 행동은 안전문화, 실천, 행복지수, 올바른 준수나 기준, 재해가 없는 국민, 국가, 기업 경쟁력, 선진 업체의 안전 기반 구축이 전제 조건으로 연결성을 갖는다. 인간에게 실패 또한 오류의 일종이다. 실패하지 않기 위한 인간의 4가지 행동을 제시한다.

실패하지 않기 위한 인간의 4가지 행동

1. 실패하지 않으려는 의지
2. 실패의 내용에 대한 재발 방지의 적응력
3. 실패를 완전히 자산화할 태도와 자세
4. 실패학의 학습 능력을 키우려는 사고방식

사실, 인간행동으로 4원칙을 제시한 것은 명확한 요인으로 집중화가 필요한 부분이다. 의지, 적응력, 태도와 자세, 사고방식은 구별하고자 한다면 성공한 사람과 실패한 사람들의 조건과는 별반 다를 게 없다는 것이다. 인간행동에 문제의 시발은 다르지만, 결과의 과정은 동일하다. 인간의 행동은 오류 속에 내재해 있다는 것을 내포하는 것이 된다. 실패를 하지 않기 위한 의지, 적응력, 태도와 자세, 학습능력은 인간이 오류를 범하지 않기 위한 행동으로 보이지 않는 요소이다.

실패를 자산화하기 하기 위한 과정도 중요한 자산가치이자 개인에게 있어서는 크나큰 호각을 치른 대가의 값어치이다. 실패를 접한 기업에서는 큰 손실을 가져왔기 때문에 재발하지 않으려고 많은 시간과 인력과 투자를 반영하고 있다. 일부에서는 실패학을 교육과정으로 운영하고 있다.

· 개인에게 실패는 어떤 의미를 가져다주는 것일까?
· 실패를 알고도 지속적인 재발과 재발을 연속하는 것은 사회문제인지, 개인의 통념 된 사고의 인식인지?
· 인간의 행동으로 보는 오류관점은 어떤 것일까?
· 인간의 행동으로 인한 실패 원인이 선천적일까? 후천적일까?
· 자신의 능력이나 시간에 대한 노력 부족이라 생각할까?
· 개인 실수가 생각보다 큰 결과를 초래하는 것은 아는 걸까?

결국, 요인들을 X, Y 등으로 두고 분석해보면 개인 행동요인들이 많은 비율로 나타나고 있다. 생각과 행동이 인간의 인지에 기본이 되지만, 모든 생활의 기반이 되는 것은 각 개인이 가져야 할 개인의 핵심코어이다. 의식과 지식과 행동과 실행과 사고(思考), 생각, 경험, 환경, 문화 등이 전제되면 질 높은 개인의 첨가제가 되는 것이다.

#7.
실수와 실패를
방치하지 마라

인간의 인지, 오류 발생 요인의 원인을 분석해보면 실수는 중요한 요인이자 빼놓을 수 없는 발생 인자다. 실수는 산업재해도 상관이 있는데 안전관점에서 보면 인간의 잘못된 행동과 의식과 멘탈 중심형으로 오류의 발생비율은 제조업의 특성에 따라 15%에서 80%까지 인간의 실수로 재해가 발생한다. 사례를 보자.

09년 산업재해자 수는 9만 7천여 명 정도인데, 강원도 동해시나, 전라북도 김제시의 인구가 재해를 입는 인구수와 맞먹는다. 실수나 실패는 전장의 전술과 전략과 비슷하다고 보면 된다. 실수의 수(數)는 작은 것에 대한 수적인 것으로, 실패의 패(敗)는 큰 단위의 양과 수적인 부분으로 이해하자. 근간이 실패로 이루어질 수 있음을 간과하지 않도록 집어 보자는 것이고, "조짐이 보인다"라고 할 때 실수보다는 실패를 염두에 두는 통념일 것이다.

결과적으로 보면 실수는 단 한 건의 이벤트로 인해 발생하는 결과, 결과물의 단수이지만 실패는 불안과 두려움이다. 실패는 다른 제삼자에게도 정신적, 물질적인 부과의 책망과 손해를 피해야 한다고 보는 것이다. 실패는 안전한 길이 아닌, 남들이 갔던 길을 가는지도 모른다. 실수의 선언은 하지 않아도, 실패의 선언은 한다. 그 전제 조건이 마지막 조건인 재발(再發)로 원점으로 가지 않기 위한 정신적인 충격함수의 외적인 시각효과인 것이다. 정신적인 충격함수는 실수로 인해 멘탈(Mental)로 받는 스트레스의 강도를 말하며, 외적인 시각효과는 실수로 인해 외형적으로 보이는 갖가지 피해상태를 말하는 것이다.

인간에게 보이는 실패는 우리를 당당하게 하는지도 모른다. 그것은 인정해야만 행동적인 재창조가 되는 것이다. 실수와 실패는 뒤집어 생각하면 결과물에 치우쳐 생각지 말고 기준점 (Base line)에서, 발생원의 근간인 처음의 시발점을 신중하게 하는 것이고, 원칙으로 접하는 것으로 시간과 공간의 동시성을 갖추자는 원칙이다. 실수와 실패는 인간공학 관점과 안전의 관점에서 보고 간략하게 정의를 내리면 실수는 개인의 오류라고 본다면, 실패는 불안전한 상태의 오류라고 판단된다. 실수는 양적인 인간의 무한한 행동으로 재현될 수 있고, 실패는 언제든지 안전의 룰과 기준과 원칙이 준수되지 않으면 발생할 수 있는 상황의 존재이다.

실패와 실수는 양과 수에 의해 존재한다고 보지만 목적은 같은 것을 어떻게 인지의 관점에서 한 단계 높은 차원의 오류예방책을 사전에 인간행동의 생각 패러다임을 갖추는 것이다. 약점을 뒤집어서 강점을 만들 방법이나 사례를 보자.

〈실낙원〉을 쓴 밀턴은 실명(失明)한 가운데 구술로 〈실낙원〉을 썼으며, 역사가 사마천이 〈사기〉를 쓴 것은 당시로써는 치욕적인 궁형을 당하고 나서였다. 베토벤은 청력을 잃었음에도 합창단을 지휘하고 불멸의 제9번 '합창'을 남겼으며, 알렉산더는 곱사등이었다. 나폴레옹과 셰익스피어는 절름발이였고 루스벨트 대통령은 평생 휠체어를 타야 하는 소아마비였다. 키가 작았던 나폴레옹은 이렇게 말했다.

"땅에서 재면 내 키가 작지만, 하늘에서 재면 내 키가 가장 크다."라고 말이다. 어느 기준으로 보느냐에 달려 있다고 본다. 영화를 보면 세대마다 느낌과 감동이 다름을 느끼듯이 말이다

당대의 사람들을 한번 보자. 스티븐 호킹은 전신 장애인 루게릭병을 앓고 있으면서도 세계적인 물리학자가 되었고, 니콜라스 콘스탄티누스는 시각장애인의 한계를 극복하고 세계적인 피아니스트가 되었다. 몇 해 전에 한국에 와서 수원 실내체육관에서 삶에 관하여 얘기한 닉 부이치치도 양쪽의 팔, 다리가 없음에도 골프도 하고 수영도 하고 삶에 대한 열정을 가지고 사는 것을 보고 정말 눈시울이 뜨거워졌다. 강의가 끝나고 일일이 포옹하는 시간에 줄을 서서 서로의 감정을 교환할 때는 너무나 감동적이었다.

실수나 실패는 국가적인 차원에서 보면 사건과 사고이다. 발생하면 국가 경제나 국민의 안전에 크나큰 영향을 미친다. 도미노 현상이론처럼 유사한 발생이 이어져 또 다른 발생이 되는데 보완이나 개선하기에는 큰 호각을 치르기 때문에 결과는 시간과 투자와 맨파워(Man Power) 같은 유사한 재발

방지를 인정하게 된다.

산업 현장이나 회사에서도 큰일에 치중하다 보면 작은 일을 소홀히 해서-사고가 나고 아는 만큼 보인다-는 명제 아래 안전관리를 하는 차원이어서 철저한 전문적인 지식과 경험과 철저한 사전준비가 필요하다. 실수나 실패를 하지 않기 위해서는 사전 계획서나 사전 체크 시트로 사전 위험의 인자를 확인하거나 관찰을 소홀히 하지 않아야 한다. 문제가 발생하였을 때는 인지로 인한 부주의, 지식 부족, 지식 미흡, 경험 부족, 전문성 결여, 불완전한 행동은 핑계에 지나지 않는다. 실수나 실패는 목표를 이루려고 할 때 안 되는 부분을 장벽이라는 것으로 인해 발생이 된다. 존 맥스웰의 "사람은 무엇으로 성장하는가"의 내용에서 보면 성장을 가로막는 장벽의 8가지 중에 두 가지를 지식과 실수의 장벽으로 서술하고 있다.

지식의 장벽은 ---- 어떻게 성장해야 하는지를 모를 때,

실수의 장벽은 ---- 실수하면 어쩌지를 장벽이라 얘기하고 있다.

이 두 가지는 인간의 행동과 생각 중에 발생하는 가장 큰 비중이 있는 것이다. 삼성경제연구소는 일 중심의 실패를 실패정복의 4대 전략이라 한 것을 저자의 나름대로 오류에 비유하여 실패의 오류 예방 4원칙으로 정해본다.

실패를 더 크게 하지 않기 위한 4원칙

1. 실패에 대한 두려움을 낮추라

2. 실패내용을 구체적으로 드러내라

3. 초기에 많이, 빨리 실패하라

4. 실패 경험을 자산화해라

인간행동의 주체인 인간의 심성에 우선 두려움과 실행을 하기 위한 행동의 항목과 초기의 상태와 결과적인 행동을 두고 말하고 있다.

중국 고전의 〈시경〉에 나오는 말인 녹명이 있는데, 사슴은 좋은 풀밭을 발견하면 혼자 먹어 치우지 않고, 울음소리를 내서 동료 사슴들을 불러 모은다는 의미다. 소통이나 우애를 강조한 얘기지만 이런 시작으로 작은 불합리가 모여 실패를 가져오게 된다. 실수와 실패는 문제와 문제점으로 비유할 수 있다.

실수는 인간행동의 요인으로 시작되는 요인이고, 실패는 오류의 결과로 도출되는 것으로 실수는 인간 중심적인 오류의 표출이고, 실패는 물적인 중심의 결과물 도출이다. 문제는 목표를 두고 현상과의 갭 차이가 나는 것을 정의하고 문제점은 문제가 무엇인지를 확실히 파악한 후에 그 원인으로 추정되는 것을 문제점이라 정의한다. 다만 문제점의 정의는 해결할 수 있는 전제 조건이 되어야 한다. 문제는 예를 들어 과속으로 인해 교통사고가 났을 때 자동차 사고는 문제이고 문제점은 도로의 요철이나 비 내린 날씨, 운전기술 등으로 보면 된다.

■ 실수와 실패는 안전이란 목표를 둘 때 두 가지 전제 조건이 있다

첫 번째가 연결성은 있다는 것이다.

다만 두 개의 단어가 한쪽으로만 치중되는 것이 아니라 두 개 다 발생치 않게 하는 것으로 안전이란 목표를 가져가기 위한 양자조건이다. 필요조건 이든, 충분조건이든 양쪽을 수호하는 파수꾼이며, 의지의 움직임으로 행동 으로 보이는 것도 인간이다.

사고를 당하고 난 후의 제일 먼저 후회를 하는 사람의 평을 보자.

· 조금만 더 신경 쓸 것

· 사소한 부분도 관심을 가지고 볼 것

· 제대로 준수할 것

· 시간이 조금 걸려도 기준과 원칙대로 할 것

· 모르면 물어보고 할 것

· 나하고는 상관없는 일이 아님을 진작 알 것

· 모든 사고는 기본지키기를 무시할 때 발생됨을 인지할 것

· 실수와 실패의 근간은 인간임을 알 것

· 인간의 행동에도 오류의 요인이 많음을 숙지할 것

상기항목의 것들이 사고 난 후의 아쉬움과 후회의 얘기이다. 따지고 보면 큰 원인이 아니다. 작은 것, 조그마한 것, 사소한 것이 결국은 큰일로 번지

게 되는 것이다.

두 번째는 실수와 실패를 하지 않기 위한 기준을 만든 것이다.

실패하지 않기 위해서 인간행동의 마음을 올바르게, 행동을 규정에 맞게, 하자는 것이고, 보이는 것도 중요하지만, 보이지 않는 것도 철저하게 지키자는 것이다.

독일의 철학자 헤르만 지몬은 "진정한 혁신이란 '이것 아니면 저것(either or)'이 아닌 '이것도 저것도(Both)'의 철학에서 나온다"라고 했다. 양쪽을 다 끌어안은 여유와 너그러움이 있어야 한다. '이것도 저것도'의 마음으로 진정성 있게 접근해야 한다. 안전과 오류에도 양면성이 있지만, 어느 한쪽의 기반 위에 또 다른 한쪽을 보완하는 것이다. 인간의 행동으로 접근하면 실수와 실패는 우리가 나아가기 위한 전화위복으로 삼는다면 안전한 나라가 되기 위한 좋은 기반이 될 것이다.

그러기 위해서는 조직에서의 어떤 일을 추진함에 조직과 개인의 일의 포지션에 따라 의사결정의 비중이 다르고 이에 따른 일에 대한 분배, 일의 과중, 일의 방법 등이 차이가 있을 수 있다. 결국은 일에 대한 마무리가 될 때 결국 프로젝트의 성과 여부를 가질 수가 있다. 혹은 조직원들이 일을 추진할 때 기준을 제시하지 않으면 조직이 가고자 하는 방향과 목표가 흩어질 수 있어 리더는 수시로 일에 대한 방향과 수행과정을 챙겨서 목표까지 가야 하는 과정을 거쳐야 한다.

이때 필요한 일에 대한 기준 및 표준을 정립해서 조율하는 것도 잊지 말아야 한다.

#8.
행동이 먼저인가?
생각이 먼저인가?

　보통 누가 먼저인가를 따질 때 '닭이 먼저인가? 달걀이 먼저인가'로 속담에 오르내리는 얘기를 한다. 생물학적 관점인지, 진화론적인지를 보느냐에 따라 달라질 수 있다.

　같은 의미로 우화인 토끼와 거북이의 경주도 어느 관점으로 보느냐에 따라 행동으로 보여준 토끼와 생각으로 보여준 거북이의 경기는 거북이의 승리로 이겼다. 두 번째의 경기를 골짜기에서 시작한다면 토끼가 승리할 것이고 세 번째는 산과 물을 건너는 시합이 있다면 물을 건널 때는 거북이의 도움을 받고 산을 오르고 내릴 때는 토끼의 도움을 받고 목표점을 향해 같이 도착함으로써 공동 우승하게 될 것이다.

지금의 시대는 고사성어의 줄탁동기(啐啄同機: 병아리가 알에서 나오기 위해서는 새끼와 어미 닭이 안팎에서 서로 쪼아야 한다)처럼 서로의 생각과 행동을 맞추고 비기고 살아야 한다. 생각이 먼저인 것에 두는 사람의 공통점은 사고(思考)가 우선에 둔다는 것이다.

어떤 사고들이 인간의 행동오류를 발생시키는지 분류한다.

- □ 시간에 대한 사고
- □ 개인의 신체에 대한 사고
- □ 지식에 대한 사고
- □ 조직문화에 대한 사고
- □ 정보에 대한 사고
- □ 경험에 대한 사고
- □ 인지에 대한 사고

- □ 의사소통에 대한 사고
- □ 주의에 대한 사고
- □ 절차에 대한 사고
- □ 망각에 대한 사고
- □ 착각에 대한 사고
- □ 수행에 대한 사고
- □ 의식에 대한 사고

생각과 행동의 인지에 대한 사고가 생각과 행동의 주가 되는 분류 가운데 우리는 우뇌의 감성적인 면과 좌뇌의 이성적인 면이 혼재되어 있음을 알게 된다. 중요한 원인을 프라이머리 원인이라고 한다.

핵심적인 오류의 주된 내용이다. 삶 중에도 생각, 사고, 의식, 지식같이 보이지 않는 오류의 요인은 우리가 쉽게 분석하고 대책을 세우는 방법이다. 이론보다는 현재 운영상의 행동으로 옮기는 과정에서 중요한 부분이 더 부각된다. 겉으로 행동과 속에서의 의식 가운데 우선시하는 것이 생각이다.

행동에 대한 핀잔을 주거나, 잘못된 행동에 대하여 그릇된 방법을 나무라고 할 때 우리는 "생각을 하고 살아라"라고 한다. 생각 우선의 법칙이 적용되어 생각지 않은 엉뚱한 결과를 초래될 때를 빗대어 얘기할 때 사용되는 것을 의미하기도 한다. 행동을 우선으로 갖는 사람들은 "일단 저지르고 보자"라는 행동 결과주의자적인 입장이나, 행동 원칙을 내세워 결론에 치달을 때 이런 비유를 한다. 결론적으로 어디에 가치를 부여하느냐에 따라서 생각 원칙인지, 행동 원칙인지를 판단하는 우선순위가 될 수도 있다.

안전학자 입장에서 인적 오류로 문제나 사고가 발생하였을 때, 원인을 찾으려고 한다면, 오류 시발점의 초기 상태를 어느 쪽에 비중을 둔 것인지를 봐야 한다. 목표의 결과가 인간행동의 동작 분석으로 구체적으로 정리가 되어있다면 행동 중심의 비중이 높은 것이고, 개인의 의견과 경험으로 치중되었다면 생각과 의식 중심일 것이다.

행동경제학의 사례를 들어보자.

어떤 근로자가 힘들게 일해서 번 100만 원과 경마장에 갔다가 운이 좋아 쉽게 번 100만 원은 똑같은 100만 원이고, 직접 번 것이다. 객관적으로 따지면 양쪽 100만 원은 똑같은 경제적 가치를 지니고 있으므로 당신은 어떤 돈을 들고 쓰든 상관없다.

하나는 힘들게 노동한 대가이고, 다른 하나는 운이 좋아 공짜로 생긴 것이다. 양쪽에 대해 당신의 태도는 확연히 다를 수밖에 없다. 이런 현상을 하우스 머니 효과(House Money Effect)라고 한다. 힘들게 노동한 대가의 요인과 운 좋게 얻은 결과의 대가와는 돈의 가치를 두고 결과론적으로 동일하다고 한다. 돈에 대한 당신의 태도가 관건이다. 또 하나의 다른 사례인데 비교의 관점이 다를 수도 있다.

이 사례는 의사결정을 합리적인 근거보다는 다른 것과의 비교로 인해 결정한다는 사실인데, 일상생활에서 찾는다면 중요 동일은 상대성이다

예를 들면 5만 원짜리 펜을 사려다 1만 원 할인하는 곳이 있다는 걸 알면 15분 거리는 마다하지 않는다. 하지만 70만 원 하는 양복을 사려다 1만 원 아끼려고 비슷한 거리의 다른 백화점으로 발길을 돌리지는 않는다. 똑같은 1만 원인데도 말이다. 마트에서 300원 할인 쿠폰은 악착같이 챙기면서 레스토랑에서 3만 원짜리 수프는 기꺼이 추가한다. 거실에서 120만 원짜리 가죽 소파를 들여놓는 것은 어렵지만 같은 가격의 승용차 가죽시트는 옵션을 쉽게 결정한다. 결국, 비교를 통해 의사결정을 하는 상대성은 복잡한 세상을 살아가는 수단이다.

인간의 생각과 행동 중에 어떤 것이 먼저인가를 인지하기 전에 사례처럼 시간에 투자하지 않고 얻은 결과물과 단순한 개념은 동일 비교이다. 미래와 관계 형성의 리스크에 영향성을 고려하지 않고 잠재성 많은 문제를 풀려고 하는 것은 섣부른 것이다. 인간의 생각과 행동이 어떤 것이 먼저인가를 분별하는 것은 마치 닭과 계란을 비교해 어떤 것이 우선일까를 따지는 것과 같다. 인간은 생각하는 갈대인 것처럼 생각이 행동보다 우선이다.

안전 관련 오류를 유발할 수 있는 것은 생각과 행동을 같이해야만 하는 것임을 알아야 한다. 행동이 먼저이고 생각이 나중인 것은 없을 것이다. 같은 생각과 행동을 동시에 한다는 것은 동시 관점이 필요하고 대처해야만 동시성의 시간관념이 있기 때문이다.

■ 오류를 사전에 인지하기 위해
3가지로 판단해보자

하나는 경험의 방향성인데 좋은 경험인지, 나쁜 경험인지에 대하여 경험을 함으로써 방향에 대한 솔루션을 긍정적 관점으로 방향을 맞출 것인지, 부정적인 관점으로 방향을 맞출 것인지에 대한 초점을 맞추는 것이다. 좋은 경험에 긍정적인 평가는 조직 간에 충분한 강점과 좋은 시너지를 극대화할 수 있는 여건으로 갈 수가 있지만, 나쁜 경험에 부정적인 평가는 오류에 대한 발생에 재발과 삼발의 연속성으로 장애 요인의 비중은 더 커지고, 조직에서 해결해 나가야 하는 오류의 유사성을 폭넓게 확산하게 되는 경우까지 발생한다.

둘째는 경험의 강도를 얘기하는 것으로 소비자가 치과에서는 신체적 아픔의 강도가 센 경험을 하는 것이고, 스타벅스와 같은 커피 전문점은 신체적 팔, 다리의 수고로움의 아주약한 경험으로 볼 수 있다. 경험의 강도는 본인 스스로 불편함을 느끼고 해결을 해야 하는 치과와 시간과 여유를 가지고 마음의 차분함을 갈구하기 위해 필요한 커피점과 차이는 결국 조직원이 경험의 강도는 신체적으로 느끼는 불편함의 차이, 경험의 차이로 나타난다.

세 번째는 경험의 활동성을 얘기하는 것으로 소비자가 얼마만큼 적극적으로 참여하느냐를 두고 하는 것이다. 마지막으로 경험의 차원을 방향성과 강도와 활동성을 얘기했다. 경험의 리스크를 피해의 차원에서 언급하면 발생도와 강도와 위험도 측면으로 볼 수 있다. 활동성은 활동하기 위한 리스크 요소인 강도와 발생도와 위험도를 세 가지 측면에서 현장에서 직접 확인하는 활동성, 결국 리스크의 세 가지 조건이 선정되어야 한다.

인간의 오류를 경험적인 측면에서 보면 발생도는 어느 것에서 발생하는지를 분명히 정의하면 빈도는 조절이 된다. 가정에서나 직장에서나, 연구실에서나, 생산현장에서나 인간의 오류에 따라 선택과 집중이 정리되고, 그 상황에 맞게 일어나고 있는 문제로 접근하는 것이다. 마치 경험적인 오류의 피해 정도는 지하 전철이 어느 하나의 역에 도착하기 위해 도착점에 바르게 스톱을 하는지에 대하여 성공률에 따라 정확한지를 알 수 있는 판가름으로서 정위치에 정차했는지, 벗어났는지 결정해서 성공, 실패라고 보는 것이다. 강도의 의미는 오류의 세기가 얼마만큼의 세고, 약함을 말한다고 할 때이다. 인간의 오류를 경험적으로 범하지 않기 위해서는 이중, 삼중의 안전장치를 해야 한다.

위험도는 얼마만큼의 오류의 경험으로 인해 발생하는 다양성을 보고 신뢰성이 있느냐를 생각하고, 피해의 발생 위험도는 어떤 성상과 어느 사고의 발생이 되는지를 염두에 놓고 있어야 한다. 살아가면서 위험과 오류에 대하여 많이 부딪쳐서 살고 있다. 혼자서도 부딪치고, 여럿이 부딪치고, 조직으로 부딪치고 있고, 국가로도 부딪힌다. 나만의 것이 아니고, 다수와 많은 집단의 대응이다.

우리는 부딪히는 세기에 따라 쉽고, 어렵게 혹은 피해의 많고, 적음으로써 가늠을 하고 넘어간다. 문제는 위험도에 대하여 생각의 깊이를 어떻게 하고 있는지가 더욱 중요한 요소이자 인자이다. 생각과 행동의 우선순위의 차이는 받아들이는 입장에서 어떤 부분이 그 상황과 그 환경에서 우선순위의 실행으로 결정되느냐가 먼저이다. '달걀이 먼저인가? 닭이 먼저인가?'의 관점으로 생각해보자. '생각이 먼저인가? 행동이 먼저인가?'는 개념의 차이일 것이다. 현대는 오류의 시대인 만큼 생각과 행동의 우선순위를 정하기보다는 사전에 어느 부분이 오류의 강도와 위험도가 먼저 해결하기 위한 과제가 무엇인지를 명확하게 인지하고 있어야 한다.

인간은 감정적인 것이 우선으로 정립되기 때문에, 너무 심화가 되면 자신의 환경 탓으로 돌리는 환경적 동물이 되기도 한다. 세상의 위대한 사람일수록 스스로의 자기 자신이 원하는 것을 찾는 추구의 동물이다. 환경이 안되면 만들어라, 간접적인 사람이 되지 말고, 직접적인 사람이 되자.

현대는 오류의 시대이다. 더 큰 인간의 행복을 위하고 안전한 행동을 찾기 위해 선행과제를 명확히 인지해야 한다. 인지의 선행이 되어야 하는 조건들은 오류에 관한 관심, 오류에 대한 눈높이, 오류에 대한 사실성에 대한 접근이 되어야 한다. 개인의 역량이 전제된 사회로, 기반으로 인간의 행동이 수반되는 것이다. 현대인의 기본적인 인간행동 오류의 조건은 세 가지로 접근을 얘기했지만, 우리가 가장 걱정하는 것은 인간의 오류가 행동으로 우선 귀책이 되는지를 알아야 한다.

현대인의 오류에서 역행되는 조건들을 알면 오류를 사전에 막을 수 있는 세 가지 사항이 있다.

첫 번째는 오류에 관한 관심이다.

내가 자주 안전 관련 교육이나 강의를 하러 가면 첫 시간에 사용하는 방법이다. 얼마만큼의 의식이나 관심의 수준이 어느 정도인지를 가늠하기 위해 하얀 A4용지를 나눠주고 2분의 시간 동안 당신이 생활하는 현장이든, 가정이든, 유치원이든, 학교든, 안전사고나 인적 오류가 날 수 있는 원인을 다 적으라고 한다. 거기엔 모든 답이 들어있다. 누군가 걱정의 해독제는 실행력이라 했듯이 관심에 대한 부족으로, 현상을 보는 시각이 부족해서, 아이들이 놀이터에서 문제없이 놀 거로 생각하기 때문에 방치나 방심으로 이어지게 되어 자녀를 둔 부모님은 한두 번은 경험했을 것이다

두 번째는 오류에 대한 눈높이의 수준을 맞추는 것이다.

인적 오류나 안전사고가 나는 현장이나 발생을 일으킨 사람과의 면담 중에 현장의 작업자는 현장을 모르는 관리자의 지시로 인해 발생이 되었거나, 작업자의 눈높이 차원에서 작업계획서가 작성되지 않아 위험도를 고려하지 않고 진행함으로써 발생이 된다. 결국, 원인은 사람과 환경의 프로세스이다.

세 번째는 오류에 대한 사실성을 똑바로 직시해야 한다.

문제의 사실을 명확히 짚어야 한다. 무엇이 우선으로 인적 오류 시발점의 기인이 되었는지 스스로의 판단보다는 공유하고, 의사소통하고, 서로 간에 교류가 되면서 기술적인 인적 오류 상쇄가 된다. 상쇄는 위험의 오류를 줄이는 첩경이 된다.

오류는 생각이나 행동이 우선이 아닌 견제와 균형이 맞춰지는 상황 속에 판단과 결정이 되는 멀티성의 프로세스를 갖게 하는 것을 의미한다.

오류에 대한 부분은 어떤 일이든 어떤 사람이든 어떤 환경에 주저 없이 일어날 수 있다는 현실성에 고려한 사실을 알고 똑바로 대응하는 안이 있어야 함을 계속 강조하고 싶은 마음이다.

PART **02**

인지의 오류

#1.
위험인지는 위험과 정보의
차이에 있다

현대 사회에서 위험의 노출은 점점 해가 갈수록 심화되어 가고 있다. 우리와 공존하고 있는 위험은 가정에서부터 산업 현장에 이르기까지 존재하고 있다. 사회와 환경으로 많은 요인 속에 알게 모르게 내재해 있고, 위험의 노출은 사회의 안전, 국민의 안전, 경제의 안전, 위기의 안전, 각종 재난의 위험으로부터 노출되어 있다.

위험의 요인은 가스폭발, 철도의 탈선, 원자력 발전소의 방사능 방출, 자연재해로 인한 산사태, 풍수해로 인한 인명사고, 바다에 기름 누출, 환경오염을 들 수 있으나 이것들은 부분이다. 전체를 가늠하지 못하기 때문에 추측과 가상을 할 수 있다. 우리 사회의 작은 사고는 추락사고, 붕괴사고, 교통사고, 누수나 리크(Leak)들이 줄이어 발생하고 있다. 위험에 노출되어 있으면서도 아직도 사전예방책보다 사후예방책에 급급해하고 있는 현실이다. 사례로 2011년 일본은 안전 관련 사후보다 사전에 80%를 투자함에 반해 우리나라는 이와 반대로 사전보다 사후에 80% 예산을 사용하고 있다.

위험이 삶 속에서 얼마나 위험이 다양해지고 우리가 알고 있는 것보다 훨씬 세분되어 있고 한번 발생하면 피해의 규모가 상상을 초월할 만큼 점점 커지고 있는 현실이다. 위험이 노출되면 얼마큼 위험의 인지가 큰 것인지를 알아야 하고 대처하는 능력을 알아야 발생하면 사람에 따라 위험을 감지한다. 문제는 특별한 문제나 위험을 다르게 판단 및 해석을 해야 한다. 위험의 개념과 위험의 인지에 대한 상이한 생각에서 발단이 된다. 개인 간의 견해 차이, 집단 간의 견해 차이, 이해관계자 간의 견해 차이가 나타나고 있다. 문제가 심각한 것은 위험의 인지는 눈으로 보아서 나타나는 것이 극히 일부이고, 판단할 수 있고, 의사결정 할 방법이 제한적이다. 많은 정보와 지식이 고려되어야 한다.

지식의 견해는 다각도의 관점에서 인지의 관점과 정보를 가지고 연계성과 긴밀성과 분석에 대한 협조성과 정확한 평가의 결정이 필요하다. 과거의 위험에 대한 비과학적, 이해타산, 부정확한 기초 자료, 현실과는 맞지 않은 자료로 시행착오를 가지고 왔다.

위험에 대한 사람들의 수용 정도를 수치로 해보려고 해도 명확하게 드러나지 않는 원인을 세 가지로 학자들이 말하고 있다.

하나는 위험수용은 가능하지 않고 반복적이어서 증폭과 감소를 반복한다는 것이다.

두 번째는 주관적 판단이 심화해 있다.

세 번째는 주관적 판단이 정책과 경제에 영향을 미친다는 것이다. 위험의 인지에 대한 중요성은 진지하게 다루어져야 하고 사실적인 위험의 노출과 인위적인 조작으로 인해 사실적인 반응을 끌어내기 위한 위기상황이 제시되는 현실이 되어서는 안 된다. 즉 사고가 발생하고 나면 대책을 세우는 사후약방문 형식을 얘기한다.

위험에 대한 인지와 정보는 우리가 위험이라고 판단되는 위험 발생원에 기술의 초점이 맞춰져야 한다. 위험의 인지가 측정되도록 인지에 대한 도출의 질적인 방법과 양적인 방법이 선행되어야 한다. 그런데 현실은 보여주기 일시적인 방편이나, 규제를 벗어나기 위한 회피형의 형태로 운영이 되는 것은 아닐까 하는 걱정이 된다.

■ 위험인지의 첫 번째 조건은 피부로 느끼는 것이다

위험인지의 중요한 인지의 조건을 갖추기 위해서는 광의적인 메인 프레임의 형성과 구축이 되어야 한다. 4개의 요인으로 구성이 되어야 하는데, 요인은 위험에 대한 환경설정과 시스템과 프로세스와 네트워크이다.

일반적인 얘기가 아니라 쉽게 풀어쓰면 이렇다. 만약에 신호등이 설치되는 위험의 인지 조건이라면 환경설정은 사람과 운송 수단이고, 시스템은 신호등 체계가 어떻게 되어야 하는지 사람과 차와 신호와의 관계가 프로세스이고, 문제없이 돌아가는 것이 네트워크 개념이다. 이것처럼 환경설정이 우선으로 기반조성이 되어야 하는데 중요한 것은 업종별 환경에 대한 위험설정이 명확히 다르다는 것이다.

조선업의 위험인지를 건설업의 위험인지로 알고 있으면 무리다. 우리나라 산업재해의 직종분류를 근간으로 위험의 정의가 내려져야 하고 그 속에 발생 요인의 근간을 최소한 세부분류까지 하는 환경설정을 해야 한다. 시스템은 정보를 제공하는 것으로 시스템화했다고 하는 것은 착각이고, 자가당착적이다.

산업 현장과 위험과 불안의 작업조건에서 근무하는 작업자가 진작 필요하고 궁금한 것을 알 수 있는 현장 중심의 내용이 제공되어야 한다. 위험과 불안은 안전하지 못한 것은 프로세스가 없기 때문이다. 프로세스는 정치적으로 푸는 것이 아니라 현실의 문제점을 정확히 정의하고, 요인을 찾아내어 근본적인 대책과 일정과 실행을 위한 원인을, 올인원(one in all, all in one)의 추진 담당자와 함께 구체화해야 한다.

프로세스는 국가와 국민과 기업 간의 역할과 책임에 대한 과정을 상호공존의 체계로 갈 수 있는 선진국형의 과제 중심형의 지원과 개선과 재발에 대한 부분에서 아직도 미비하다.

기간산업과의 연결고리를 벌금과 인증과 체벌 중심으로 진행하는 것은 문제가 있다. 문제는 선진국형과 후진국형의 사고 발생의 환경은 다르다. 선진국형 위험의 발생과 처리인 프로세스는 미경험과 미정립, 미인지, 미(未) 프로세스로 보완은 기본적으로 있으나 다양성의 필요한 요인이 반영이 안 됨으로써 인해 사전에 선행을 못 하는 것이 문제인 것이다. 쉽게 말하면 그 이상의 예측이 부족해서 발생한다.

선진국 사고의 문제에 대한 프로세스는 문제의 정의를 규명하고 문제구성 요소에 대한 역할을 명확히 구체화하고, 문제점의 규명을 차별화해야 한다. 차별화의 전제 조건은 세 가지 형태의 분류다. 보이는 것과 보이지 않는 것과 조절할 수 있는 것과 조절할 수 없는 것, 장기적, 단기적인지를 구별한다. 리스크에 대한 평가를 한 결과에 대한 사후처리가 없는 것이 항상 사고의 발생으로 이어지기 때문이다. 후진국형은 초발(初發)의 재발이 연속됨을 말하는 것으로 "첫 단추를 잘 끼워라"라는 격언처럼 처음에 심도 있게, 재발에 빈틈이 없도록 여러 경우를 놓고 다각도로 보아야 한다. 심도와 체계화로 보지 않는 결과로 사고를 초래한다. 이 고사성어로 해결책을 언급한다.

호시우행(虎視牛行: 호랑이처럼 보고 소처럼 행동한다)
호시우보(虎視牛步: 호랑이처럼 보고 소처럼 걷는다)가 있다.

결국은 마치 호랑이처럼 보고, 소처럼 행동하며, 실행하는 것은 한번 심사숙고하는 것으로 사고에 시간적인 여유가 필수임을 강조하고 있다. 시스템과 그리고 해결을 위한 전술적, 전략적, 전투적 방법으로 진행되어야 한다.

마지막으로 네트워크의 중심은 산학과제로 기업과 학계가 병행해서 기술력 중심의 문제해결 능력을 추진하는 것이 근간이 되어야 한다. 직종과 유사한 산업체 간의 기술교류회 및 문제해결 교류회를 구축해서 동일과 동종의 사고가 재발하지 않도록 하는 일체형 중심의 네트워크를 구축해야 한다. 제반 조건이 되는 것은 문제구성 요소에 대한 역할을 명확히 구체화하고, 문제점의 근간이 접근 초점이 맞춰져야 한다.

일본의 사사준코(내각관방의 안전보건 실장을 역임한: 위기관리의 노하우)의 저자이기도 한 그는 "의사소통과 정보 연락 상의 차이는 상하 관계에서는 한층 더 폐해가 커진다. 상하 간의 격차가 현저해질수록 간신들이 판을 치게 되어 취약한 조직으로 전락할 우려가 있어서 정보전략과 의사소통의 통로는 열어두어야 한다."라고 강조하고 있다. 수평적 조직과 수직적 조직에 있어 조직과 경영에 중점을 두는 운영에서 상기해 두어야 하는 중요한 부분이다.

위험에 대한 사회적 관점에서, 정신적 관점에서, 경제적 관점에서 모델을 구축하는 계기가 될 수 있으며, 위험의 원인과 결과와 대책에 대한 구조화가 필요하다. 직접적인 인프라 부분과 간접적인 상호유사 요인을 가지고 판단해서 일반화가 되고 실용화가 되어야 한다. 어느 책에서 창조 집안의 가계도(家系圖)를 4가지로 표현한 내용이 있다.

창조의 모계도: 관찰 → 생각 → 몰입 → 창조라고 표현했다.

위험의 솔루션도는 원인과 현상, 분석과 결과와 대책을 정의 내리고 있다. 위험의 솔루션은 우리가 생활하면서도 가장 많은 경험으로 사용하고 있다. 어린 자녀가 집안에서 다쳤을 경우 네 가지 프로세스를 보면 관찰은 현상을 보고 바로 병원에 가거나, 임시방편을 취하고, 생각은 부모나 보호자들은 생각 측면에서 어른들이 병원으로 가야 할지, 자체적인 임시구호로 대처 가능한지를 생각하고 몰입 차원에서 병원에 입원하게 되면 어떻게 대응을 해야 하는지 재발 방지를 취하는 것이다.

창조는 그 가운데 가치를 실패는 성공의 가치로 창조하는 것으로 가닥은 잡는다. 약을 먹이거나, 바르거나, 선제행동을 하면 된다. 사용하는 위험의 솔루션도 순서의 위치를 바꾸어 조치한다. 안전 전문가와 부모 조치에 대하여 취해가는 경위를 보고 순서만 조금씩 바뀌는 현상만 있는 것이다. 기본적인 근간은 결국 가야 하는 목표를 명확히 인지하는 것이다.

#2.
위험의 접근특성에
빈틈을 두지 마라

위험인지와 위험 인식에 대한 개념의 차이는 "판단의 과정과 관점에 연관성이 있다."라고 일반적으로 학자들은 정의를 내리고 있다. 위험에 대하여 접근한 예를 들면 바다에 파도가 일고 있는 상태를 보자.

어떤 이는 윈드서핑 보드를 타고 있고, 튜브를 타고 있고, 어떤 이는 수영을 하고 있다고 한다면 위험의 개인적인 특성은 각각이 가지고 있을 것이다. 파도의 높고 낮음에 대한 경험과 대응에 대하여 스스로의 위험에 관한 판단을 하는 것이다. 정도에 따라 문제가 없다고 스스로를 판단하는 것이 오판의 시초다.

파도의 넓이로 판단하게 되는데 잠재된 문제는 내가 있는 위치에 대한 정보가 없다는 것을 인지를 못 하는 것이다. 결국, 위험의 발단은 현재 상황에서 시발점이 되기도 한다. 모든 위험의 인지는 현재 상황과 리스크에 대한 문제를 명확히 인지하고, 가능한 현재의 시점의 기준을 이해하고 역할과 책임에 대한 대응력의 환경에 맞게 정리가 되어있어야 한다. 위험의 인지는 지속적인 생각, 판단, 느낌과 행동으로 영향을 미친다.

나에게 있어 위험인지의 어떤 요소가 잠재되어 있는지를 체크한다.

· 위험인지에 대한 유전적 요소는 없는지?

· 위험의 인지에 영향을 미치는 개인적인 특성 유무는 있는지?

· 개인 특성으로 인한 나의 인지의 요소는 어떤 것들이 있는지?

· 각 개인 특성으로 인지의 특징적인 빈도수가 높은 것은 없는지?

· 개인 특성에 따라 어떤 위험 인지의 잠재적인 요소가 있는지?

· 위험인지를 통해 개인의 특성에 따라 위험의 대응은 있는지?

· 민족과 문화의 차이로 발생한 인지의 공통점 및 차별화는 어떠한 것들이 있는지?

모든 것들이 인지의 위험요소를 쉽게 이해하거나 인지해서 위험요인을 체크하거나 찾아보기는 쉽지 않다. 그렇기 때문에 선진국처럼 아이 때부터 안전교육의 중요성을 알고 틀을 만들어야 한다.

인지에 대하여 개인의 특성으로 강조하는 이유는 위험의 개인적인 것에 의존성이 강하고, 중요요인들조차 개인 특성에 비율이 높기 때문이다. 개인적인 특징 중에 사고와 생각과 의사결정과 갈등관리, 대인관계, 학습과 행동수반의 요인(적극적인 행동, 손짓, 몸짓, 언성, 손과 발과 행동거지)들이 포함된다. 개인의 잠재성과 위험성은 두 가지의 형태를 가져오는데 하나는 주변이나 상황에 따른 환경과 또 하나는 물리적인 상황에 따른 환경에 의해 다른 인지를 하는 경우가 발생한다.

가령 예를 들어보자.

어린아이의 경우는 전국 합창경연 대회를 나가기 위해 연습을 한다고 했을 때 전체적으로 학교에서는 잘하는 합창이, 전국대회 나가게 되면 연습했던 대로 안 되는 경우가 많다. 잘하는 것과 못하는 경우의 차이는 물리적인 환경에 대한 개인의 인지 적응과 처음 접하게 되는 개인의 인지능력의 부족이 생겨서 그렇다.

해결책은 물리적인 상황에 따른 환경이 있다. 실제 그와 유사한 형태를 만들어서 연습을 시키는 것이다. 입장하는 것과 심사 위원이 앉아 있는 상태, 발표할 자리 및 순서 및 악기와의 맞춤이 그런 모방의 인지개념이다. 다른 것은 주변 상황에 따른 환경의 방법으로 이 대회에 참석했던 경험자를 통해 이야기를 듣고 간접적으로 대처나 인지를 하게 함으로써 아이에게 마음적인 부분으로 인지를 하는 것이다. 위험인지와 위험한 행동이 현장 즉 경연대회의 장소와 인지의 경험과 축적된 지식이 갖게 되면 실제의 제 실력을 발휘하게 되는 것이고 위험성의 요인과 불안의 요소에 대한 대처가 낮아지게 된다.

인적인 특성은 나이와 환경의 관점과 지식의 인지에 따라 어느 관점으로 보느냐에 따라 달라질 수 있고, 감성에 따라 위험 인지의 기준에 의해서 변화가 달라진다. 예를 들어 작업의 위험수행시 긍정적으로 진행하면 일이 수

월한데, 부정적으로 일을 추진하게 되면 일에 대한 수행력에 걸림돌이 생기는 것으로 상관관계가 있다고 전문가들은 얘기하고 있다. 위험인지에 따라 심리 측정학 연구에서는 양적인 위험 차원을 세 가지 차원으로 분류하는데 위험의 경악성, 통제성, 유명성이다. 제1차 요인과 제2차 요인으로 세분화한다. 세상에서 가장 위험한 것이 무엇인가? 그 답은 시민에게 묻느냐? 전문가에게 묻느냐에 따라 달라진다.

위험인지는 양적인 부분으로 강조를 하게 되는 부분이 경악성, 통제성, 유명성으로 강조를 했는데 설명을 덧붙여 보자.

경악성이란 위험에 대한 발생이 되면 규모의 측면에서 접하게 되거나 알면 발생근원에 대하여 놀라움의 극치를 가지게 될 때를 말한다.

통제성은 위험에 대한 질서와 차례의 원칙을 벗어나는 일이 생기면 통제성에 대한 통제가 되지 않은 일(Out of Control with Thing)인 만큼 일어나는 것을 의미한다.

유명성은 정보와 언론에 목표가 되어 만만치 않은 대가를 치르게 되는 일을 말한다.

미국의 오리건 대학 심리학과의 폴 슬로빅 교수가 1987년 사이언스에 게재한 논문인 〈위험 인식〉의 내용에서 그는 어떤 여러 집단의 사람들에게 "어떤 기술이나 행위가 가장 위험한가?"를 물은 결과를 제시했다. 그 여성 유권자 연맹회원들은 가장 위험한 것은 원자력이었다.

그다음 자동차, 권총, 흡연, 오토바이, 술, 항공…순이었다.

그러나 전문가들은 원자력의 위험성은 20위로 불과했다. (1위는 자동차였다). 이 같은 괴리에 대해 슬로빅은 "위험의 개념이 서로 다르기 때문"이라고 설명했다. 대중과 전문가의 견해 차이로 볼 때 개인 특성에 따른 위험의 커뮤니케이션 핵심은 "사람들의 관심사에 귀를 기울이고 거기에 답하는 것"이라고 한다. 개인의 특성은 위험의 인지를 알기 전에 인식관점에 위험의 직접적인 행동으로 옮기는 것이 제1 관점이다.

위험의 인지는 한 사람의 개인이 알고 있는 공유는 마치 100을 채우기 위해 절실히 부족한 부분의 꼭 필요한 하나이기 때문이다. 위험의 인지가 지식과 행동과 의식과 생각이 중요한 요인이라면 위험에서의 네 가지는 공유되고, 융화시켜야 위험에서 멀어지고 발생치 않는 대안이 되기도 한다. 정보! 하나의 매개체인데 "사촌이 땅을 사면 배가 아프다고 한다" 이것 역시 하나의 정보인 것이다. 그러나 사촌이 땅을 삼으로 인한 합리적인 부의 늘림으로 인해 나와 비교했을 때 부에 대한 시기와 질투와 정보에 대한 인지가 아우르고 있기 때문이다.

느끼는 인지는 정보하고 중요하고 긴밀한 상관관계를 가지는 부분이다. 정보는 현재에 대한 상황에 대한 흐름의 척도를 알게 하는 지식의 단계이다. 남이 잘되는 꼴을 보지 못하는 우리 국민성하고 유사하다. 사촌이 배가 아픈 것은 사전인지를 못해 극한 것 즉 땅을 산 것에 대한 나 자신이 구입하지 못해서 미달점의 아쉬운 연장이기도 한 것은 아닐까?

남에게 뒤지고는 못사는 국민성이 표출된 것이라 본다. 남이 잘되면 칭찬과 격려를 해주고, 서로의 좋은 점을 배워가면서 상생과 공존의 모습이 가장 이상적이다. 그런데 어려운 시대의 경험 문화를 형성하지 못한 채 선진국의 대열에 서게 된 것이다. 갑작스러운 성장과 문화도 병행되어야 했으나, 정신문화는 미처 성숙하지 못하고, 물리적인 경제성장만 추구한 나머지 균등한 견제와 균형이 맞지 않아 나타난 현상이라 보면 된다. 마치 육체는 성인이나 정신은 아직 미성년인 것과 같은 것이다.

#3.
위험의 표출은?
어느 관점으로 볼 것인가?

　최근에 크리스 토포와 다니엘 사이먼스 교수가 쓴 "보이지 않는 고릴라" 내용을 보면 이 책은 사람의 인지에 대하여 6개의 착각으로 다루고 있다. 그중 6개의 착각은 주의력 착각, 기억력 착각, 자신감 착각, 지식 착각, 원인 착각, 잠재력 착각으로 표현하고 있다. 인지의 착각을 6개의 항목으로 표현한 것은 협의적인 표현도 있지만 제 개인적인 생각으로 보면 안전학자의 일부 강조한 내용을 심리학적으로 접목을 해서 저술한 것으로 볼 때 또 하나의 재미있는 내용의 표현이다.

　위험의 표현은 전자에서 강조한 것 중에 해당하는 내용인데 주의력과 기억력과 지식과 잠재력에 추가적인 내용을 언급했으면 하는 생각도 해본다.

그 내용은 경험, 교육, 환경, 사회적인 문화도 범주를 넓히면 여기에 포함되어 발생할 수 있다.

위험표현의 목적은 인간의 인지에 대한 주의력의 산만과 기억력의 상실과 지식의 부족과 지식의 미흡과 지식의 결여와 생각지 못하는 잠재력에 대한 부족과 결여로 발생한다. 위험의 표현으로 나타나는 것은 징후의 표현이자, 사고 전의 조짐으로, 경험으로만 익힌 문서와 체계적인 문서와 관리기준 없이 말과 어깨너머로 익힌 것과 교육이 안 되고, 환경이 열악해서 사회적인 수준이 못 미쳐 위험의 인지를 알아차릴 수가 없게 된다.

위험의 표식으로 나타난 부분을 인지로 접할 수 있다는 것은 사회적인 이슈보다는 개인적인 실리가 앞서지 않나 싶다.

예를 들면 자기 집 주변에 쓰레기가 버려지면 "쓰레기 버리지 마세요"라는 푯말과 혹은 "널판"지에, 담벼락에, 갖은 수단으로 즐비하게 써놓고, 식당 앞에 다른 차가 대지 못하도록 해당 가게의 주차공간에는 물통을 총집합시켜 세워둠으로 인해, 손님이 많아질 초저녁 시간이 되면 길거리 통행에 불편을 초래하게 된다. 이동용 전기 간판과 에어를 이용한 전기 작동식의 춤추는 허수아비 모양의 간판등은 지나가는 손님들은 보도블록 가다 보니 정글 속의 숲을 헤처가게 하는 사람과 간판의 숲을 헤치고 나가는 형태를 보게 한다. 선진국처럼 간판을 규격화하고, 도로변에서 못 나오게 안전존(Zone)을 기준화해서 안전의 사고와 위험의 표출이 없도록 실행되어야 한다.

위험의 표식은 네 개 중에 한 개만이 표현한다. 위험 인지의 방법은 교육되거나, 부착되거나, 삽입되거나 세워 있으며, 목적은 여러 가지의 경우를 두고 행해지고 있다. 그 예가 주의의 표시, 위험의 표시, 경고의 표시, 안전사고를 미연 방지하기 위한 예방의 표시, 위험의 표식을 준수하지 않으면 현재의 상태에서 위험, 위험의 상태나 행동을 범하게 된다. 위험의 인지에 대한 표식을 자기의 실리 중심이 아니라 사회의 안전중심과 행복추구중심의 아량이 넓은 마음의 재량이 필요하다.

일상의 생활과 업무의 일 중에도 위험의 표현에 민감하지 않고 둔감하게 생각하면 위험 일부에 직접 영향을 받게 된다. 위험의 표현은 직설적으로 해야 하고 가장 보편적인 타당성으로 표출이 되어야 한다. 쉽게 이해가 되고 인지가 높아져 이해의 수준을 한층 더 향상되도록 해야 한다.

위험의 표식은 안전관점에서 제일 먼저 갖추어져야 하는 기본수단으로 지켜져야 하는 1차 수준이 필요하고, 2차 수준은 사람 관점에서 지켜지고, 준수되고, 실행되어야 한다. 3차 수준은 인류복지를 위한 배려 레벨이 되어야 한다. 3차는 그만큼 문화적인 수준만큼으로 진화가 필요하다. 위험의 표식을 성인 중심과 작업자 중심이 아니라 어린이 중심과 노인 중심의 표식을 쉽게 표식화하는 방법도 선진국의 수준으로 가기 위한 인간 중심의 안전문화가의 초석이 된다.

예를 들어 아시아 창의 리더십 포럼에서 현대도시는 국가를 상징하는 주요 이미지가 있다. 영국에 런던 아이, 프랑스는 에펠탑, 미국은 자유의 여신상이 대표적이다. 하지만 서울의 이미지를 디자인으로 단순화한다면 한국이 가지고 있는 문화의 이미지이어야 하는데 서울대 미술관장인 권영걸 교수는 태극, 한글, 한옥, 한식, 옹기, 조각보, 김치, 막걸리, 태권도부터 결혼식, 졸업식, 교도소, 비무장지대(DMZ) 등에 이르기까지 100가지' 국가 디자인 전략' 방안을 제시했다고 한다. 문화유산은 그 나라만이 가지고 있는 전통적이고, 정신의 혼이 담겨 내려오고 있는 민족성의 값어치 있는 혼의 줄기이다. 정신적인 것이다. 민족적인 것이다. 우리의 문화적 가치이자, 혼이다. 살아 숨 쉬는 선조의 얼이다.

위험의 표식도 겉과 속이 다른 이미지 노출의 방파제가 인지의 표식을 의미한다. 안전의 눈 관리가 1차 요인이 표식임을 알아야 한다. 표식은 시각적인 인지의 표식으로 가장 기본적인 차원에서의 기본 안전조치이다. 장기적으로 광의적인 표현으로 한다면 국가의 브랜드도 한국성을 대표하는 이미지로 삼을 정도의 값어치가 있어야 한다.

브랜드의 종류는 문화적인 가치가 가장 비중이 큰 것이 가장 효율적인 성과의 가시화가 빛을 발산하고 있다. 한국성의 대표는 분명한 차별화의 분류에서 차원이 있는 상품이어야 한다. 마케팅에서 아우라라는 말을 자주 인용한다.

아우라의 개념은 오리지널의 진품에서만 나오는 진짜 기운을 말한다. 아우라 브랜드가 되기 위한 세 가지 조건이 있다.

하나는 시간의 조건이라고 할 수 있다.

서용구 교수는 "브랜드 전략"이라는 저서에서 말하고 있다. 차별화와 감성화 작업이 성공적으로 달성된 30년 이상의 장수 브랜드를 말하는 것이다.

두 번째는 글로벌 경제 3개 중심지 중에서 최소한 2개 이상의 지역에서의 인지도, 선호도, 충성도를 확보한 보편성 조건을 얘기하고 있다. 세 번째는 장인 정신과 마니아 소비문화를 보유한 진정성 조건을 얘기하고 있다.

표식에 대한 예를 들어본다.

옷에 대한 실험이지만 사실 사람 눈에 보이는 판단에 관한 하나의 사례이다. 멀로이의 실험이라고 하는데, 100명에게 상류층의 옷을 입고 호텔 문을 다른 손님과 들어오게 했더니 94%가 양보를 했다. 다시 동일한 100명에게 허름한 옷을 입고 들어오게 했더니 82%가 양보를 하고, 5%는 심하게 욕을 했다고 한다. 옷을 어떻게 입느냐에 의해 타인에게 어떤 대우를 받느냐가 결정된다. 옷은 사회적, 경제적 능력의 수단이 대변해 주는 요소이다. 현대인에게 있어 1차적인 인상 및 풍기는 이미지는 옷이란 외형적인 의상의 부분을 통해 느껴지는 의사 표현의 수단이다.

보여주는 것은 표식하는 것과 상통한다. 보여주는 것은 간접적인 것에 대한 객관적인 입장과 상황으로 비치는 것이고, 표식하는 것은 실제 보여주고자 하는 것에 주관적인 입장과 상황으로 비치게 하는 직접적인 것이다.

#4.
위험의 선입견은
과부하(負荷)가 넘치면 안 된다

몇 해 전에 사상 초유의 정전이 발생이 되었다. 원인은 한국전력과 전력 거래소가 추석이 지났으니 여름처럼 더위가 없을 것으로 판단하고 송전에 필요한 전력 부하 설비를 동절기 준비하느라 발전기 설비를 보수에 들어감으로써 사상 처음으로 순환 정전이 되었다.

분명한 것은 여름 내내, 몇십 년 만의 집중호우와 느닷없이, 예측 불허의 집중호우로 피해를 보고 난 후 매스컴을 통해 많은 문제점이 노출되었다. 유사한 많은 인명피해를 냈던 우면동 사태를 보더라도 귀를 막지 않는 한, 기상에 관한 예측을 했을 것이라 판단된다.

전력과 기후는 보완재자 상관관계가 많은 것임을 다 알고 있지 않은가 말이다. 위험의 인자에 대한 선입견이 있었다면 실제 문제시 대응에 지연이 되고, 문제점이 속출되었을 것이다. 생각과 행동과 위험의 과부하가 넘쳐서는 이슈가 된다.

위험의 선입견은 절대적인 생각이 되어서는 안 된다고 본다. 현재의 상태 만족도, 시간에 대한 경험 만족도, 환경에 대한 변화의 무관심한 안일한 만족도가 이어질 수 있다. 그런 상태가 (이 정도, 이쯤이면, 이만하면: 상태의 만족이) 안일한 생각과 태만한 행동으로 판단이 큰 선입견을 품게 하는 위험한 선입견을 품게 되는 오류의 절대적인 생각이다. 제대로 판단하고 인지하기에는 무엇인가를 놓치고 가는 것이라 판단된다. 물류 창고가 많은 이천에서 해마다 화마가 많은 사상자를 내는 이유는 근본적인 문제의 접근이 안 되어 발생하는 것이다. 겉만 보고 실제 속을 보지 못하는 담당 공무원과 인허가에 급급한 실무자 간에 인프라 부분에 운영유지 조건이 만족하지 못하는 상태에서 일어나는 것이다.

가령 인터넷 관점에서만 분석해보자.

인터넷은 위험한 정글이다. 사이버 세계에서 벌어지는 괴롭힘과 익명을 대상으로 벌어지는 비인격적인 일들, 아이들을 어떻게 지킬 것인가를 염려하는 것과 같은 것이다. 정전도 위험의 선입견을 품고 있지 않았다면 기상이변에 대한 분석 및 날씨 예측, 송전기의 사전 보수, 전력거래소의 전력에 대한 지역별의 안배에 대한 안일한 생각이 원인이었다. 위험에 대한 선입견은 위험한 작업이나 리스크의 중요한 부분은 시간, 생산, 환경, 사람에 핑계 대지 말고 항상 충분하게 검토가 우선이 됨을 알고 임해야 한다. 과부하란 어느 한도의 일정 수준으로 유지되는 일반적인 것이 아니라 어느 기준을 상회하는 것으로 기준선을 초과하게 되는 것을 말한다.

초과하고 넘친다는 의미로 인간의 오류와 연계해 본다.

· 생각이 넘쳤다.

· 행동이 넘쳤다.

· 행동이 분명치 않았다.

· 생각의 범위가 못 미쳤다.

· 생각이 정도를 지나쳤다.

· 인지가 과분했다.

· 인지가 미흡했다.

· 인지가 지나쳤다.

· 의지가 넘치다.

· 지식이 과분하다.

· 비상대피에 대한 유도 경우의 수가 단순했다.

· 사고의 수에 대한 위험대응 선입견이 적었다.

· 전체 흐름에 대한 큰 틀을 못 잡고 있다.

"생각이 넘쳤다"라는 얘기는 충분하게 검토된 것이 아니고 정저지와(井底之蛙: 우물 안의 개구리)처럼 생각의 식견이 현재의 문제점을 직시하지 못하고 기준의 틀 안에서만 해결, 처리하는 거위의 거위꼬리만 생각이 만연되었음을 말하는 것이다.

"행동이 넘쳤다"라고 얘기한 부분은 행동할 만큼 상대 혹은 국가 기간사업 상대로 하는 행동은 충분한 검토와 분석과 검증을 해야 함에도 일반적인 "사전 통보도 없이", 느닷없는 중단을 하는 것으로 일에 대한 행동이 지나쳐 보였다는 것을 의미한다.

모두에서 정보와 관련해 얘기했지만, 정보의 시대를 두고 스위스의 세인트 갤런 법대 교수의 말처럼 "미래를 얘기할 때 '상상'의 영역이 포함되지 않을 수도 있다. 이 규범 역시 없지만, 지향적인 법학자들은 최대한 상상과 현실의 균형을 맞추기 위해 노력한다"라고 했다.

어떤 리스크가 있는 위험의 일을 실행할 때 위험의 인지 측면을 두고 실행검토를 했는지는 한번 살펴보고, 확인해보면 인지 측면을 사람의 중심으로 두 개 타입으로 두고 얘기를 한다. 며칠 전에 매스컴에서는 "우리나라의 대기업의 S사와 H사의 창업주 얼굴형을 두고 사설화 되었다. 남방형이라 작은 전자 제품의 사업을 하고 행동도 민첩하고, 북방형이라 해서 큰 선박의 생산품을 만들고 있다"라고 언급을 했다. 다른 관점으로 보자.

인물형에 관한 언급을 하려고 하는 것이 아니라 사람 중심의 인재 중심을 얘기할 때, 거미형 인재와 개미형 인재가 있다. 거미형 인재는 개성과 창의력을 바탕으로 미래상을 그려 가면서 거미줄로 먹이를 기다리는 선제적 스타일이라고 볼 수 있다. 사람들의 새로운 세상을 구현하기 위한 미래를 선점해 가는 스타일이다. 개미형 인재는 근면과 성실로 대변되는 근대 산업사회의 상징으로 조직에서 묵묵히 최선을 다해 일하는 조직으로 잘 적응하는 것이 미덕이고, '빨리빨리'의 독특한 조직문화를 바탕으로 일사불란한 조직의 사람이다.

감지(感知)의 학자인 사이먼과 바런은 사람의 첫인상의 신체 부위를

90% 이상이 눈으로 판단함으로써 감지에 대한 중요성을 인식시킨 적이 있다.

두 개의 인재 유형에 위험의 인지에서 공통점은 느낌이다. 생존하기 위한 위험의 공존을 공감으로 형성되는 것을 전제 조건으로 가지고 있다. 현재의 시간과 미래의 시간에 있어 위험의 인지는 시간에 대한 느낌의 대응이 되어야 한다.

■ 현재 사회적 인지의 조건은 두 가지이다

첫 번째 조건은 느낌이다.

느낌을 받아들이기 위한 시간에 대한 가치가 있어야 한다. 느낌은 직접적인 부분이고 감성적인 부분이다. 받아들이기 위한 선제 조건이다.

두 번째는 공감대이다.

위험의 인지에 대하여 성취감이나 내적 동기를 얻기 위한 것이 현재와 미래의 균형적인 감각의 매칭(Matching)인 것으로 감각대를 가지는 것이다. 미국의 경제학자인 대니얼 골먼은 "공감은 직장 생활의 모든 사회적 효율성에 반드시 필요한 핵심요소"라고 단언했다. 21세기 자본주의의 경제적 경영방식을 말할 때 공감을 제쳐놓고 설명할 수 없다고 한다. 공감은 모든 경영 차원에서의 투명성을 확립하는 것이 중요하기 때문이다. 투명성은 정보만이 아니라 "다른 사람의 기분과 신념과 행동에 대하여 진정한 개방성"을 표현하게 해준다. 공감에 있어 선입견의 차이는 상대방의 의견, 생각, 태도

여서 갭의 차이를 줄여야 한다. 갭의 원인을 분석해보면 가장 우선 되어야 하는 몇 가지가 있다.

■ 선입견에 대한 갭 줄이기 방법

첫 번째가 시간의 갭을 줄여야 한다.

시간의 갭은 현대 변화하는 속도 중에 가장 빠른 적응성과 구속력이 있어 가장 큰 변화를 가져오는 것은 사람이다. 일에 있어 생각과 사고를 시대와 시간에 맞게 맞추지 않으면 변화와 창조의 시대에 맞는 생각 차이의 조화를 맞출 수 없기 때문이다. 시간 안에 내재해 있는 것은 소통, 만남, 목표에 대한 인식, 조직문화구축, 리더십의 방향 등이 여기 안에 들어가 있는 것이다

두 번째는 실행의 갭을 줄여야 한다.

어떤 리더십의 책에서 회사 CEO들이 가장 못 하는 것이 실행률이라고 한다. 전제 조건에는 성공과 실패의 율(率)이 핵심강조사항으로 대두되는 만큼 도전과 용기와 모험과 의사결정이 필요하다. 제반의 모든 여건이 실행할 수 있는 형편이 되면 못할 게 없다. 미래와 현장의 경험이 부족한 탓과 실패를 염두에 두기 때문에 가장 문제점으로 이슈가 되고 있다.

세 번째는 감성의 갭을 줄여야 한다.

회사에서 제품화되는 상품도 이제는 이성에서 감성으로 접근해서 소비자의 마음을 잡아야 한다. 소비자가 한 백화점에서 한 상품점을 넘어가는 시

선은 15초 안이라 한다. 이 시간에서 소비자의 상품 인지를 어떻게 각인을 시킬 것인가는 중요한 부분이다.

벤저민 프랭클린은 "1센트의 투자는 1달러 이상의 예방가치가 있다"라고 한다. 소비자에게 한 제품의 매장을 지나가는 그 시간인 단 몇 초(秒) 동안에 제품을 어떻게 구매하도록 투자의 가치를 올릴 것인가를 생각해보는 것은 고객을 사로잡기 위해 가장 절실한 부분이다. 시간에 대한 갭과 실행에 갭과 감성에 대한 갭은 사람 중심이어야 인간 오류에 대한 다발성, 심각성, 피해성을 더 한 층 줄여가게 된다. 위험의 선입견은 인간의 인지로 인한 과부하로 생기는 인간 본연의 시작됨이다.

다발성은 인간의 오류는 산업 현장에서의 인간의 오류로 인한 사고는 반도체에서도, 철도 운영에서도, 항공사의 운전에서도 거의 20% 내외로 나타나고 있다. 이로 인한 대책은 교육이나 일부 공단에서의 인적 오류 분석에 대한 프로그램의 일부 적용이나 학교에서 휴먼 팩트에 대한 요인분석이나 찾기에 분주하다.

심각성은 주요한 기간산업에서, 혹은 중요한 중앙통제실에서의 잘못된 판단과 행동으로 인한 문제가 발생 시 값으로 논할 수 없는 중대한 일이 생길 수 있다는 것이다.

결국, 피해성은 인적 오류의 파행성은 효과성을 정량적으로 계산해보면 경제적 피해가 커질 수밖에 없다는 것이다.

감성의 갭은 인적 오류에 있어서 감성공학만큼 정립이 되지 못하면 인적 오류의 요인들은 현대인의 생활반경인 직장이나 가정이나 사회에서 발생할 수 있는 부분이다.

소비자도 감성 중심의 사람이기 때문에 소비자의 감성 부분을 어떻게 접근할 것인지를 파악-한 사람의 인지-소비자하고의 인자 -상충, 대립- 절충으로 하나의 시퀀스를 준비하지 않으면 시간 소비에 매출이 연결될지는 고민해야 하는 부분이다.

#5.
위험지수가 만성화되면
오류의 기인자가 된다

보통 안전학자들은 오류에 대하여 많은 부분에서 발생원을 찾으려고 하고 있다. 발생원은 〈안전과 불합리가 생기는 근본 원인을 같은 의미로 사용하는 단어이다〉 뜻을 풀이하면 "무엇이든 처음 생기는 근원"이다. 발생원을 시스템으로, 개인의 지식으로, 환경으로, 정보로, 의사소통으로, 규율(Rule)로, 하드(Hard)인 것으로 사건과 사고의 요인을 찾으려고 해결책을 모색하고, 강구하기도 한다. 이 요인들이 가장 많이 대두되는 이유는 원인을 찾아야 근본적인 해결을 할 수 있으므로 소홀히 할 수 없는 이유다. 보통, 세 가지 정도를 거론하는데 해결책은 시스템적인 측면, 인간적인 측면, 환경적인 측면으로 원인의 접근에 대한 다양성을 가지고, 해결책을 내놓는다.

오류를 인간의 이성과 감성으로 접근해서 이야기를 해보려고 한다. 학자들 간의 오류에 대한 견해가 다를 수가 있다고 하지만, 대다수는 인간에게 행동으로 수반되는 것이 오류인데 그 근간은 판단, 지식, 행동, 시간, 수행, 생각, 인지 등으로 오류를 분석하고 있다.

심리학자들은 감정으로 표출을 하는데, 불안과 공포를 얘기한다. 직접적인 체험의 경험을 해본 사람은 위험의 지수에 얼마나 올라가 있었던 상태인지를 알게 된다. 경험에 대한 직접 경험과 간접경험의 차이가 얼마나 큰지를 알게 된다. 심리학자들은 불안은 만성화된 공포라고 한다.

■ 위험지수의 근간은 인간에게 있다

인간에게 위험은 행동의 규제나 더 나아가 정신적인 울타리가 생기는 범위를 갖게 된다. 그런 위험은 직. 간접적으로 위험의 크고, 작음으로써 나타나게 되는데 지수화를 등분하는 것을 숫자로 의미한 것을 지수라고 표현했다.

신체에서 주변 환경에서 보내오거나, 나타나게 되거나 느껴진다. 그러나 위험에 대하여 인지에 대한 개념이 없다면 그 신호는 무의미해지는 것이다. 마치 신체적으로 어떤 신호를 보내고 있는데 담당 전문가에게 물어보거나, 상의가 되어야 하는데 스스로의 결론을 내리게 됨으로써 생각지 않은 사고를 직면하게 되는 것이다.

정보로 오는 신호가 있고(signal-intelligence), 인간에게 오는 감성의 신호가 있는데(human-intelligence) 결국은 사람에게 위험 인지(risk intelligence)의 오류가 최종이다.

프로이트는 "불안이 외상적 순간의 직접적인 결과로 그리고 '단지' 그것이 반복될 수 있다는 위협 신호에 의해서도 활성화될 수 있다"라고 주장했다. 개인의 불안도 위험지수에 해당하는 요인이다. 만약에 어린 자녀가 길을 가는데 자주 넘어진다고 가정해보자. 당신은 어린 자녀에게서 어떤 방법으로 위험요인을 찾아내겠는가?

1. 똑바로 안 걷는다고 핀잔이나 야단을 치시겠습니까?

2. 아이가 자주 넘어지는 것에 대한 신체적인 문제는 없는지 관심을 가져서 병원에 가보시겠습니까?

3. 신발이 불편해서 넘어졌다고 그러시겠습니까?

4. 부모님이 평상시 아이들에게 걷기를 시키지 않아 체력이 약해졌다고 판단하시겠습니까?

5. 부모님이 걸음을 빨리 걸어 아이가 따라오지 못해 넘어졌다고 아이 탓으로 돌리시겠습니까?

6. 차후에는 걷지 않고 자동차로만 움직여서 걸어가는 것을 싫어해 억지로 바닥에 넘어지는 것은 아이문제로만 돌리겠습니까?

7. 아이가 걷는데 무릎이나 신체적인 다리의 문제가 있다고 생각하시고 정형외과에 데려가서 진찰을 받아 보시겠습니까?

8. 아이가 걷는데 길이 평탄하지 못해 넘어졌다고만 생각하고 사실은 아이의 중심을 잡는데 귀의 평형고리관에 문제로 보지 않고 그냥 지나치시겠습니까?

9. 아이가 길을 가다 다른 것에 눈이 쏠려 넘어졌다고 아이의 관심사가 무엇인지를 모르고 그냥 넘어가시겠습니까?

10. 아이가 자기 집중도가 낮은 것을 환경으로 돌리시겠습니까?

11. 아이의 시력이 떨어져서 바닥에 대한 굴곡 부분을 못 보고 넘어질 수 있다고 생각하시겠습니까?

12. 길의 바닥이 미끄러워져 길에 대한 탓을 하시겠습니까?

13. 운동화든 다른 신발이든 바닥이 닳아 운동화의 교체를 강조하시겠습니까?

소방청에 의하면 2021년도 영유아 생활안전사고는 총 1만 6천3백 건에 이른다고 한다. 유아로 예를 든 것은 사실은 유아 안전도 인간의 행동으로 오류를 범하는 사례만큼이나 빈번하게 벌어지고 있는 실정이다.

여러 가지의 원인이 있겠지만 위험요인을 들추어낸 것은 근본적인 것에 대한 기본 발생원이 무엇인지를 알아보고자 하기 위한 것이다. 원인을 큰 가지로 분류한 형태를 그룹핑 해본다.

개인, 환경, 시스템으로 보는데, 개인부터 보자. 개인적인 "탓"을 설명하기 전에 멘탈 리허설이란 단어를 좋아한다. 멘탈 리허설(Mental Rehearsal)은 심리학적 용어로 일종의 이미지 훈련으로, 어떤 운동 기술을 익힐 때 몸을 움직이지 않고 머릿속의 상상을 통해 익히는 것을 의미한다. 오스트레일리아의 앨런리 찰슨이라는 사람이 이와 관련된 실험을 진행했다.

그는 먼저 농구선수들을 세 개 조로 나누고, 첫 번째 조의 선수들에게는 하루 20분씩 실제로 슛 연습을 하도록 했다. 두 번째 조에게는 하루 20분씩

라커(Locker)에서 슛을 던지는 상상만을 하도록 했고, 세 번째 조에게는 아무 연습도 하지 않도록 했다. 3주 후 앨런은 그 세 개 조를 대상으로 슛 능력의 개선 정도를 조사했는데 의외의 결과가 나왔다. 연습하지 않은 세 번째 조의 경우는 당연히 슛 능력이 개선되지 않았다. 하지만 상상만으로 연습했던 두 번째의 조의 경우 슛 능력이 실제로 연습을 했던 첫 번째 조의 실력과 비슷하게 향상된 결과를 가져왔다.

결국은 인간의 뇌의 능력에 비중을 두지만, 그에 앞서 개인의 신체적인 감정의 호응과 상상과의 절대적 적응의 탓이다.

우리나라의 젊은 부부들이 아이를 갖지 않은 이유를 심리학자가 3가지를 들었는데 하나는 아이를 키울 능력과 두 번째는 아이에 대한 사회적 관심과 세 번째는 환경과 아이를 바르게 키우기 위한 시스템이 필요한데, 세 가지 요인이 부족함이 있어 젊은 부부들이 바라보는 문제점이라 일컫고 있다.

40대 남성들이 다른 세대의 집단과 비교했을 때의 행복하지 않은 것에 대한 "개인적 측면(자신의 성취, 성격, 건강)과 사회적 측면(인간관계, 소속 집단 관계)이고 그중에서 가장 큰 문제는 경제적 문제와 일과 업무라고 심리학자들이 연구해서 발표한 적이 있다. 문제를 개인적으로 수용을 해서 위험지수를 평가해 보자. 이와 반대로 행복지수를 구체화해보자

국제연합은 보건과 교육수준을 고려해서 사회발전 정도를 측정하는 인간 개발지수를 개발하기도 했다. 1970년 1점 만점에 0.48이었던 인간 개발지수를 2010년 0.68을 기록했다. '글로벌 거버넌스 지수'도 등장했다. 평화와 안보, 법치, 인권 참여, 지속적인 개발, 인간개발 등 5가지 지표는 다시 13개 하위지표와 37개 지수로 세분된다.

2008년 5개 상위지표 결과는 다음과 같다. 10점 만점에 '평화와 안보' 가 8.4점, '법치'가 5.3점, '인권 및 참여'가 5.71점, '지속적인 개발'이 5.91점 그리고 '인간개발'이 6.27점이었다.

세계적인 통계로 최근 데이터가 아니라 신뢰는 떨어지지만, 국제연합에서 인간 개발지수의 주안점은 윤리와 과학과 더 나아가 인간의 인지와 오류까지 발전시키고 있으며, 더 나아가 글로벌 거버넌스에서조차 거론되고 있다. 인간개발은 인간의 게놈과 인간의 뇌를 통해 더 많은 불안과 위험지수의 관리까지 하이 리스크(High Risk)로 되고 있다.

인간개발은 인간의 게놈과 인간의 뇌를 통해 더 많은 불안과 위험지수의 관리까지 하는 하이 리스크(High Risk)의 조정과 통제까지 발전시키길 기대한다. 위험과 리스크 조절을 한다면 불안한 사람과 환경을 탓하기보다 참원인에 대한 요인을 우선으로 파악을 해야 한다. 우선 순위화해서 먼저 위험지수를 하나씩, 하나씩 불안요인을 제거함으로써 현재의 불편과 불안과 위험의 부딪힘을 사전에 제거하게 되는 것이 선행의 일반조건이 된다.

순방향으로 진행이 된다면 특별이란 조건을 달지 않고, 시간과 환경과 관리의 방법을 추월해서 발생하는 것은 달리 봐야 한다. 돌발이나 특별이란 네임 밸류(Name Value)가 있는 것을 제외하고는 경험과 학습의 그 이상의 그 어떤 문제라도 개인이 받아들이냐는 마음 여부에 따라 시작됨을 알아야 한다.

#6.
위험 소통의 핵심주체는
3가지이다

위험 소통의 3가지 핵심내용은 시간과 사실과 사회로 구성되어 있다. 마치 정년퇴직 후 세 가지인 건강과 지식과 취미를 적절하게 활용하는 것과 같다. 내가 회사에서 과장 시절 신뢰성 강사로 선정이 되어 신입 사원들을 대상으로 1년간 교육을 해본 적이 있다. 그때를 돌이켜 생각해보면 소통은 서로가 서로에게 정보와 행동과 공감을 요구해서 필요한 것을 얻고, 서로에게 더 사실적 내용과 관계적 내용으로 공감대 형성을 하는 방법과 수단임을 알게 되었다.

위험 소통은 위험이 있는데 소통의 프로세스가 없거나, 체계적인 운영이 없어 위험을 노출하는 것을 말하는데 그중에 소통에 어떤 문제가 있는지를 보는 것이 위험 소통의 개념이다. 일반적인 소통은 비언어적 몸짓이 전체 소통의 55%, 어조, 억양, 음성, 감정 등이 38%, 말은 7%에 불과하다고 한다. 소통도 서로 간의 진정한 마음으로 의사 표현을 해서 사실을 알게 되고 형식적인 소통을 제외하고는 목적이 있어 살아가면서 필요한 삶의 도구로 이용되는 것이다. 의사소통해야 하는 시기일 때, 위기는 긴박하고, 의사결정이 필요하고, 무엇인지 신속하게 대처하거나, 피해를 최소화하고자 할 때는 정말 중요한 때이다.

위기소통은 위험 소통과 같은 개념으로 위기에 있어 언어적, 행동적 표현으로 둘 다 프로세스나 체계적인 부분이 수반되어야 하는 것과 같은 의미이다. 위험은 한 개의 단위문제에서 발생하는 것을 말한다고 한다면, 위기는 실제 상황에서 대응해야 하는 필수 불가결인 위험지수가 큰 부분이 아닌가 싶다. 위험과 위기는 필수와 충분이 있어야 하는 부분이다. 위험 소통은 어느 특수집단이나 차별화된 직종이나 비정기적인 행사로 진행되는 것이 아니다. 누구에게나 발생하는 것이며, 생활 속에서 간혹 필요한 부분이다.

위험 소통을 원활하게 하기 위한 절대적인 표현이고, 진행의 절차이고, 필요에 따라서 순서와 체계적인 룰과 책임이 따르는 것이다. 의사소통은 서로 간의 언어 전달이지만, 위험 소통은 위험에 있을 때 소통을 함으로써 꼭 필요로 하는 것이다. 위험 소통의 핵심주체의 중요한 것을 세 가지를 꼽으라 하면 시간과 사실과 사회가 아닌가 싶다.

가령 예를 들어보자.

위험의 문제는 아주 끈질기다. 사소한 부분에 대한 방향성도 있다. 예를 들어 위험은 작은 것도 방심하면 크게 되고, 개인에서부터 조직으로, 단수에서 다수로 군집으로 번져가고 이슈화되어서 삶으로 스며들어 살고 있는 도시와 공장으로 파고든다. 더욱더 배가됨으로 인해 불안과 위험은 가시화되고 쟁점화된다.

특히 스리마일섬, 체르노빌 원전사고, 우주 왕복선 챌린저호, 컬럼비아호 폭발사고, 대형 비행기 추락사고, 인도 보팔 암모니아 유출 사고, 대구 지하철 화재사고, 대형 유조선 기름유출사고, 삼풍 백화점 사고, 세계무역센터 붕괴, 성수대교 붕괴, 미니애폴리스 고속다리 붕괴, 허리케인 카트리나로 인한 뉴올리언스 침수, 인간 광우병, 신종 플루, 세월호 사건, 이태원 참사 사고들이 우리 사회에 심각하게 대두되고 있으며, 세계적인 이슈이다. 과학과 기술에 기초한 위험 환경에서 균형이 깨짐으로써 사회적인 불안으로 더욱 가속하는 문제가 되고 있다.

안전학자들은 이 문제를 안전관점에서 볼 때 가스안전, 방재, 안전, 건설안전, 항공안전, 선박안전, 화학안전, 기계안전, 재난관리로 분류해서 대책을 세워 추진했었다. 일차적인 원인에 대한 대책은 단기 대책이지만 장기적인 대책은 인류의 대책이자 정부의 해결책이고, 세계기구의 운영 프로세스의 구축으로 세워지고 있다.

사회학자들은 소위 하버마스의 '소통행위이론', 기든스의 '구조화 이론', 벡의 '위험사회'를 제시하고 있다.

■ 위험사회를 만드는 위험 소통인데 소통의 3가지 주체를 제시한다

첫 번째는 시간이다.

전자에서도 언급했지만 중요하기 때문에 강조해도 지나침이 없어 강조의 강조를 한다.

시간은 일시적 복합성을 가지는 의미이다. 즉 과거에서 현재를 거쳐 미래에 이르는 사실적 의미에서 특정한 결과를 가져오든 모든 장소와 산업 현장과 사회는 위험한 결정을 하게 된다는 것이다. 시간으로 위험을 넘지 말고, 행위와 소통으로 넘어가자는 것이다. 위험 소통의 태만이 위험 회피를 가져오게 될 수도 있다. 소통 중에 하나의 예제가 되는 건이 타이타닉 사고에 대한 미스터리 건이다. 타이타닉은 영화로 유명세를 치렀지만 크나큰 호각을 지불한 사건이다.

2012년은 타이타닉 사고가 난 지 100년이 되는 해였다. 사고원인의 발생원에 대한 여러 가지의 미결 중에 초기의 대응치 못한 대형이란 표현보다 엄청난 인류사고로 이어진 이유에 대하여 많은 가설이 있지만 그중 하나가 소통이다. 미국과 영국 간의 54회에 걸쳐 조난에 대한 경위와 사고의 확대 등으로 조사가 되었다.

그중에 타이타닉이 침몰 당시 가장 가까운 20km 안팎의 거리에 있었던 '캘리포니안' 배는 왜 수수방관 했을까의 핵심인 스탠리 로드 선장과 허버트 스톤 이등 항해사와 제임스 깁슨 견습선원 간의 의사소통이었다.

항해사가 견습선원하고 목격하고 선장에게 "보고하라"라고 지시했는데,

견습선원이 선장에게 보고과정에서 선장은 "받은 적 없다"라고 하고, 견습선원은 "보고 했다"라고 주장했다. 대책이라고 하지만 명확한 사유가 풀리지 않은 사항은 우리에게 많은 암시를 하고 있다. 지위고하를 따지지 않고 선장과 견습선원 간의 소통이 원활히 되었으면 1100명이 탈 수 있는 총 20대의 구명보트에 700명만 태웠는데 그 이상의 1514명의 희생을 최소화할 방법을 찾을 수 있었을 것이라 판단된다.

위험 소통이 명확한 통찰을 하게 느끼는 것은 결국은 위험한 회피를 가져오게 만든다. 직접적인 원인에 대한 부분은 책임과 역할이 구체적이고, 사실적이지 못한 데서 시작이 되었다.

두 번째는 사실적 의미이다.

정보 결핍하에서 결정이나 혹은 통제되지 않은 현대화의 역동성에 의한 일반적인 위협으로 판단한다. 사실적 의미에서 타이타닉을 비유해서 설명하자면 구조요청을 하는 타이타닉은 신호탄을 여덟 번이나 쐈고, 거기에 구조요청의 흰색 연기를 보았고, 견습선원과 선장과의 흰색이라고 주고받은 의사소통에는 공감대가 분명히 있었을 것이다. 그러나 분명치 않은 위협적인 행위로 일단락되고 있다.

세 번째는 위험 소통의 사회적 의미 차원은 "의견의 불일치"이다.

의견의 일치가 되면 개연성은 높아지는 반면, 불일치되면 "합의의 개연성은 낮아지는 경우"를 말하는 것이다. 점점 당사자와 결정자 간의 상호이해에 따라 위험의 인지가 결정된다. 선장과 견습선원 중 한쪽이 위증하고 있다. 견습선원이 배의 절대적 권력을 행사하는 선장의 권위에 눌려 주눅 들어, 보고를 안 했을 수도 있고, 했더라도 적극적으로 하지 않음으로써 본 사고의 대처에서 멀어질 수 있었다. 선장이 보고를 받았는데 잠결이라 문제에 관한 판단이나 문제의 옳고 그릇된 의사결정을 내리지 못함으로써 대처를 하지 못했을 것이다. 위험 소통의 요인이 시간과 사실과 사회로 내린 것은 그만큼 사회의 위험이 존재하는 한 주체는 단순화되지 않고 다양화된 연결고리를 가지고, 더 잠재됨을 알아야 한다.

결국, 위험 소통의 세 가지 구성요소 중에 시간은 어떤 문제가 사실일 때 순서적인 시계열이 필요하고, 사실은 문제와 문제 사이에 연결고리인 풀이 과정에서 정확한 사실이 있어야 하므로 문제해결 핵심요인이 필요하다. 사회 구조과정에서 사회 안에서 풀어야 하기 때문에 사회구성원의 의사소통이 필요하고 실행이 우선시되어야 한다.

시간과 사실과 사회는 동일한 현상을 가져오게 된다. 시간과 사실과 사회를 '대비 효과(Contrast Effect)'란 인간의 심리 현상을 가리키는 표현 중 하나로, 영국의 철학자 존 로크에 의해 이름이 붙여졌다.

대비 효과란 상대가 얻고자 하는 게 A일 때, A보다 못한 B를 함께 제시하면 상대는 A만 가져도 만족스러운 결과라고 느끼게 된다는 것이다.

대비하는 두 가지 색을 동시에 보면 각 색상의 농도가 더 짙게 느껴지는 것과 같은 원리이다. 시간과 사실과 사회의 세 가지 요인을 가지고 볼 때 대비 효과의 주체와 객체를 넣고 생각한다면 어느 것을 비교해 상위에 놓고 결정하기는 그렇게 쉬운 일이 아니다. 대비 효과란 좋은 것과 나쁜 것을 비교할 때는 현격한 정도로 차별이 된다. 그러나 위험 소통에서 시간과 사실과 사회는 그 어느 것 하나라도 소홀히 하거나 소중히 하지 않을 수가 없다.

소통에서 시간을 초월하거나, 규제를 받지 않거나 시간의 제한성이 없다면 소통에서의 시행은 막연한 결과 없이 진행되는 것과 같다. 사실이란 위기소통의 주체가 되는 것이고, 산업 현장에서 공유의 사회적 관점에서 위험의 불안을 보고 있다. 위험의 불안은 위험요소의 사전요인이고 위험 환경도 정확한 치수화하기 위해 필요하다. 위험 사고가 발생하고 원인에 대한 문제가 인재(人災)로 발생하고 연속적일 경우 우리는 결국 사고 공화국이란 치욕적인 훈장이 따라다니게 된다.

#7.
위험사회의 답은 하나가 아니라
여러 개이다

　우리는 어릴 때부터 답을 찾는 데 익숙해져 있으며, 특히 교육 체계에서는 객관성의 답을 찾기 위해 주입식까지 운영되는 상황이다. 답을 쫓아가는 형태는 사회 여건상, 교육 여건상, 환경 여건상, 문화 여건상으로 답을 찾아가는 다양한 형태로 지향해야 한다.

　그 답을 찾지 못한 사람들은 전체는 아니겠지만 동참하지 못하거나, 적응하지 하지 못하거나, 뒤처지는 것의 여러 형태로 보인다. 결과적으로 답을 갈망하고 찾아야 어디든 결과에 대한 평가의 잣대가 되어 일부는 합격으로 소속감을 느끼게 되고, 한쪽으로는 조직이나 회사에서는 진급하게 되고, 전체적으로 새로운 조직의 변화된 체계의 계급화된 사회의 형태로 접하게 되어 이익을 추구하거나, 자아실현의 한 형태를 갖추게 되는 것이 된다.

답만 추구하는 형태인 수직형 답(Vertical Answer)의 사회형태로 가는 것이다. 학문적인 답을 찾기 위한 수직형보다, 남과 구별하기 위한 차별화의 입시, 취직, 승진, 합격이란 목표 추구형처럼 살아오고 있다. 그것이 전체 답이 하나인 것처럼 말이다.

사회에 적응하고, 환경에 적응하고, 사람과 어울림으로 적응하고 나만의 자신을 찾을 때 그것이 정당하고, 바르고, 공명정대하면 답이 될 수도 있다. 그 예가 유치원 때의 선생님으로부터 직접 가르침을 받고, 중 고등학교를 거쳐 입시 위주로 가면서 어느 정도의 절정 상태로 진행하는 사회가 되는 것이다.

몇 해 전에 동, 서양의 교육 형태의 문제를 미술 시간을 통해 재고해야 할 기사화한 내용에 대하여 기억이 났다.

선생님이 게시판에 'Q'란 글자를 그려놓고 그림을 그리라고 했다. 어느 형태를 취하지 않고 자기의 생각과 상상을 날개를 펼쳐 보이는 미술 시간이었다. 동양의 아이들은 하나같이 'Q'란 영어의 한 글자의 형태가 쥐의 뒷모습을 한결같이 연상하고, 쥐의 뒷모습 형태로 색깔 일부만 다르게 그렸을 뿐 획일적으로 그림을 그려냈다. 그러나 서양 아이들은 그 반의 모든 아이가 제각기 개성적인 그림으로 하나도 동일한 그림이 없이 그리고 있음을 보고 많이 놀랐다고 한다. 동양의 아이들은 수동적으로 읽고, 보고, 듣고, 쓰는 데는 익숙하지만 새로운 것을 만들고 생각하는 것은 부족한 것으로 보였다.

선생님은 나름의 답을 찾기 위한 문제점을 〈익숙한 것과의 이별〉, 〈주입식 교육의 문제〉, 〈아이들의 개성적인 점을 살리지 못하는 현실의 교육 문제〉, 〈답만 찾는 교육의 현실〉, 〈점수만 추구하는 현실의 교육〉이란 것을 염두에 두었다. 이런 답을 획일적으로 강조하고 주입하는 곳이 학교 교육이라고 보이고, 나타나는 것이 현실이다. 그런 관계가 교사와 학생 간의 관계로 유지되고 있다. 교육부와 학교 간의 관계도 이런 관계인 것이다. 무엇인가의 새로운 답을 찾기 위한 것은 관계에서 문제를 풀어가야 진정한 답이 된다.

학문적인 부분에 질문의 답은 하나일지도 모른다. 사회에 대한 질문은 여러 개다. 그 이상의 답인 것도 있다. 수평이 아닌 수직형 주입식이 어릴 때부터 진행되었던 것이라 창조적 DNA나, 수평적인 분위기의 답을 유도하는 부분은 부족했다.

사회의 답을 찾기 위해 한 가지뿐만 아니라 여러 형태 답을 모색하고 방법을 찾아서 나름의 최선을 다하기 위해 노력해야 한다.

하나의 답을 찾고 있는 사회는 학문적인 사회이고, 이론의 사회인 것이다. 하나의 문제가 하나의 정답을 제시하는 것과 같다. 법만을 추구하는 법치국가 같은 형태이다. 안전국가를 가기 위해 답을 제시하고 실행해야 한다. 전제 조건과 프로세스로 진행하기 위해 보이는 것과 보이지 않는 요인 중에 그중에 핫이슈가 인간의 오류에 달려 있다. 오류의 위험요소는 많은 문제의 요소가 있지만 그렇다고 해답이 없는 것은 아니다. 문제와 해답도 인간의 테두리 안에 내재 및 잠재되어 있다.

개인이 있고, 조직이 있고, 단체가 있고, 사회가 있고 사회구성원으로 만들어진 국가가 있다. 정답을 찾기 위해 서로가 문제점에 목소리를 내고, 목소리의 적합성을 찾아 재발하지 않도록 합심점을 찾아야 한다. 그러기 위한 방법을 제시해 본다.

■ 위험사회에 있어 안전한 사회의 요건은 3가지이다

첫째는, 개인의 독창적이고 퓨전(Fusion)을 중시하는 문화를 조성하는 것이다.

그렇게 하기 위해서는 각 기업에서 일어나고 있는 특화된 아이템으로 의식이나 행동에 관련된 경진대회나 대화 형태의 행동 관찰 운동이나, 개인의 불안전한 습관을 고치기 위한 멘토 운동들 다양한 혁신이나 개선이 그 예이다. 유럽에서는 어릴 때부터 독창적이고 개성적인 취미나 특기를 개발하고 성취되도록 가정과 학교에서 연계 활동을 하고 있다. 사회적인 인식이나 시각이 필요하다. 학문의 중시가 필요한 것이 아니라 '끼', '싹수'를 키워주는 것이 필요하다.

둘째, 특화된 직업이나 창조된 작업은 지원을 해주는 창조, 문화의 지원하는 시스템이 필요하다.

남이 잘되면 '사촌이 논을 사면 배가 아프다'라는 속담처럼 우리 국민은 못 참는다. 누구나 잘되기 위해 선의의 경쟁심을 가지고 열공을 해야 하는데 말이다. 그래야 서로가 발전하는데 말이다. "따라 하는 문화도 내 것으로 만들면 경쟁력이다."

펭귄의 리더적이고 선구자적인 근성을 철저하게 따라 해보자. 펭귄은 먹이를 구하기 위해 물에 먼저 뛰어들지 않는다. 먹이사슬인 돌고래나 바다표범이 먹잇감으로 채가고 있기 때문이다. 누구 하나 뛰어들면 그제야 뒤따라 뛰어든다. 우리 사회의 일면을 보면 좀 장사가 된다 싶으면 너도나도 치킨

가게를 열다 보니 과당 경쟁 속에서 어려움을 겪고 있다. 미국에서는 3만 개의 직업이 우리나라에서는 1만 개의 직업밖에 없다고 한다. 기존의 직업만 찾다 보니 우리는 2만 개의 직업은 잃어버린 것이다.

세 번째는, 자율적인 문화를 구축하는 것이다.

우리 문화는 '탓의 문화'가 아직도 팽배하다. 조선일보의 논설위원이었던 이규태의 '탓의 문화'란 책에서도 언급되었듯이 정서가 아직도 몸에 배어있는 민족이다. '나는'의 주체 의식이 당연히 부족하다 보니 주관적, 창조적, 적극적인 행동과 의식이 필요하다. 쉽게 바뀌지 않겠지만 국민 정서와 의식 차원에서 우리 안전의 문화와 인식을 높이기 위한 안전문화, 안전 시민, 안전국가가 정립되기 위한 각고의 노력과 고민이 필요하다.

위험의 정답이 어느 곳에서나 해답을 제시하는 것은 아니다. 위험이 없이 안전한 사회로 유지되기 위한 조건은 우리 스스로가 눈높이가 되어야 한다. 미비하고, 부족하고, 기준 문제로 한 번만 눈감아주고, 물질적인 금전 관계로 잘못을 무마시키는 행위는 결국 사회를 좀먹게 하고, 위험사회나 국가로 치닫게 하는 파렴치한 행위이다.

위험사회에서 탈피하는 방법은 "하나만 찾지 말자, 답은 여러개인 것이다. 아는 만큼 보인다. 아는 만큼 생각한다."라는 표현처럼 타성과 편협한 사고 의식이 고정되어 있지 않도록 해야 한다. 현재는 위험의 운동화가 느슨하다. 현재는 안전의 운동화가 느슨하다. 현재는 인간 오류의 운동화가 느슨하다. 만약, 유치원생의 느슨한 운동화라고 하면 선생님이 매줘야 한다. 육상시합을 하기 위한 스타트 선수의 운동화가 느슨하면 선수가 즉시 매야 한다.

마치 유치원생을 사회 초년생으로 처음 진행되거나 안정되지 않는 것을 비유한 것이고, 선수라고 한다면 사회에 만연된 의식을 성인 수준으로 맞추기 위한 활동전개가 필요한 것으로 비유한 것이다.

〈새롭게 매듭을 조인다〉라는 개념처럼 물리적 조임의 매듭은 여러 형태일 것이다. 마치 넥타이의 매는 형태도 플레이 노트, 윈저 노트 등 일반적인 것 외에 세대 간의 좋아하는 유형에 따라 매는 것처럼 말이다. 매는 형태에 따라 젊은이나 중년 신사나 노년 신사의 형태는 각각 여러 형태일 것이다. 함께 참여하는 사회는 참여 수가 많을수록 여러 가지 방법과 대책이 있을 수 있다. 위험사회에 해법의 다양성을 강구해 보자.

산업 시스템공학에서 OR (Operation Research) 개론으로 인간, 기계, 물자로 이루어진 시스템을 가장 효율적으로 설계하거나 운영하기 위한 의사결정 방안에 관하여 연구하는 분야로 최적 의사결정과 불확실성 하의 의사결정에 관하여 공부하는 학문이다.

이것을 적용하여 산행하는 한 가족이 가는데 3개의 코스 중 하나는 험하고, 중간 험하고, 쉬운 코스가 있고, 시간은 이와 반대로 험한 곳이 적게 걸리고, 중간 걸리고, 많이 걸린다고 가정할 때, 산행의 최적화 방법은 이렇게 해보는 것이다.

가족 중에 아들과 딸은 정상까지 올라가기 위해 시간은 짧아도 험난한 코스를 정할 것이고, 노인인 할아버지와 할머니는 시간은 걸리더라도 평이한 코스를 정하면 되고, 중년인 남편, 아내는 힘들지도 않고 너무 평이한 코스도 아닌 자녀가 선택한 코스와 부모님이 선택한 코스도 아닌 중간코스를 정하는 것이 최적 의사결정에서 실행을 옮기는 것이다.

방법의 다양성으로 시작된 것은 구성원의 협조와 운영이 동반되면 전체적인 구조의 틀을 운영이 된다. 위험사회 해결의 답은 이론적인 것과 경험적인 것을 종합해보면 다양성을 가지고 모색해서 그 환경에 맞게 추구하는 것이 환경적응에 최적화하는 것과 같다.

PART **03**

의식의 오류

#1.
당신 의식은 어느 존(ZONE)에
해당하는가?

미국의 사회학자 W.F. 오그만이 주장한 〈문화 주체 현상〉 내용 중에는 급속히 발전하는 물질문화와 비교적 원만하게 변하는 비물질 간의 변동속도의 차이에 대하여 생길 수 있는 사회적 부조화를 말하고 있다. 오그번은 "물질문화와 비물질적인 문화 간의 차이가 사회문제를 야기할 수 있다. 가치관, 신념, 규범, 제도, 사회적 상호작용 양식 등 비물질문화가 빠르게 변화하는 기술을 따라가지 못하면서 심각한 사회문제가 야기될 수 있다"라고 했다. 물질문화는 하드웨어적인 부분이 강하고 비물질문화는 소프트웨어적인 부분이 강하다고 해도 과언이 아닐까 싶다.

물질문화는 고정적인 반면에 비물질적인 문화는 유동적인 것이 일반적이다. 사람과도 유사한 부분인 정신과 육체의 이단 논법적인 부분이 있다. 보이는 것과 보이지 않는 것과 차이는 수치로 다 나타낼 수는 없다.

보이는 것과 보이지 않는 차이는 인간의 생각과 행동에서 기인한 것도 있지만 과학의 힘을 빌려 정밀한 계측기나 측정기로 지수화를 해야 하는 경우도 있다.

인간, 자기 생각과 행동의 수준을 잣대로 해서 한계선을 긋는다는 것은 시행착오의 오판을 가져올 수 있다. 보이는 것과 보이지 않는 것과의 차이가 심해지면 중요한 위기를 가져올 수도 있기 때문이다.

지금은 유비쿼터스의 개념으로 개인의 감성지수를 백화점에 가면 옷을 입지 않고서도 시스템으로 된 컴퓨터를 통해 고객이 입고 싶은 의상을 고객이 착용한 것처럼 알 수 있다. 병원에 가면 건강지수라 하여 현재 건강의 지수를 기준치의 연령과 비교하여 현재의 건강지수를 알게 된다. 생각으로 인한 차이라면 어떤 부류에 대하여 생각을 하고 있는 사람이냐에 따라 많은 차이가 있을 수 있기 때문이다.

■ 안전과 위험의 현실에서
안전의 존(Safety Zone)을 직시하라

예를 들면 과거에 일부 대기업에서 제조부장들은 고등학교 졸업을 눈앞에 둔 생산직 여직원을 채용하기 위에 주로 위성 도시나 졸업예정인 지방의 상업학교나 남녀공용인 공업학교에서 면접을 보게 되는게 일반화되어 있었다.

A 제조부장은 활달하고, 신세대 끼가 있고, 여고 졸업반의 호기심 어린 마음을 이해하는 편이어서 면접시 여고생들이 약간의 머리에 염색해도, 운동화를 꺾어 신어도, 손톱에 매니큐어를 발랐어도 유연하게 받아 외면보다 심성과 인성 때 후한 면접점수를 주었다. B 제조부장은 보수와 원칙주의자라 위와 같은 여고생의 외면적인 것이 보이면 가차 없이 면접에서 낮은 점수로 일괄하였다. 두 사람의 제조부장의 면접 기준의 채용기준은 상이하였다. 다른 부분의 기준이 아니라 인사기준을 제조부장의 기준으로 보았을 것이다. 이런 생각의 심리학적으로 외부 동질성 효과라고 해서 자기와 비슷한 사람에게는 좋은 느낌을 받는다는 이론이 나와 있다. A, B 제조부장의 생각 범주가 어디에 있었느냐에 따라 상당한 차이를 가져옴을 보았다.

인간행동과 생각의 오류 차이를 어디서 가져오게 되는 걸까?

어느 범주에 속한 사람일까? 왜 이런 차이가 오는 것일까?

각종 인프라 조건이 이루어지지 않은 것에서 오는가?

인간의 생각 차이가 오류의 접근성으로 표출될 수 있을까?

인간의 생각과 행동은 제시한 존(ZONE: 지대)에 다 포함될 수 있을까?

행동과 생각의 존은 구체적으로 세분되어야 할까?

나는 어느 존에 있는 것일까?

안전한 존일까? 아니면 위험한 존일까? 행동, 생각 둘 다 위험한 걸까? 아니면 둘 다 안전한 존일까? 어느 한쪽만 안전한 것일까? 크게는 2개의 분류이고 작게는 3개로 분류해 볼 수 있다. 존(ZONE)은 여러 가지의 의미를 내포하고 있다. 의미는 지역, 지대, 영역, 구역 활동하고 있는 공간적 의미를 담고 있고, 사회적 의미는 공간에 대한 제한을 규제하는 범위로 인식하기도 한다, 산업 현장에 위험의 요소를 구분하면 안전, 위험, 완충지대라고 볼 수 있는데 어느 존에 속해 있는 것일까?

안전한 지대(SAFETY ZONE)는 〈인간 본성의 규범과 질서와 수칙을 보일 때나, 보이지 않거나 준수하고 그들이 집단으로 구성한 어떠한 상황에도 안전의 행동과 환경을 가지고 사전 예방을 최우선으로 하는 사람과 환경에 속해 있는 지대의 사람〉일까?

위험한 지대(DANGEROUS ZONE)는 〈각 개인이 그들의 행동반경과 환경 안에서 위험에 노출되어 생각과 행동이 사건과 사고를 수반하고 조직들도 위험의 요인과 불안의 요인을 다수의 결과를 가져오는 지대의 사람〉일까?

완충지대(BUFFER ZONE)는 〈조직과 구성원들이 행동과 환경들의 위험과 불안에 노출되는 것을 반신반의해서 의사결정 및 인간의 행동과 의식이 안전과 위험에 절반이 들어가 있는 지대에 있는 것을 말하는 것으로 미고정의 사람일까?〉라고 정의한다.

이 세 가지의 생각이 중요한 이유는 그만큼 상태나 행동에서 완전한 의식인지, 불안전 의식인지, 상황에 따른 불안전한 의식이기 때문에 결국은 현대인의 의식은 문화까지 정립이 되고 나, 너, 우리가 서로를 위해 안전하게 가기 위한 상생의 존이 필요한 것이다.

■ 나의 존(ZONE)은 어느 수준인가?

그렇게 판단하기 위해 요인에 대하여 많은 판단과 행동이 인간 속에 어느 정도 내재해 있는지와 인지에 대한 오류를 가져오게 하는 것이 어떤 요인인지를 알아야 한다. 시대적인 수준을 우리가 안전지수 안에 표출되어 핵심요인으로 문화지수를 가져오도록 할 수 있어야 한다.

위험지대와 완충지대에서 각자의 구성원이 판단하여야 한다.

위험지대의 사람은 의식과 행동이 오류에 밀접한 연결고리가 있는 집단으로 언제나 위험과 불안과 노출되어 있다. 현대 사회의 오류는 시간적으로 존재하는 불량치의 결과론이다. 다만 개인의 오류든 다수의 오류든 방지하기 위해서는 안전한 존에 들어가기 위한 최적성과 합리성과 적합성 측면에서의 필요, 충분조건이 전제되어야 한다. 아래 제시한 부분은 "오류엔 원칙밖에 없다"라는 책에서 발췌해온 내용이다. 산업체의 인적 오류 교육을 할 때 간혹 제시하는 내용이기도 하다. 오류의 예방은 다양한 측면을 나타내고 있음을 보여주는 것이다.

■ "오류를 예방하려면 (   )해야 한다"

감동	고민	금지	학습	수리	안전	유도	제어	차별	표현
감수	고초	노력	변화	숙면	액션	의식	조심	천거	필벌
감독	고정	노련	심플	숙지	연결	의심	조절	철거	학습
감시	공부	단순	분석	순수	연구	인지	조치	체크	합동
개선	공유	대응	빨리	순찰	연락	일치	주의	체험	행동
걱정	과감	독서	반듯	시건	예방	자숙	지도	투명	홍보

건강	관리	마킹	사고	시인	예측	자주	지속	투자	확실
검증	관심	만류	사수	식별	완료	절감	지시	특별	확인
격리	관찰	먼저	사용	실천	완수	점검	지원	포상	훈련
경계	교육	미리	사전	실행	운동	정신	진실	표기	휴식
경합	교체	반복	생각	응용	운영	제거	집중	표시	PM

♣ P M (Prevent Maintenance: 사전예방)
〈오류 예방 블랭크-풀(Blank Full) 단어 넣기 시트(sheet)〉

인간의 오류는 다양한 형태의 공간적, 시간적, 환경적, 감성적인 부분에서 발생하고 있다. 오류에 대한 블랭크 풀에서 예시한 오류의 발생에 대한 원인을 보면 여러 상황에서 나올 수 있음을 짐작할 수 있다.

패턴을 인식해 봄으로써 오류의 발생원은 인간이 주원인 제공자이다. 인간의 오류를 사전에 인지하고 사고와 사건 및 재난을 예방하기 위해서는 모든 조직에서 인간 오류의 인자들을 구체화하고 인간의 행동에 대한 거시와 미시적인 방법이라도 프로세스화 할 수 있는 관리를 강구해야 한다.

현대 사회에서는 인간의 오류와 안전사고 재발 방지하기 위해 위급성에 대하여 가시화하는 프로세스가 급선무이다. 오류를 예방하기 위해서는 어떤 일을 해야 하는지를 블록(BLOCK)화했다. 확인해 보면 오류 예방 차원이 다양함을 알게 된다.

인간행동에 있어 상대방과 연관성이 있을 때는 이단 논법적인 방법이 자기표현을 할 때 가장 이성적이고 감성적으로 된다.

첫 번째 방법으로 그중에 배울 점이 많고, 경계심이 없고, 약점을 드러내 보일 때 자신과의 논리 속에 있게 된다. 그중에 언어의 표현이 가장 비중이 있고, 효과적인 방법의 한 부분이다. 이단 논법적인 방법은 가령 이렇게 표현된다. "인간의 행동은 칭찬이다". "칭찬은 자기표출이다."라고 완결짓는 것이다. 삼단 논법으로 연계하면 "자기표출은 인간행동을 수반하는 결과물이다."라고 결국은 인간행동의 결과는 자기표출이 수반된다.

설명을 하면 이단 논법이란 작용, 반작용의 논법이다. 예를 들어 목이 마르면 물을 마신다 등의 의미가 있다. 삼단 논법이란 예를 들어 어떤 사람이 나를 불쾌하게 하였다면. 내가 모르는 그 사람 나름의 그 어떤 작용, 반작용에 의한 것이다. 불쾌한 내용이 일단이고 그것이 나에게 전달되어 불쾌해진 내가 이단이다. 삼단이란 두 가지가 결과로 결론지어지는 것을 알아차리는 것이다.

첫 번째 예는 이단 논법의 논리적이지만, 두 번째 예는 삼단 논법적이다. 전제의 조건에 주지해서 인간의 행동이 자기표출로 되어야 하는데 마치 칭찬으로 일변도 되는 표현으로 인식되는 논리는 벗어나야 한다는 것이다.

인간의 행동은 주어진 생각과 사고의 범위에서 통제되는 것이 아니라 원인에 관한 결과만을 중시하는 이단 논법적으로 누구나 자유로운 감정과 이성의 존(ZONE)에 들어오는 행동의 반경이 되는 것이다. 인간의 행동 속에서 이어지는 패러다임의 과정을 거치면서 반응감을 갖게 되어 연속성이 비롯되는 기반이 된다. 인간행동에 대한 패러다임의 연속성은 무엇을 의미하는 것일까?

· 인간의 행동은 칭찬이다.
· 인간의 행동은 격려이다.
· 인간의 행동은 관심이다.

· 인간의 행동은 기대이다.

· 인간의 행동은 마음의 치유이다.

· 인간의 행동은 선행이다.

이런 표현들이 인간행동의 이단 논법적인 의미가 있다.

1. 적극성

2. 도전할 수 있는 자신감

3. 확신/희망

4. 치유

5. 진실/선행

두 번째는 인간행동이 상대방과 함께 있으면 긴장감을 주고, 상대방에게 열등감을 주고, 주눅이 들게 하여 자신감을 잃게 하는 사람이라면 먼저 거리감을 갖게 된다. 인간의 행동에 부자유를 갖게 하는 시발점이 된다. 부자유는 인간의 굴레의 한 부분이다. 부자유의 조건은 기본 틀에서 갭을 던져주는 차이의 발생으로 이런결과를 초래한다

1. 꾸중과 야단 (칭찬이 부족)

2. 무관심 (관심이 부족)

3. 열등감 (자신감 부족)

4. 마음의 상처 (마음의 치유 부족)

5. 약점을 드러나게 함 (장점화 하는 것이 부족)

6. 자신감을 잃게 하는 상대방과 비교 (비교하지 말고 잘하는 점을 칭찬 하는 것)

인간의 행동에 대한 자기만의 가치관, 자아가 확립된 사람, 실수를 자기 발전의 동기 부여를 가진 사람이라면 크게 좌지우지되지 않을 것이다. 인간의 행동과 마음은 환경적인 마음과 주변적인 행동으로 구분되어 있다. 따라서 안전한 행동과 편안한 마음으로 결정적인 요소가 있어야 한다. 그 요인들이 바른 인간관계, 정직한 마음과 자세, 상대방을 바라보는 시각 등으로 구성되고 있음을 알아야 한다.

결국은 인간의 행동은 나 자신을 자기화하는 마음으로 좋은 심성으로 부족한 부분을 채워주는 자기 보완적인 틀이 구축되는 것이 무엇보다 우선 중요하다. 행동의 근간은 육체와 정신과 영혼이 잘됨과 같이 안전한 존(zone)을 가져야 한다. 바른 정도는 누구에게나 보여주기 위한 부분이 아니라 자기 내실을 위한 올바른 처신의 행동거지이다.

#2.
체험의 생각습관을
중요시해라

레이 버트는 25년 이상 사람의 마음과 인간행동에 대한 글을 써온 저널리스트이다. 그는 "Heuristic"이란 체험적인 부분에 대하여 정의를 내리고, 원시적 선택습관을 20가지로 분류해 소개하고 있다. 체험적인 부분을 "우리가 일상생활에서 의사결정과 판단을 내릴 때 사용하는 인지적 경험법칙이자 마음속에 내재한 정신적 지름길로 일상적 판단에 크게 영향을 받는다"라고 얘기하고 있다.

그 예를 보자.

몸에 밴 위험한 생각습관 중에 '군인은 줄을 왜 맞춰야 하는가'는 모방의 생각습관이라든가, 뇌에 각인된 10의 1보다 100의 9가 더 커 보이는 것은 산수에 대한 위험한 생각습관이고, 전국에 맛집을 미식가처럼 찾아다니는 것은 우리의 수렵채취의 생각습관이라고 분류하고 있다. 필자는 개인적으로 달팽이 사고관(思考觀)이란 의미를 상당히 좋아한다. 의미는 큰 타원형으로 시작해 점점 타원형으로 올라가면서 좁아지는 달팽이 형상의 모습을 하는데 한쪽에는 바른 상태의 지대(ZONE)이고, 반대편은 그릇된 상태의 지대이다.

바른쪽에는 좀 더 개선하고자 다른 형태(그릇된 형태) 쪽으로 전진을 하고, 그릇된 쪽에는 다른 형태(바른 형태) 쪽으로 가고자 함으로써 점점 시간을 더해 감으로써 간격이 좁아지고 중심축을 기점으로 차이(Gap)를 줄여가는 형태를 말하는 것이다.

개구리의 실험에서도 나타나듯이 시험관에서 개구리에 서서히 온도를 올리면 개구리 자신을 감지를 못 느껴 높은 온도에 서서히 죽게 된다. 그러나 시험관에 미지근한 상태로 넣지 말고 어느 정도의 온도가 올라간 상태에서 개구리를 시험관에 넣으면 금세 뛰어나온다. 이 실험은 어느 집단이든 간에 한 울타리 안에서 환경변화 없이 살아온 개구리는 이 시험관의 열을 느끼지 못하고 죽어가는 것이고, 바깥에서 지냈던 개구리는 환경을 알기 때문에 실험실에서의 변경점(더운 온도)에 대한 신속한 반응을 보여준다.

체험적인 생활습관은 우리가 피부로 느낀 것과 몸으로 느낀 것과 마음으로 느낀 것으로 분류할 수 있다. 피부로 느끼는 것은 주변의 환경을 체험함으로써 겉으로 행동과 생각에서 경제의 불경기 때 소비자의 물가지수인 체감지수를 겪는 것과 동일하다.

인간 오류의 체감도 같은 흐름으로 경제지수와는 달리 사회지수가 변하게 되는 것을 경험하게 된다. 인간의 오류로 인해 안전사고가 발생하면 곧이어 동일한 문제의 형태가 재발하는 인간은 사회적인 형태의 오류 인자가 있기 때문에 전위현상으로 기인하는 것이다.

위험과 불안으로 오류가 발생하는 체험적인 부분에 집중해야 할 곳은 산업 현장이다. 현장이 중요하다고 해서 "현장에 답이 있다." "회사의 사활은 현장에서 찾자"라고 외치고 있다. 그중에서도 생산 제품에 대한 소비자의 직접 연관되는 부분의 공정과 설비에 집중과 선택을 강화해야 한다. 제품이 직접 만들어지는 체험을 통한 의식을 기반의 토대가 되어야 전체의 프레임을 가지고 갈 수 있는 여건이 된다. 조직 안에서도 하나의 추구 목표, 비전이 있는 조직으로 운영되고 있다면 조직의 의식이나 조직의 방향은 크게 갭이 없으리라 본다.

■ 직접체험은 자기 희열과 자기 극복이다

몸으로 느끼는 것은 육체적으로 직접체험을 하게 함으로써 자기 자신이 어려움에 대한 고통과 수고로움과 결과에 대한 자기 희열과 자기 극복이 느껴지게 된다. 자기 희열과 자기 극복이 결국은 자기 창조를 가져온다. 자기만의 통찰력을 갖게 되는 기회가 되는 것이다. 피카소는 생애에 무려 2만 점의 작품을 남겼고, 아인슈타인은 약 240편의 논문을 썼으며 바흐는 매주 칸타타를 한 곡씩 작곡했고, 에디슨은 무려 1039건의 특허를 냈다.

마음으로 느끼는 체험은 어떤 것일까? 값으로 느낄 수 없는 것, 정량화할 수 없는 것, 수치화할 수 없고 문화라는 것에 치중된 것들이 우리 사회의 위험과 불안의 요인이 산재되어 원인으로 지장을 초래하는 것과 같은 동일 개념일 것이다.

　사회적으로 여러 가지의 체험학습은 '백문이 불여일견'이라고 〈백 번 들어도 한 번 본 것만 못하다〉라는 속담처럼 체험의 현실은 일반화되어 있다. 일반화란 쉽게 정의할 수는 없지만, 세대에 따라, 지역에 따라, 체험할 수 있는 연계성에 따라 제한적이다. 제한적인 부분의 생각을 한정된 부분에서 문제를 풀어본다고 한다는 것은 일시적이고 정해진 테두리이다.

　생각을 정신적으로 제한하지 말고 육체적인 부분의 사상까지 제한된 부분에서 벗어나는 의식을 가지고 임해보자. 체험의 습관이 현대 사회에 생활 패턴을 변화시키는 계기가 될 것이다. 생활패턴과 체험은 여러 가지의 방해 요소를 가지지만 뛰어넘을 수 있는 의지와 각오를 다지고 사상의 유연성을 가져보자. 유연의 체험은 장애물이 한계를 뛰어넘고 자신감으로 수학적 승수를 더해 구성원이 생각하고 있는 효과보다 많은 배가 현상을 가져온다.

　현대인들은 생활 중에 의식보다 체험에 집중되어 있다. 의식관은 따로 없어도 체험관과 체험의 프로그램은 많이 개발되어야 한다. 역사 체험관, 안전 체험관, 소방 체험관, 지진 체험관, 산악 체험관, 국토 순례체험, 해난 체험관, 자원봉사 해외체험 등을 통해 직접 오감의 배가 효과를 가져온다.

　체험을 통해 느끼는 자기의식은 경험해보지 않은 사람보다 체험 지수가 높아지게 되었다. 경험을 통해 행동과 의식과 태도와 자아를 정립시켜 보는 좋은 기회이다. 체험을 통해 자기의 오감보다 정신적인 이데아의 충격을 더해 가는 것으로 해보는 것은 경험 속에 삶과 앎을 정립시켜 보는 것이다. 결국, 그것은 인생을 접하는 태도이다. 체험을 통해 알 수 있는 강점을 살펴보자.

■ 체험을 통해 알 수 있는 인간행동의 강점들을 보자

1. 체험을 함으로써 나 자신이 모르는 것을 알게 되었다.

   → 자신감 부여

2. 체험을 통해 경험해보지 않은 사람과 차별화되는 점을 느꼈다.

   → 적극적 태도 부여

3. 체험을 통해 문제가 될 수 있는 점을 예측하게 되었다.

   → 사전 준비감 부여

4. 보고, 느끼고, 예측함으로써 재발 시 큰 문제를 작게 하거나 감소시키는 기회선점을 하게 하는 선행관리를 하게 된다.

   → 기회 선점 부여

5. 여러 가지의 다양한 문제점에 대한 발생 시 사전 대응을 하게 자신감과 적극적인 사고방식을 갖게 되었다.

   → 리더의 정신 부여

6. 체험함으로써 경험자들을 통해 다양한 대응점을 구체화하게 된다.

   → 대응력에 대한 요인 찾기

의식보다 직접체험을 함으로써 알게 된다, 느끼게 된다, 예측하게 된다. 선행관리를 하게 된다. 추가로 다양성의 대응점을 구체화하게 된다.

결국, 인간의 의식보다 체험하게 되고 최고의 진보를 알게 됨으로써 훈련과 교육이 이어지게 됨으로써 진가를 발휘한다. 기계는 동작을 시뮬레이션으로 혹은 시험가동으로 기계의 성능과 기능을 예측할 수 있지만, 인간은 향상된 의식을 위해 최고의 실행점을 찾아보는 것이 체험의 진정한 의미이다.

#3.
관계의 3원칙을
짚어라

조직에 대하여 컨설팅하시는 분이 국내 일류 의과대학의 교수들에게 강의하게 되었다. 강의하게 된 배경은 국내인증 평가단에서 그 대학조직 평가를 한 결과가 다른 항목들은 높은 점수가 나왔는데 조직에 대한 점수가 의외로 낮게 나왔다. 대책의 일환으로 조직에 관한 것을 알고 강의를 하게 된 것이다. 강사는 처음 시간에 첫 질문을 해보기로 해서 이렇게 질문을 했다.

"명의와 돌팔이의 차이를 아십니까"라고 질문을 하고 나서 의사 몇 분에게 답의 결과를 물어보았지만 이해할 수 없는 답이 나왔고, 강사가 원하는 답은 없었다.

결국, 강사의 답은 "환자에게 약을 적게 주는 것이 명의"이다.

"왜냐하면, 명의는 환자에게 적은 약으로 환자를 치유하려고 해서 명의는 최대한 약을 적게 사용하는 것이고, 돌팔이는 잘 모르니 이 약, 저 약을 쓰게 되어 양이 많아집니다"라고 했다. 의사와 환자 간의 관계에서 원활한 관계가 되면 치료와 환자의 아픔과 고통을 덜함으로써 환자에게 집중되는 것이다. 그것을 알기 위한 환자 치유의 관계 3원칙이 이런 관계가 아닐까 생각이 든다. 3원칙의 요인을 제시해 본다.

첫 번째는 의사가 환자에게 처방하는 약일 것이다. 환자의 입장에 필히 복용하기 위한 시간, 약의 다소의 양, 환자에게 부작용이 되지는 않은지에 대한 사항으로 환자 입장에서는 준수해야 할 사항이고 원칙이다.

두 번째는 의사의 기술인 의술이다. 각자의 치유되어야 할 부분이 의사마다 전문성이 다르겠지만 경우에 따라서는 치유되게 하는 것이 명의만이 가질 수 있는 의술과 전문적인 기술일 것이다.

세 번째는 환자 자신의 의지이다. 의사의 지시에 따라 치료를 하겠지만 병에 대한 주체는 환자 자신이기 때문에 가장 관계 3원칙에서 비중이 제일 높을 수가 있다. 관계는 나와 가장 관계가 있는 상대방과 중간에 인터페이스 하는 매개물이다. 3원칙은 환자와 의사와 약이 3원칙의 관계이다.

관계는 주체와 객체, 주체와 객체 사이에 있는 중계 역할이다. 위험과 불안의 사회에서 발생하는 인간의 오류도 작업자와 피대상물과 중간의 중계 역할을 해야 하는 기계, 스위치 등 인간이 판단, 인식의 잘못과 동작해야 하는 피동작체를 다루는 기술에서 발생하는 인간의 오류로 인해 여러 형태와 발생하는 것이 시발점이 된다.

■ 모든 것에는 관계의 형태 분류를 과일로 해본다

관계 3원칙을 비유해 과일로 비교해본다.

첫 번째는 토마토 타입이다.

토마토는 겉과 속이 익지 않았을 때와 익었을 때의 과일 색깔이 동일한 것을 얘기한다. 겉과 속이 동일함으로 인해 외면상, 내면 상의 동일함을 알 수 있는 것을 말한다. 이런 조직원은 일반성 조직원으로 대부분이 여기 분류에 속하는 조직원의 관계는 보편성으로 관계를 유지 운영하면 된다고 판단이 된다.

두 번째는 사과 타입이다.

사과처럼 겉과 속이 익었을 때와 익지 않았을 때를 보면 겉은 다르고, 속은 동일한 것의 양면성이 있는 것으로 나타나는 과일 형태의 경우이다.

경쟁심이 따르고, 남과 공유는 하나 자기의 이득 되는 주관성이 있는 타입을 말하는 것으로 깊이성에 대한 관계는 염두에 둬야 하는 형태이다.

세 번째는 수박 타입이다.

토마토처럼 겉과속이 익었을 때, 익지 않았을 때 일률적이고, 사과처럼 익었을 때, 익지 않았을 때 겉은 다르고, 속이 동일한 형태의 것이지만, 수박타입은 겉으로 봐서는 겉의 형태를 알 수 없고, 속의 형태를 봐야 익었는지, 익지 않았는지를 분간할 수 있는 색깔의 과일 형태이다.

결국 토마토는 익었을 때, 익지 않았을 때 겉과속이 동일한 형태의 과일이 있고, 사과처럼 익었을 때, 익지 않았을 때 겉은 다르고 속은 동일한 색깔이 있고, 수박처럼 겉은 익은 것처럼 보이나 속을 봐야 하는 형태의 과일이 있다는 얘기이다.

사람과의 관계도 토마토의 경우와 사과의 경우와 수박일 경우가 있다. 상사이든 동료이든 부하직원이든 혹은 친구이든 간에 이 범주 안에 들어가 있을 것이다. 토마토인 사람이 있다. 항상 변함이 없고 늘 겉과 속이 동일한 한결같은 사람이다. 모두가 이처럼 하겠지만 시간과 물질에 따라 그렇지 못하는 경우가 다반사다. 사과인 사람도 있다. 사과처럼 겉은 시간이 지남에 따라 색깔이 변하지만 속은 색깔이 변하지 않는다. 즉 겉과 속이 다른 형태의 사람으로 볼 수 있다. 겉으론 친해 보이지만 속으로는 친밀감이 없는 형태이다. 마음은 친밀하게 대하지 않는다는 것이다. 수박형도 있다. 겉으로는 잘 표현하지 못하지만, 시간이 지남에 따라 마음을 열고 낯설고 친숙하지 못했던 마음과 마음으로까지 서로를 알게 되는 것을 말한다.

쉽게 말하면 겉으로는 토마토형과 사과형과 수박형이 시작할 때는 상대방과의 관계는 동일하지만 현대인은 살아가면서 겉과 속이 변함이 없는 토마토형이나 수박형으로 만드는 관계가 되어야 한다. 그러나 다른 업무 형태로 볼 때 겉과 속이 다른 사과형으로 유지 관계가 필요할 때도 있음은 개인의 직무상으로 접해야 하는 경우도 있다.

과일에 대한 개인의 의견이니 다를 수도 있다. 과일의 겉과 속이 인간의 마음을 비유한 일부 얘기이다. 맛있는 과일을 놓고 과일을 형태를 놓고 인간의 형태와 비교하는 것은 어불성설(語不成說)이라고 생각해본다.

■ 대화의 관계를 3단계로 관계의 원칙을 형성한다

제1단계: 세상의 의견에 무조건 긍정적인 관심을 보이고 수용하는 태도
　　　　를 보인다.

제2단계: 상대방의 얘기를 다 경청하고 자신의 견해를 이야기한다. 대화
　　　　를 통해 타협점을 찾아가는 마음을 잊어서는 안 된다.

제3단계: 자신과 상대방의 잘못과 허물을 조율해 가면서 겸손하게, 예의
　　　　바르게, 부드럽게 하면서 마음을 상하지 않게 하는 조율의 대화
　　　　로 결론을 유도해 가는 것이 필요하다.

대화에서도 제3단계에서 언급한 것처럼 객관적인 입장에서 보는 것과 그
다음에 자기 입장에서 보는 것과 마지막 단계로 주관과 객관적인 입장에서
수용 및 입장을 피력하는 단계로 진행되는 것이다. 관계의 3원칙은 인간관
계로 접근해 보면 나와 당신과 우리의 관계일 것이다. 최근에 대기업에서
유해 화학물질 누출로 인해 사회적인 이슈가 된 현 상황에서 볼 때 관계 3
원칙으로 연관시킨다.

유해 화학물질의 관계 3원칙은 현장 근로자 입장, 관계된 전문가 입장,
대응기관 입장의 관계인데 사고나 사례로 연계해 본다.

현장의 근로자 입장에서 케미칼 운전자는 "자기 차에 실린 게 무슨 용도
인지 모르고 운전했어요"라고 했으며, 시흥의 불산 차량 전복사고자는 "차
에 실린 게 불산이었어요. 그런 줄 알았으면 좀 조심해서 운전했을 텐데"라
고 했다. 시화 반월공단 외국인 노동자가 화학물질을 다루는데, 우리말도

안 통하는데, 안전관리는 고사하고, 사고 발생하면 신고라도 제대로 할 수 있는지 의구심이 드는 게 현실이다.

전문가의 입장에서 볼 때 후진국형 사고라고 주장하고 있는 원인은 무엇인가?

같은 유형의 사고가 되풀이되는 것을 말하는 것으로 동종 사고의 대책이 반복되고 있다. 심지어 걱정되는 것은 독성 물질을 가득 실은 차가 상수도 보호구역이나, 주택가에 밤새워 세워 놓아도 막을 방법이 없는 것도 심각한 문제인 것으로 지적하고 있다. 대응하는 기관 입장에서는 어떠한가? 소방대에서는 불산 가스(흄)가 안개처럼 자욱한데 내구연한이 훨씬 지난 내산 보호복을 입고 현장에 들어가는 상황을 볼 때 생명의 위협을 느끼는 입장은 다 동일한 것이다.

화학물질의 수만 가지를 다 기억을 못 하는 현장에서는 즉시 대응이 되도록 시스템적으로 원인 물질과 수습방법을 쉽게 알 방법을 즉시 보완하여 운영해야 한다. 몸으로 진압하는 1차적인 행동의 처리도 중요하지만, 모바일이나 최근 무전기의 융합 시스템으로 사전 관계 기관과의 대응체계의 합동 훈련도 대응 매뉴얼을 놓고 병행이 되어야 한다, 국가 차원에서 재난관리 중심으로 사업 연속성 시스템으로 접근한다고 하니 현재보다 조금은 예방과 대응 프로세스를 기대해 본다.

관계의 3원칙은 인간 중심으로 볼 때는 나, 너, 우리이지만 문제해결의 테스크(Task) 중심으로 볼 때는 현장과 전문가와 대응하는 기관은 필수적인 연결고리이다.

#4.
왜(WHY)란 인식의 바구니에
변화를 채워라

보통 회사의 사장실에 가면 여러 신문사의 신문이 접견실의 테이블에 놓여 있다고 하는데, 신문사의 구겨진 부분을 보면 순응 쪽의 성격 소유자인지, 아니면 비판적인 성격의 소유자인지를 알 수가 있다고 한다. 어느 면에 더 구겨진 부분이 심한 것에 따라 정치, 경제, 사회, 문화, 스포츠 등에 관심이 있는지 어림잡을 수 있다고 한다. 전체적인 부분이라고 볼 수는 없지만 그렇다고 그냥 넘기기에는 무엇인가 의미를 내포하는 것인지 알 수가 없다.

우리는 어릴 때 호기심이 많았던 때가 있어 부모님께 이것, 저것의 궁금점을 가지고 '왜? 왜? 왜?'라고 하면서 부모님과 언니와 오빠에게 끊임없는 질문의 연속을 했던 시기가 있었다. 아동기 호기심의 그때였던 것으로 보인다.

모두 다 커가면서 배워 온 것이 '왜'라는 지적 호기심을 가지고 자라왔다.

자라온 환경은 다르겠지만 지금도 '왜'라는 지적 호기심은 정도에 따라 차이는 있겠지만 마음이 채워져 있지 않았다. 왜(WHY)라는 인식의 질문을 놓고 변화라는 인식의 바구니에 채워놓기 위해 변화의 체계로 요인을 찾아보자.

우리가 생각하는 왜라는 인식은 보통 학구열이 하늘을 찌를 듯한 분위기일 때 자주 사용했다. 그때가 초등학교 때, 대입시 준비할 때, 더 나아가 사회에 나오면 직장에서의 문제해결을 위한 분임조 활동시간일 때이다. 생각해보면 직장인들은 "변해 보자" 하면 인식의 전환점을 쉽게 찾으려고 하지도 않고, 과거에 집중한 나머지 과거의 집착 벽에 옹벽을 쌓고 생각과 의지를 무너뜨리려고 하지 않는다.

심리학에 모노튼 효과처럼 (고양이의 뇌에 처음에는 똑똑 소리에 반응하지만, 계속 주입하면 더 이상 외부 반응에 반응치 않음)에 만연된 것은 아닐까? 그 이유를 생각하게 된다. 〈변화는 마침표가 없다〉라는 저자인 컨설팅의 대표인 이태복 박사는 왜 변해야 하는지를 모르는 3가지 이유를 설명하고 있다.

1. 있는 그대로의 현실을 보지 못하고 자신에게 익숙한 방식으로 상황을 잘못 해석하기 때문이다.

2. 자신들이 이미 정답을 알고 있다고 생각하고 다른 방식으로 상황을 보려고 노력을 하지 않기 때문이다. 이렇게 되면 자기 답에 문제가 있어도 더 나은 대안을 찾으려고 시도를 하지 않는다.

3. 자신이 평균 이상이라는 만족감에 젖어 있기 때문이다. 자기의 실제 능력보다 자기가 더 잘났다는 착각에 빠져서 더 발전해야 할 필요성을 느끼지 못하는 경우이다.

현재의 문제에 대하여 해결하기 위해서는 인식과 의식의 전환 없이는 방식과 대안을 명확하게 가져야 한다. 그 해결책의 첫 번째 조건이 왜(WHY), 왜에 대한 틀어진 상황 요인들을 해결책의 바구니에 넣어 빠뜨림이 없이 진행되어야 한다.

전에 개그콘서트에 '네 가지'라는 주제로 진행되는 개그가 있었는데 4명이 얘기를 한다. 인기 없고, 시골 출신이고, 키가 작고, 몸이 뚱뚱하다는 것을 우리는 '왜'라는 전제 조건을 두고 이야기를 풀어간다. 이 개그는 '왜'에서 생긴 문제를 개그로 풀어가는 형식인데 해결책을 풀기보다는 약점을 강점화하는 표현이라 자신에 차 있고 의기양양한 모습이 그 어떤 프로그램보다 의미 있는 것처럼 보였다.

기업에서는 설비에 고장이 나거나 난이한 문제가 발생하면 문제해결의 접근을 이처럼 진행을 한다. 왜를 3번 이상 외쳐보라고 한다. 그래서 '왜-왜-왜'라고 해서 3웨이(WAY)라고도 한다. 또한, 문제가 3번 발생하면 세 번 발생하였다고 삼발, 네 번 발생하면 사발, 다섯 번 발생하면 오발이라고 한다.

혹은 왜왜왜 분석으로 문제의 발생원을 왜 원칙으로 재발대책을 세우도록 하고 있다. 제조 생산품이 기계 중심의 설비라고 하면 왜왜왜 분석은 필히 필요할 것이고, 이 분석으로 방법이 보편화 되어있어 설비 유지관리를 위한 좋은 도구로 사용하고 있다. 이 기법은 선진국에서 따온 기술인데 왜의 3번이 부족해 어떤 기업들은 현장에서 5번을 적용하고 있다. 설비의 가동을 위해 기존의 프로세스보다 업그레이드한 선진국 방식을 본받을 필요가 있다.

설비유지와 설비운영을 위해 문제가 발생하면 단순의 그 문제점만 해결하고 있다. 그것보다는 일하는 방법으로 눈앞의 불을 먼저 끄는 형식인 단발성의 문제해결보다는 왜 분석을 여러 번 해서 재발로 인해 시간과 인력을 낭비하지 말고, 보다 다섯 번을 외쳐서 재발이 없도록 실행하자는 의지의 해결책의 방법이다. 설비의 안전성 확보를 하기 위한 관리와 설비의 근본적인 문제를 해결하는 설비의 선진국 관리로 범 확산을 하자.

설비의 가동을 위해 철저한 선진국 방식은 우리가 본받을 필요가 있고 설비향상을 위해 왜 한 번으로 설비기계 운영으로 처리하는 방식보다 겉만 보거나 혹은 속을 보더라도 한 면만 보는 시각으로 본다.

안전을 위한 문제로 속단할 수 없지만, 외면과 내면에 분명한 기준을 가지고 방법과 대처능력의 방안을 가져가도록 해야 할 것이다.

몇 해 전 화학 공장의 설비진단 기회가 있어 진단하게 되었는데 그 단지는 많은 국내 굴지의 석유화학 회사들이 운영하는 것이었다. 그런데 사전심사시 시간을 좀 벌기 위해 사전진단 체크리스트를 던져주었는데 서로 간의 회사 입장만 얘기하는 사항이 되었다. 문제는 어떻게 지적할 건지, 요구 데이터를 딱 입맛에 맞게 해달라든지, 우리는 요구한 자료가 없는데 어떻게 하실 건지 등 상황에 대한 회사 입장만 추구하는 형태를 보인 적이 있다. 설비의 안전진단이 아닌 입장만 강조하는 현상이 되었다.

결국은 회사가 다 그런 것은 아니지만 실적 위주, 내 부서의 일만 챙기겠다는 단편적인 것을 접하면서 관계의 원칙을 알면 자기회사, 자기부서의 일이 사고 없이 갈 수 있는 방편인 것을 깨닫지 못하는 부분이 아쉬웠다.

인식이라는 바구니에 변화를 추구하기 위해서는 조직원들의 의식과 생각을 기반으로 한 개념이 정립된 인식을 주체적 관심을 가지고, 조직의 행동범위 안에서 현재보다 좋은 질적인 부분을 추구하기 위한 변화의 폭을 조금씩 움직이게 하고, 조금씩 변화의 폭을 꿈틀꿈틀하게 된다면 좋은 결과기대치가 나오지 않을까 판단한다.

#5.
의식의 아킬레스건을 경계하라

조크 중에 "코끼리와 코끼리가 싸워서 두 마리 모두 코가 빠져 버렸다면 그것을 무엇이라 하는지 아세요?"라고 딸이 물어본다. 생각이 안 나서 "모른다"라고 하니 "끼리끼리"라고 말한다. 인터넷의 유머에서 보고 딸아이가 얘기해준 것이다. 〈끼리끼리〉라는 말을 놓고 생각해보니 유유상종이 생각난다.

인간의 행동 중에 중요하다고 생각되는 부분이 의식이다. 사회 행동 중에 가장 눈에 띄는 부분이 남자들이 예비군복 입었을 때와 신사복 입었을 때의 차이일 것이다. 예비군복을 입으면 정말 다른 행동으로 평상시에 보지 못한 많은 부적절한 눈살 찌푸림을 보게 된다.

사람들은 왜 의식 중에 이런 차이를 보이는 것일까?

의식에 대한 인간의 행동을 심층으로 분석한 결과를 보자.

의식은 대중 안에 보이기 위한 행동의 일부일수(一部一手)이고 개인 성향의 일부일수이며, 문화적으로 가지는 부분일 수 있다, 사회적으로 보이는 현상의 연속일 수도 있다. 의식의 문제점을 네 개의 꼭짓점을 가진 문제의 사각형이라고 생각해보자.

■ 의식을 시작은 부족함을 채우고, 습관을 변화시킴부터 하자

첫째 꼭짓점—"지식의 부족함"을 들 수 있다.

의식의 첫 번째는 지식의 부족함으로써 어느 한계에 부딪히게 되는 가장 비중이 큰 것이다. 지식의 부족함을 볼 때 가장 격차 나는 부분이 시각적인 면이고, 시대에 대한 변화 차이의 갭에 따라 천차만별의 격차를 두고 있다. 지식의 부족함이 시간에 따라 경험이 우선시되는 경우가 있다. 위험한 생각이다. 지혜는 삶 속에 필요한 가치라고 한다면 지식은 어느 이론으로 정립되어야 하는 것으로 오류가 병행되어서는 안 되는 부분이다.

어느 관점에서 보느냐에 따라 문화와 동서양 간에 지혜의 차이는 있을지언정, 지식의 견해는 아니다.

둘째 꼭짓점—"전부터 해왔던 습관"이다.

의식의 두 번째는 전부터 내려오던 습관인데, "세 살쩍 버릇이 여든 간다"라는 속담처럼 버릇이 개인적 성향으로 치달을 경우를 말하는 것이다. 나이

드신 40대 이상에서는 시대에 대한 변명을 합리화시키는 패러독스의 의미가 있다. 이 습관에 대한 것은 외부적인 습관은 눈에 보이니까 의식에 대한 부분으로 완급을 조절할 수 있는 상태로 가지만 보이지 않는 것은 많은 세대 간의 경험과 행동의 지속적인 반복으로 견해를 가져갈 수밖에 없다. 습관은 세대가 젊어질수록 차지하는 비중이 작아질 수 있다. 이런 것이 '나 때는' 의미까지 부여되는 것이다.

셋째 꼭짓점—"문제를 문제로 보지 않는" 것이다.

의식의 세 번째는 자신의 의식에 대한 문제를 자기 기준에 의해 판단하고 행동하는 것은 가장 기본단위이다. 대부분의 사람들은 자기 망각 즉 자아도취에 빠진 돈키호테 타입의 전형적인 모습으로 현재를 유지한다. 보통 사람 의식에 따라 이 단계를 넘어서면 시간과의 문제로 이 단계를 넘어서면 원리 원칙단계로 그리고 이 단계를 넘어서면 사람의 단계로 넘어간다.

현재 사회에서 가장 매트릭스화된 단계가 문제를 문제로 보지 않는 단계라 생각이 든다. 초기 단계 이전의 문제인 것이다. 초등학교 국어책에 "인간이 제일 무서운 것이 무엇이냐"라고 물었을 때 "사나운 맹수가 아니라, 인간의 망각"이라고 답을 한 것이 생각이 난다. 망각의 반대는 기억이다. 망각은 의식과의 상관관계가 있다. 망각은 기억과 생각, 혹은 의식, 무의식과 생각과의 분명 밀접한 관계가 있다. "A는 B이다"라는 A, B 명제를 두고 결론을 짓기는 어려움이 있지만, 의식이란 전제 조건이 망각과 무의식을 빼놓으면 기억과 생각은 더욱 떨어질 수 없는 사이이다.

의식이란 의미와 단어를 놓고 볼 때 분명하게 해야 할 것은 상관관계와 밀접관계가 있는 관계끼리의 언어는 항상 주의하고 역할 구분을 해야 한다.

넷째 꼭짓점—"의식의 챗바퀴를 돌지 말라"는 것이다.

우리는 보통 살아가는데 의식을 한 울타리에 넣고 다닌다.

우리 국민은 좋은 측면을 보면 뭉치는 국민의식이 높고 그 의식과 행동은 그 어느 국민보다 높은 국민이다. 우리 국민은 둘째가라면 서러울 정도의 똘똘 뭉치는 국민이다. 축구 4강에서의 광화문 광장의 열기도 보여주었고, 촛불 시위도 그렇고 IMF 때 국민의 금에 대한 헌물의 열정도 보여준 정서적인 국민이다.

마치 코끼리도 6개월 정도 주황색 끈으로 묶어놓고 그 이후엔 끈을 풀어놔도 도망가지 않는다고 하며, 벼룩도 병뚜껑을 막아놓고 있으면 자기 높이의 100배 이상의 높이뛰기를 하는 동안의 높이뛰기를 하는 벼룩도 그만 지쳐 어느 정도 한계가 되면 점프를 하지 않고 지낸다고 한다.

인간도 어느 의식에 가둬놓고 사는 경우가 많을 것이다. 의식은 잠재된 정신적인 부분이라고 하면 생각은 외연적인 부분이다. 마치 인간이 에베레스트의 베이스캠프를 2400미터일 때는 한 해 등정이 한 자릿수였는데 베이스캠프를 6000미터까지 올려놓으니 등정 수가 세 자릿수로 바뀌었다. 그런 바뀐 의식을 갖게 된 것이 50년이나 걸린 셈이 되었다고 한다. 인간도 많은 의식과 생각을 가둬놓고 있음을 안다.

"인간의 행동학적인 심리 중에 행동은 의식의 우선이다"라고 생각을 하고 있다. 인간의 행동이 변화하면 의식은 자연적으로 수반된다. 인간의 뇌에 100억 개 정도의 뇌세포로 구성이 되어있고, 그중에 10억 개 정도만 사용하고 있다고 한다. 이는 매초(每秒)에 열 가지의 새로운 사실을 받아들이는 저장용량이다. 일부만 사용하고 있는 인간의 한계치를 효율적으로 최고의 한계성을 발휘하는 것이다. 인간의 행동을 적극적으로 해볼 수 있는 것이 인간의 사고방식보다 우선이 실행이다.

■ 인간이 적극적 행동하기 위한 변화의 7가지를 제시한다

첫 번째, 인식 전(前) 단계이다. -------------- 행동의 방향잡기

두 번째, 인식의 단계이다. ----------------- 행동의 접근

세 번째, 심사숙고 단계이다. --------------- 행동의 정의

네 번째, 파악단계이다. ------------------ 행동의 핵심파악

다섯 번째, 실행 단계이다. --------------- 행동의 개선

여섯 번째, 유지 단계이다. --------------- 행동의 지속관리

일곱 번째, 매듭 단계이다. --------------- 행동의 종결

앞에서 제시한 인간의 행동은 직접적인 실행을 옮긴 세부적 단계이다. 그렇다고 잘나가는 행동의 전제는 아니다. 전제는 비판과 호평이 혼재되어 있고, 감성과 이성이 섞여 있다, 행동과 의식이 섞여 있다. 보이는 것과 보이지 않는 것도 내재해 있다. 행동을 의식으로 인해 실행을 옮기는 과정이 몸에 배게 되어있다.

결국은 행동과 비행동이 혼합되어 있음을 반영한 것이 된다. 일곱 단계를 행동관점으로 보면 행동의 일곱 단계는 핵심단계로 보면 미인식 → 접근 →

정의 → 핵심파악 → 개선 → 지속관리 → 종결로 단계화한다. 종결이 일부에서는 프로세스나 시스템으로 엮어지는 관계가 될 수도 있다. 그런 상황은 그 어떤 상황에서도 비교나 비유될 수 있는 것으로 판단이 된다.

인간에게 있어 의식은 각각의 개인이 하고자 하는 행동의 방향과 목적의 분위기를 잡아주는 개인의 상태인 것이다. 보통 사람은 행동의 단계로 가는데 보고(See), 행하고(Do), 처리(It)하는 단계처럼 인식하면 된다.

조금 더 행동이 있는 사람은 5단계로 가는데 7단계 중 접근과 핵심파악을 빼놓은 미인지에서 정의를 내리고 개선하고 지속관리와 종결로 간다. 그러나 정석으로 가야 할 7단계는 위에서 제시한 부분으로 가야 한다고 본다. 일반적으로 접근과 핵심파악을 많이 놓치는 이유는 문제의 접근방법을 제대로 하지 않고 있는 것이다. 어떤 문제가 발생하면 문제의 접근을 똑바로 보고 문제를 바르게 정의하고 핵심 부분에 대하여 먼저 해결할 리스크와 발생도, 심각도, 위험도에 따라 정한다. 개선을 먼저 할 것을 중요도와 긴급도에 등급을 정하고 납기를 정하면 된다. 마지막 종결은 완전하게 매듭을 짓는 것이다.

바른 행동은 적합성과 검증성과 효율성이 인간의 감성과 이성의 적절한 혼합으로 전제되는 것과 같이 상대방 관점에서는 비판의 목소리가 되기도 한다. 바른 행동은 목적에 대한 최적화를 위한 성질과 바른 기준과 운영의 성질과 우리가 살아가는 데 있어서의 기대치 이상의 성질을 갖는다. 적극적으로 행동하기 위해 올바른 비판을 하기도 하는 방법을 제시하는 학자도 있어 수해드 필드와 질해슨이 〈적극성에 스펙을 걸어라〉에서 인용해본다.

첫 번째는 비판과 더불어 장점을 언급한다. 여기에는 정-부정-긍정으로 샌드위치법을 적용하고 확인한다.

두 번째는 행동을 비판하되 사람은 비난하지 않는다.

세 번째는 상대방의 행동에 대한 자신의 느낌을 표현한다.

네 번째는 입은 다물고 기울인다.

다섯 번째는 구체적인 변화를 요구하고 동의한다.

여섯 번째는 결과에 관해 이야기하고 있다.

비판하는 법과 행동에 관한 법도 바른 것을 유지하거나, 추구하거나, 실행하는 것도 최적화가 바람직한 목표일 것이다. 실행하기 위한 설정점이 꼭 짓점이라 하면 중심과 핵심의 관점에서 행동이 우선일 것이다. 그것을 부분적인 것과 전체적인 것으로 분류해본다.

■ 적극적인 행동을 위한 세 가지를 제시한다

머리와 가슴

· 문제를 외면하지 말고 직접 대면하고 해결하기

· 문제해결을 위한 행동을 4단계로 추진하기 (이해-결정-대안-장/단점)

· 실수에 대한 근심과 두려움 없애기

· 자신의 우선권을 자신에게 주기

· 서로 간의 상생(win-win)함을 항상 인식하기

가슴과 발

· 막연하게 알지 말고 실체를 파악하기

· 동감하는 얘기를 해라, 그렇지 않으면 한발 앞서가는 이야기를 자청하기

· 생각을 머뭇거리지 말고 바로 얘기하기: 한두번 미루지 말고, 적극적으로 다가가게 된다.

· 진심으로 접하기

· 주관자가 되거나 주관자에 가깝게 가서 함께하기 (어떤 회의에 주관자가 진행하는 자리에 주관자에 가깝게 앉아 있는 것과 멀리 떨어져 있는 것과는 현재의 말하는 자의 적극성을 간접적으로 알아볼 수 있다) *지정석은 예외일 수 있다.

얼굴 대 얼굴

· 긴장감을 인식하고 받아들이기

· 신체적인 언어 활용하기

· 상대방과 침착, 정중하게 하기

· 정직하게 말하기

· 자신의 강점과 약점 파악하기

· 자신의 삶을 더 잘 컨트롤 하기

· 문제점을 분명히 파악하기

· 얼굴에는 신념과 자신감으로 얘기하기

· 신의에 찬 얼굴로 대하기

· 상대방을 존중한다는 자세로 접하기

· 직급으로 차별화 두지 않고 동등한 입장에서 말하기

· 서로 간에 알아듣는 수준으로 주고받게끔 평등하게 대하기

· 얼굴과 표정은 다르다는 것을 명심하기

#6.
의지와 의식은 한통속이어야
힘을 발한다

저 자신은 심리학자는 아니지만, 사견으로 의지와 의식은 분명히 차이가 있다고 생각한다. 사전적 의미의 의지는 "어떤 일을 이루려는 적극적인 마음"이라고 표현하고 있고, 의식은 "깨어있는 상태에서 자기 자신이나 사물에 대하여 인식하는 작용"이라고 정의하고 있다. 의지는 마음적인 것에 비중이 있어 보이고, 의식은 정신적인 것에 비중을 두고 있다. 의지는 목적 방향이 뚜렷하고 목표까지 도달하기 위한 행동의 표출까지 하는 것을 의미한다. 의식은 행동이 못 미쳐 정신적으로 목표에 도달하기 위해 우선 힘을 다하는 것이다.

인간의 행동은 의지를 거쳐 의식으로 가는 것을 말한다. 그렇지 않고 의식에서 의지로 갈 수도 있다. 행동의 판단 기준은 순방향과 역방향은 상존하기 때문이다. 또한, 동시성은 시간과의 일치성을 갖추고 있다.

의식은 생각만 가지고 마음속으로 가진 돌만 쌓아가는 단계라고 본다. 의지는 마음의 결정체라 보면, 의식은 정신의 결정체이다.

의지는 내 마음속의 뜻이며, 의식은 내 마음속의 정신이다. 의지와 의식은 국어사전의 의미를 얘기하고자 하는 것이 아니고 정신의학의 본질을 구별하고자 하는 것이 아니라 다만 안전학자의 관점에서 바라볼 수 있는 견지로 생각하길 바란다. 어떤 목표에 어렵게 도달하거나, 성취하기 위해서는 인식하는 정신적인 것과 마음적인 부분이 일치되어야 더욱 큰 의미가 있다. 의지는 강도나 비중에 영향을 준다. 의지에 대한 것을 사례를 들어보자. 마음잡고 공부를 하면 의지는 셀 수 없는 것이라 100명 중 99명에는 공부에 대한 부족한 부분으로 핑곗거리가 있다고 한다.

가령 공부를 하려는데 물을 한 모금하기 위해서 부엌을 들르고, 화장실에 가서 소변을 보고. 책상에 앉아 있으려고 하니 동네 꼬마들이 시끄러움을 더하고 있어 동네 꼬마들을 평정하는 데 시간을 보낸다. 어릴 때도 그랬고 성인이 된 지금도 무엇을 잘하려고 하다 그르치게 되어 일을 안 하느니보다 못하게 될 때이다. 부모님과 아내와 친구한테서 들은 얘기 중에 "의지가 약하다"라는 것으로 결론을 내리는 얘기를 듣는 것이다.

일이 안 되어 스트레스받을 때는 퇴근 때 동료들과 함께 서로 간의 입 큰 개구리처럼 서로의 일과의 얘기를 자기와 동료들에게 쏟아내고, 자기중심적인 자신의 의지와 의식을 안주 삼아 마치 개굴개굴하면서 잘 되고 안 되는 것을 일에 대한 탓과 핑계로 이어지게 된다.

주위환경이 의지와는 다르게 구축되고, 내가 의도한 대로 되지 않을 때가 있다. 주어진 시간 내 달성이 안 되거나, 뜻을 이루지 못할 때가 되면 자기조절이 조금 벗어나려고 하는 자기통제의 시간으로 들어가기도 한다. 어떻게 해서라도 성과 및 성적이 다다르지 못할 때도 핑계가 된다. 취중에 자기의 의지와 상관없이 무리하게 된다. 의지력에도 큰 의지력과 작은 의지력을 나눠볼 수가 있다.

작은 의지에서 큰 의지로 가기 위해서는 "천릿길도 한 걸음부터"라고 하는 의지와 "마음속으로 멀리, 크게 보고 일하자"라는 의지가 있다. 본보기를 보여주기 위해서라도 '의지의 한국인처럼' 행하는 것의 의지를 품고 하는 것이다. 의지력은 의지의 힘이지만 모든 사람에게서 나오는 마음의 중요한 큰 줄기의 틀로 시작되는 생각의 과정이다. 풀어보면 의지력의 마음속에 있는 핵심코어 같은 결정체가 내재해 있는 것이다.

미국의 의식혁명의 심리학자인 웨인 다이어는 걱정과 자책감에 대하여 이렇게 말하고 있다. "쓸모라고는 하나도 없는 걱정과 자책감은 서로 짝을 이루고 있다." 걱정과 자책이라는 두 개 오류는 서로가 양분되는데 현재를 기준으로 과거는 자책감으로 미래는 걱정으로 나누면, 자책감은 과거에 행한 어떤 행위의 결과 옴짝달싹 못 한 채 현재 순간들을 잡아먹는 것을 의미한다. 반면 걱정은 미래에 일어날지도 모르는 어떤 일 때문에 현재 안절부절못하고 있는 상태다. 그 일은 자신도 어찌해볼 도리가 없는 것의 경우가 대부분이다. 아직 일어나지 않은 일을 두고 자책감을 느낄 수도 없고, 이미 일어난 일에 대해 걱정할 수도 없는 노릇이다.

"걱정은 미래, 자책감은 과거에 대한 반응이지만, 둘 다 현재의 자신을 불안하게 하거나, 꼼짝 못 하게 함으로써 동일한 목적을 수행한다"라고 말한다. 의식과 의지는 조직에서 혹은 개인에서 인식이나 마음에서부터 행동까지를 나타내어 통합과 보완의 체계이지만, 전자에서 언급한 걱정과 자초는 양극단 현상을 보여주는 것이 한 사례이다.

■ 의지와 의식은 자신의 핵심요인이다

플라세보 효과(Placevo Effect)는 아무런 효과가 없는 약을 효과가 있다는 의사의 말에 따라 정말로 효과가 있는 것으로 나타난다는 것을 의미한다. 노세보는 플라세보의 정반대 표현인데 의사의 말 한마디에 환자에게 전혀 영향이 없는 환자도 부정적인 표현으로 치유되지 않고 병의 증세를 가중시킨다는 것을 말한다.

의지와 의식은 정반대의 요인으로 작용하는 것은 아니다. 마치 자신의 핵심요인을 표출하고 내심화시키는 혼합형 프로펠러이다. 우리가 2000년대처럼 복잡한 세계에 살면서 인간관계가 일터에서 성공하기 위해서는 열심히 일하는 것과 훌륭한 외모, 또한 운이 좋은 것 이상의 무엇인가가 필요하다. 처음에는 다소 도움이 되겠지만 진작 살아가기 위해서 가장 중요한 것은 우리가 어떻게 자기의 의지력을 가지고 발전시켜 나갈 수 있는 굳센 무엇인가가 마음속에 있어야 한다.

야구선수의 투구는 자기만의 특화된 특기의 구질이 있어야 하는 것처럼 말이다. 상대방 타자에 대한 강점과 약점을 알고 포수와 죽이 잘 맞아야 한다. 지금은 토론토 블루제이스에 있지만, LA의 몬스터였던 한국, 류현진 투수를 보자. 포수에 따라 볼 배합이 다를 수 있다. 투수의 그날그날의 컨디션, 공 끝의 살아남, 제구 잘되는 구질종류, 변화구 등 다양한 상태가 상존하고 있다. 류현진 투수의 구질 중에 우타자의 바깥쪽에 오는 체인지업은 미국의 메이저 리그에서도 통하고, 직구 승부는 94마일(1마일=1.60934km)로 시속 150킬로미터를 넘는다. 슬라이더와 변화구는 류현진 투수만의 특화의 구질이다.

살아가면서 의식과 의지에 대한 개인의 자문자답을 한번 해보자. 우리가 서로 간에 인간이 완벽하고 안정감 있는 사람이라는 인상을 주고 있느냐? 혹은 미숙하고 유아적이고 신뢰할 수 없는 존재라는 인상을 주고 있느냐는 삶과의 관계에도 관계가 있다.

인간행동의 주체는 나 자신의 의식과 의지와 행동이고 이어진 시간과 공간과 주어진 환경 속에서 혼이 얼마나 내재해 있느냐가 관건이다. 사람들의 정상적인 삶에는 발달단계라는 것이 있다. 삶에서의 성공은 물질과 정신발달의 관점에서 볼 때 사다리를 얼마나 높이 올라가느냐로 판가름하고 있다. 쉬운 말로 하면 물질적인 부분과 정신적인 부분까지 노블레스 오블리주처럼 어느 수준에서 가치적 수준이 있느냐에 달려 있다.

윌리엄 셰익스피어의 작품은 작품-확인-심리-발달로 4단계의 철학이 있다고 한다. 의식과 의지의 긴밀한 상관관계는 의식은 머리의 부분이고 의지는 팔과 다리의 관계라고 생각하자. 자신에 대하여 의지와 의식에 대한 가치 기준을 정립할 기회가 되기 위해 자신의 관계개선을 제시한다. 나 자신의 개체성-이해-추구-보존-단점추방-도약으로 정리한 것을 주해한다.

■ 자신의 관계개선을 위한 6단계를 짚어보자

제1단계-자신의 개체성을 찾기

자기의 의식과 의지를 명확히 갖고 목적을 향해 정확하게 달릴 수 있는 계기가 될 것이고, 잔존효과(After effect)라고 말하는 의식을 갖게 된다. 잔존은 그림과 영상에서는 남아있는 영상을 뜻하는 것이고, 신체적으로 청각 부분에서 소리가 남아있는 것을 청각적으로 잔존효과라 표현한다. 나는 의지와 의식에서 잔존은 목표와 목적을 위해 꾸준한 마음의 다짐을 뜻하는 차원에서 말하는 것으로 이해하면 될 것이다.

제2단계-남들을 이해하기

의지와 의식을 굳건히 하기 위해서 먼저 듣고, 경청하고 내 입장을 우선으로 두는 것이 아니라 남의 입장을 늘 배려하는 습관과 경청하는 2인칭의 객관적인 입장이 된다,

한자의 들을 청(聽)의 예를 든다면 왕의 귀로 하나의 마음을 가지고 열네 번을 듣는다는 의미를 사례로 들을 수 있다.

제3단계-스스로의 삶에 대한 이유와 목적 찾기

의지와 의식에 대한 책임과 역할에 대한 것은 신속성과 책임성과 현장 중심인데, 현장 중심은 삶의 터전인 현장에서의 일의 보람이 삶의 보람으로 이어지는 것을 전제로 내재한 것을 의미한다. 그중에 밀접한 산업 현장에서 현장과 사무실과의 갭으로 인한 의견의 갭을 줄이는 방법이 자신의 안전활

동이기 때문이다.

제4단계-관계에서 "자아 보존하기"

자기 일에 대한 추진성을 가지고 지속성과 연속성과 프로세스화로 구축하는 것을 말한다. 일에 대한 작업성의 주관인 내(1인칭)가 주가 되어 객(2인칭)의 삼자가 아닌 자기 자신의 의지와 의식을 돌이켜 봄으로써 문제나 미래의 추진해야 할 일에 대한 주관성을 현실적으로 찾게 된다.

제5단계-삶에서 자기의 잘못과 단점을 추방하기

잘못과 단점은 충돌과 질투심과 이성적인 충동으로 의견을 모으기에는 쉽지 않다. 그래서 일부 조직들은 약점이나 단점을 보완하거나, 조화와 균형을 그룹 단위나 조직단위에서 장점을 다수화해서 추진하는 것만이 실수나 오류의 다수를 최대한 줄일 수 있다.

제6단계-더 높은 세계에서의 도약

영상의 경이로움, 아름다움 등을 기반으로 의지와 의식을 가지고 현재의 단계에서 도약할 수 있는 기판이 있어야 한다. 늙어 가고 있는 조직과 개인 역시 나이가 문제가 아니라 거기에 속해 있는 조직 구성원이 가지고 있는 의지와 의식에 대한 사고이다. 의지와 의식은 분명히 상호보존 관계이어야 하고, 떼어낼 수 없는 필수 불가결의 고정 관계인 것을 알아야 한다. 즉 마음과 정신은 동행해야만 이루는 목표에 같이 갈 수 있는 관계성이 되는 것이다.

#7.
인간의 특성 중에 의식은
중요한 요인이다

　본 단위에서 부재를 추가한다면 의식은 무의식에서 알게 된다는 것을 덧붙이면 어떨까 하는 생각을 해본다. 무의식에서 의식은 교육과 훈련의 반복과 끊임없는 도전과 열정의 노력이 잠재되어 있어야 한다. 의식으로 바뀌는 터닝포인트(전환점)를 갖게 되는 시발점이 된다.

　의식을 다르게 생각하게 될 때를 관점 전환이라고 하는데 아동 심리에서는 3~4세 정도가 되면 관점 전환을 하게 된다고 한다. 사물을 대하는 생각에서 의식을 갖게 되는 관점을 말한다. 만약에 물체 온도를 색으로 표시하는 필터가 있다고 상상해보자.

　갓 구운 빵 덩어리는 이 필터를 보면, 부분별로 식는 속도를 다르게 하기 때문에 무지갯빛을 띠고 있다. 빵의 모양과 질감은 그대로지만 필터를 통해 살펴본 빵의 모습은 확연한 차이를 보인다는 점은 흥미로운 사실이다. 인간의 마음을 의식적 사고와 무의식적 사고를 볼 수 있는 필터를 상상해보자.

인간은 일상생활에서부터 전산 작업하는 오피스의 회사원이나 미세하고 정교한 작업을 하는 최첨단의 연구원까지 인간의 사고와 행동은 인간의 오류를 사전에 예방할 수 있는 중요한 개척지의 한 부분에서 모든 부분까지 내재와 외연이 있다.

인간 오류의 사고 중에 비행기의 파일럿 사고는 가을에 계절성을 띠고 있어 많이 발생하고 있다. 수평선을 날고 있을 때 정상 모습은 위와 아래가 확연히 구분되지만 반대로 움직이고 있다면 위와 아래가 다른 점을 인지하지 못하는 경우도 발생한다. 머리 위가 바다와 밑이 창공인 하늘이 혼돈되어 하늘로 올라가야 하는데 바다를 하늘로 착각해서 내 의지와 상관없이 바다로 들어가는 사고의 수가 있다.

의식은 인간만이 가진 특성을 고려하면 인간은 다른 생물체와 많은 공통점이 있다. 예를 들어 인간의 유전자 중 99%가 침팬지의 유전자와 같다. 침팬지는 인간과 마찬가지로 정교한 사회적 위계질서를 유지하고 있다. 개미 또한 신분제도는 물론 노동과 음식공급을 조직화하는 사회체계를 보유하고 있다. 의식은 인간의 발달과정 중 하나이다. 아기의 자의식은 마음이 무엇이고 또 무슨 일을 하는지를 인식하면서 자라난다. 18개월 정도만 되어도 아이들은 버림받음, 공포, 변화, 사랑과 같이 기본적인 소위 "의식에 대한 의식"을 하게 된다.

하버드 대학의 철학자 고(故) 로버트 노직(Robert Nozick)은 '의식은 무엇을 하는가?'에 대한 물음에 "우리가 신중한 선택을 할 때 도움을 준다."라고 답하였다. 선택과 선택행위가 요구하는 고차원적 의식(우리가 인식하는 의식)은 사회와 기술의 변화과정을 통해 형성된다. 같은 대학의 존 호글랜드(John Haugeland) 교수는 "무의식적 과정과 비교할 때 의식적 사고 과정은 눈에 띄게 노력이 많이 들기 때문에 실제로는 말하는 속도보다 느릴 정도이다."라고 한다. 서로 다른 두 가지 사고를 동시에 하는 것은 두 가지 상황에 동시에 이루어진다는 점에서 일반적으로 "동시다발적인 과정으로 진행된다는 무의식적인 사고와는 차이가 있다"라고 말을 한다.

인간의 의식은 과거의 경험과 계획과 많은 조언과 교육과 공유를 바르게 가기 위해 비판하고 검토하여 새로운 상황과 돌발적인 문제에 대해 명확하게 선택하는 것이 도움을 준다. 인간이 의식적인 부분은 사회 행동 구성원들이 행동을 직, 간접적으로 나타나는 것을 관찰하고 수용하는데 타당성 있게 봐야 한다.

관찰과 수용의 깊은 뜻이 있는 아리스토텔레스는 "인간은 정치적 동물이며 분절된 언어를 사용하는 유일한 동물"이라고 했다. "언어는 필요한 것과 해가 되는 것, 옳은 것과 그른 것을 표현하기 위해 만들어졌다"라고 강조했다. 그것이 인간을 다른 모든 동물과 구분 짓는 특징이다. "인간만이 선과 악, 옳음과 그름, 그리고 그 밖의 가치를 인식할 줄 안다. 그러한 가치를 공유함으로써 가족과 도시가 만들어진다."라는 인간의 보편성 개념을 강조했다.

인간의식 발달을 유아 때부터 강조해야 한다고 느끼는 한 사람으로 미국의 조지 워싱턴대 의과대학의 심리학 전공이신 스탠리 그린스펀 박사는 6단계로 유아의식의 발달단계를 얘기하고 있다.

첫 번째는 신경을 집중하는 법을 배우는데 의식 형성하는데 매우 핵심적인 단계이고,

두 번째는 사람들과 반응할 준비이고,

세 번째는 임기응변의 대처능력을 보이기 시작함으로써 표정과 기본적인 감정을 구분할 수 있게 된다.

네 번째는 미묘한 행동 신호를 근거로 상황을 짐작게 한다.

다섯 번째는 이미지와 개념을 만드는 단계가 됨으로써 감정과 느낌을 추상화한다.

여섯 번째는 개념과 정서를 만든다고 한다.

유아들의 행동은 인간이 태어날 때부터 공감 능력을 갖추게 되는 것처럼 인간에게는 인지에 대한 매개된 영상을 통해 경험을 갖게 한다. 역할취득이란 관점취득이란 것을 기준으로 상상으로 의식하고 행동하는 것만은 아니다. 인간의 의식은 인간만이 가지는 정신과 공감의 정서 지대로 일에 대한 의식은 자기의식에 대한 1차 역할 대여지대로 항상 자리매김하는 조건을 갖게 되는 필요한 조건이다.

인간의 의식은 흔히 시합하는 선수의 행동에서 볼 수 있다. 팽팽히 맞서다가 A팀에서 한 골을 더 넣어 긴장감에서 주도권 분위기를 몰고 가는데, B팀에서 어이없는 실책으로 한 골을 추가 당함으로써 A팀이 2:0의 상황이 되었는데 시간은 얼마 남지 않고 B팀의 선수들은 재정비하는 것이 아니라, 얼마 남지 않는 종료시각이 다가옴으로써 실수를 연발하고 오히려 불리한 상황까지 만들어지게 되는 상황이 전개됨을 볼 수 있다. B팀 선수들의 마음

은 불리한 의식으로 가득 차게 되고 선수들 전체가 긴장하고, 지는 분위기로 만연되어 있음을 알 수 있다. 게임은 져도 마음에는 지지 않아야 함에도 상황이 불리한 상황으로 몰고 감으로써 선수 마음이 불리하게 이끌리게 됨으로써 행동의 실수 연발을 가져오게 된다. 인간의 의식은 환경과 심리적인 부분에서도 크게 좌우됨을 알 수 있다.

인간의 의식은 5개의 관문을 두고 있다.
· 의식의 제1 관문은 감성과 이성이다.
· 의식의 제2 관문은 생각과 행동이다.
· 의식의 제3 관문은 사고(Thinking)와 실행이다.
· 의식의 제4 관문은 무사고(Zero Accident)와 오류(Error)이다.
· 의식의 제5 관문은 계획과 체크이다.

인간의 의식을 5개의 관문의 형태를 두고 거창하게 얘기할 것처럼 언급했는데 사실은 의식의 범주가 이 안에 들어가 있는 것을 표현하고자 해서다. 안전학자로 5개의 의식을 언급한 것은 순수한 안전관점이다. 안전을 실행하기 위한 방법과 안전을 유지하기 위한 행동의 방법과 안전을 실천하기 위한 방법론이자 실천론이자 행동론으로 선정한 이유가 있다. 첫 번째로 감성과 이성으로 둔 이유는 인간의 가장 큰 보편성이 여기에 근간을 두고 있기 때문이다.

두 번째로 언급한 것은 인간의 표출되는 것이 생각과 행동이 제일 먼저 표출되기 때문이다.

세 번째는 살아가면서 결과를 얻기 위해서는 올바른 사고관을 가지고 목표에 도달해야 하기 때문이다. 네 번째와 다섯 번째는 안전과 연관된 인간행동의 목표이자 초기 단계를 염두에 두고 언급한 얘기이다.

인간의 의식은 명확하다. 존재의 의식 속에서 점점 높은 관문을 가질수록 실수와 오류 없이 의식 있는 생활로 이어진다. 인간의식은 덧없는 인간의 참된 생활 속에서 지속적으로 이어지게 되고 자신이 사는 환경과 같이 가는 인간의 행복이다.

캐나다 심리학자 제럴드 와일드가 제창한 '위험의 항상성 이론'이다. 이이론의 핵심은 사람은 일정 수준의 위험을 포용하려는 경향이 있다. 상황이 이전보다 안전해지면 사람들은 어떻게든 원래의 위험 수준으로 되돌아가야 한다고 생각한다. 항상성이란 기존의 위험 정도를 현재의 수준으로 생각하고 있다.

안전학자들은 위험의 항상성 이론을 얘기하면 타이타닉 사고를 현자의 입에 오르내리는데 특히 스미스 선장의 역할과 영향력은 막대하고 중요한 것이었다. 어떠한 부분인지 연계를 지어본다.

1. 자기의 본능만 믿고 눈이 가려져 있었다.

2. 자기의 적(敵)인 빙산을 과소평가했다.

3. 자신과 배의 능력을 과대평가했다.

4. 자기 선원들과 배를 이끌고 지나친 모험을 감행했다.

5. 조심하지 않고 배를 과도하게 몰고 나갔다.

6. 그의 자만심이 효과적인 리더십을 가로막고 있었다.

7. 그의 위기의 순간에 자기 부하들 곁을 떠나 있었다.

8. 즉각적, 효과적이고 사려 깊은 의사결정을 내리지 못했다.

9. 최신기술을 맹신했다.

10. 과거의 경험에 지나치게 의존하여 현재의 위기를 간과했다.

11. 위험이 다가온다는 계속된 경고를 무시했다.

12. 빙하가 떠내려온다는 바다에 환경적인 현실을 무시했으며 자기의 책임과 역할에 대하여 다하지 못했다.

왜 진인에 대한 명확한 의식을 갖지 못한 부분과 잠재된 위험에 대한 받아들이는 부분과 위험에 대한 대응과 훈련에 대한 부분에도 의식도 없었다. 현대 사회에도 방관적인 안전 의식과 안전태도가 명확하게 정립되어 있지 않고 '눈 가리고 아웅' 하는 식의 형식적인 관리가 만연되어 있다. 최근 우리나라 안전사고가 감소하지 않고, 지속적으로 발생하는 것을 보면서 방관자적인 의식을 하고 있지는 않은지 점검해 볼 필요가 있다.

조직의 인적 내부 구조 중에 의식에 대한 구분이 명확하지 않은 부분에 대하여 이렇게 얘기하고 있다. 미국의 철강왕인 앤드루 카네기가 자신의 묘비명에 "자신보다 현명한 사람들을 주위에 모으는 방법을 알고 있는 사람 여기에 잠들다"라고 한 것처럼 현명은 다수의 시선을 모을 수 있다. 더 나아가 안전관점에서 더욱 사려 깊은 행동의 선지자인 카네기 같은 분을 적극적으로 활용해서 안전 의식을 향상시켜야 한다.

PART **04**

지식의 오류

#1.
지식의 충전소에
행복을 채워라

지식이 많고, 외부로 지식전달을 해야만 지식 중심으로 일을 잘하는 것은 아니다. 경험이 많아서 경험 중 사고를 미연에 방지하는 것도 아니다. 때로는 경험이 그 일을 추진하고 적절한 조화로 최적화를 이루어 해결하는 데 필요할 때도 있다. 지식과 경험으로 성공해야 행복한 것이 아니라 행복해야 성공할 수 있다. 그러기 위해 행복조건의 해법을 찾아야 한다.

행복의 조건을 만드는 것이 무엇인지를 한번 적용해보자.

· 힘들 때 빨리 에너지를 충전하는 것

· 화날 때 빨리 풀어버리고 웃음을 되찾는 것

· 위험이 발생하지 않도록 중요 사항들을 핵심 관리하는 것

· 자신감을 잃지 않고 긍정적으로 생각하는 것

· 위급한 일이 있어도 당황치 않고 프로세스대로 진행하는 것

· 남의 장점을 잘 칭찬하는 것

· 나하고 같이 일하는 사람들이 가족처럼 내 마음 같을 것

· 부족함에도 같이 나눠 먹는 것이 행복한 마음인 것을 아는 것

· 위험과 리스크를 만들지 않기 위해 기준대로 준수하는 것

이러한 것들이 현대인들에게 필요한 생존키워드라고 한다면 현대 사회는 더 안전하고 성숙한 사회로 바뀌지 않겠나? 싶다.

자기 삶에서 불행을 멀리하고 행복을 불러오는 방법을 알아야 한다. 찾고, 배우고, 행복을 찾기 위한 방법으로 하버드에서는 행복한 강좌를 열고 있는데, 수업시간에 불을 끄고 명상하고, 8시간 이상 잠을 자고 오라고 숙제를 내준다. 현대인들에게 그만큼 필요하고 중요하니까 그런 수업을 하는 것이다. 행복하게 사는 방법을 배우지 않으면 다른 과목과 수업도 소용없다는 식이라고 이해해야 한다. 현대인은 사고 영상의 경이로움, 아름다움, 숭고한 의식 등을 기반으로 의지와 의식을 가지고 현재의 단계에서 도약할 수 있는 기판이 있어야 한다. 그런 차원에서 두 가지 방법을 피하면 문제의 해결책은 찾을 것으로 예측한다.

하나는 나이가 점점 먹는 것에 대한 자신이 위축되어 갈 때, 가지고 있는 에너지와 활동반경의 경계선을 외적인 지식의 마지노선 즉 지식의 외적 한계선을 긋게 된다. 외적 경계선과 한계선을 긋다 보면 나이와 경륜과 환경

의 구실로 인적과 물적으로 핑계의 구실에 매여간다.

두 번째는 내적인 지식 경계는 생각의 폭과 깊이가 균형과 결핍의 한계에서 내재해 있다. 주춤하거나 선뜻 용기 있는 선봉장을 꺼리는 것도 지식의 내적 에너지인 의지와 의식에 대한 습관 및 생각으로 일관되지 못하는 경우가 있기 때문이다. 지식의 충전소가 충만하려면 나이와 지식의 한계점을 뛰어넘어야 한다. 병행되면 하는 것도 긍정적인 질문과 답이다. 의지와 의식은 상호보존 관계이어야 하고, 개인에게 있어서는 떼어낼 수 없는 필수불가결의 고정관계이다.

셰익스피어의 작품 〈리어왕〉의 작품 속에 "늙은 것은 나이가 문제가 아니라 습관의 문제다"라고 한다. 지식의 충전소는 마음을 젊게 하고 지적인 부분을 젊게 한다. 마음이 젊고, 지적인 부분이 젊다는 것은 충전하기에는 아직도 많은 것이 부족함을 스스로 알게 되는 것을 의미한다. 보통 어느 정도 알면 왠지 더 이상 알 것 없이 다 아는 것처럼 말하고, 행동하는 것이 일반 세태이기 때문이다. 안전학자가 추천하는 젊음을 유지하는 방법은 10가지이다. 필자의 방식이니 나름대로 소화하고 자기 것으로 만드느냐는 개인의 시간 과정에 투자가 전제되어야 한다. 행복 연구의 권위자인 돌란(Dolan) 교수는 '행복은 즐거움이라는 감정으로만 구성되는 것이 아니다'라고 말한다. 행복에는 즐거움과 목적의식이라는 두 개의 축이 공존하는 목적의식으로 성취감과 의미, 보람을 느끼게 하는 것으로 다만 적절한 균형의 조화가 이루어져야 하는 활동임을 알 수 있어야 한다.

■ 지식을 충전시키기 위한
행복의 10가지 방법을 제시한다

1. 배우는 학생으로 살아라. (배우는 삶)

2. 과거를 자랑하지 마라. 현재에 충실하라. (현재의 삶)

3. 다른 사람이 얘기하는 중간에 말참견하는 것을 하지 마라. (경청의 삶)

4. 젊은 사람과 경쟁보다 용기를 주고 함께 즐겨라. (상생의 삶)

5. 남들에게 부탁받지 않은 충고를 하지 마라. (겸손의 삶))

6. 삶을 철학으로 대처하지 마라. (경건의 삶)

7. 예술이나 미학적인 추구를 계속 발달시켜라. (아름다움의 삶)

8. 늙어 가는 것에 불평치 말고 즐겁게 하라. (즐거운 삶)

9. 젊은 사람에게 무조건 베풀려 하지 마라. (경쟁의 삶)

10. 죽음에 관해 얘기하지 마라. (최선의 삶)

개인은 시간적으로 현재 중심을 기반으로 미래를 보고 걷고 있고 걷는 중
에 생각은 정신적인 자긍심을 크게 가지고 생활의 여유와 미적 감각을 가져
보라는 것으로 알 수 있다. 삶에도 여러 가지의 목적을 두는 삶은 다양화되
어있다. 예를 들어 배우는 삶, 성실의 삶, 경청의 삶, 상생의 삶, 경험의 삶,
경건의 삶, 아름다움의 삶, 즐거운 삶, 경쟁의 삶, 최선의 삶, 감사의 삶의 주
된 키워드는 대부분이 지식과 연관된 소프트 멘탈이며, 행동의 실행이다.

　나이를 앞세우거나, 원하든 원하지 않든 높은 자리를 앞세우지 말고, 조
직에서의 굴지 않고 함께 호흡하고 같이 생활하는 수평적 관계를 유지하는

것이 필요하다. 유지의 관계를 같은 마음과 같은 생각과 같은 뜻을 같이할 때이다.

나이의 외형적인 형태를 갖추게 될 때 나이테로 나타내는 것이 아니라 내적인 나이테로 단단함을 보이는 그 자체가 되어야 한다. 부부 역시 진정으로 가져가야 할 것은 그 무엇보다 동심(同心)과 동념(同念)과 동의(同意)이다. 마음과 생각과 의사를 명확히 하는 것이 삶에서 필요한 요소이다.

지식의 충전소는 생활의 탄력을 주게 되는 것으로 자기 생각의 1차적인 요소를 갖게 되는 정신 활력소이다. 충전소는 물질적인 나눔의 터인 장소로 볼 수 있지만 보이지 않는 지식이나 지적 수준은 인적요인인 지식과 정보와 업무 수행에 필요한 프로세스의 한 부분을 공급해주는 것과 같다. 그러면 무엇을 고민해야 하는가?

· 자신의 지식 충전소는 무엇인가?
· 지금 어느 수준인가?
· 지금 어느 정도 채워져 있는가?
· 지금 어느 것으로 내용을 채울 것인가?
· 지금의 지식의 정도에 충전할 부분이 더 있는가?
· 지금 지식 충전소를 채워 어디로 가고 있는 것일까?
· 향후 어떻게 되고자 하는 미션이 있는가?

지식의 충전소에 각 개인에게 어느 정도의 기반을 구축하고 있는지를 한 번쯤은 짚어보는 것이 향후의 발전적인 모습을 위한 삶의 혁신이다. 지식은 모든 시작의 기반이 된다. 나라 경제의 기반도 지식을 기반으로 한 경제적 동기가 근간이 되었다. "사람이 태어나면 한양으로 보내고, 말은 제주도로 보내라"라는 속담처럼 사람은 지식이 삶의 기초였고, 삶의 터전에 밑거름이 되었다.

경제적 기반도 공업화의 터전에 지식기반이 되었고, 공업화가 추진되면서 산업지식과 자본에 대한 지식축적이 결국은 산업화의 초석이 되었다. 흐름은 산업화에서 공업화가 되고 지식화되면서 현재 정보화로 더욱 각축전이 되고 있다. 지식산업은 서로 간의 동조와 공략을 쉴 틈 없이 여반장이 되고 현재 상황이고 방향이다. 지식에는 한계가 없다.

지식은 누가 대신해 주지 않는다. 환경이 대신해 주지 않고 자본이 대신해 주지 않는다. 지식은 고정지식과 유동 지식이 상존하는 한, 늘 샘물처럼 솟아나는 창조적 지식이 현재에서는 절대적으로 필요하다. 중국 고전 시경(詩經)에 나오는 말로 녹명(鹿鳴)이란 말이 있다. 사슴은 좋은 풀밭을 발견하면 혼자 먹어 치우지 않고 울음소리로 동료 사슴들을 불러 모은다는 의미이다.

지식은 함께하면 큰 효과를 낼 수 있고, 더 많은 혜택을 누릴 수가 있고, 인류가 행복해지는 기반이 된다. 좋은 방향의 지식은 충전과 발전이 선의적인 부분만 사용되는 것이 우리의 바람이지만 한편으로는 악의적인 부분이 있음을 간과해서는 안 된다.

영국의 사학자인 토인비는 "창조적 소수가 한 번의 성공으로 인해 교만해지고, 추종자들에게 복종만을 요구하며, 인의 장막에 둘러싸여 지적, 도덕적 균형을 상실하고, 가능과 불가능에 대한 판단력까지 잃게 되는 현상을 휴브리스 (Hubris)"라고 불렀다.

현대가 요구하는 물질적인 충족이나 경제적인 여건의 풍요 속에 경쟁력 없는 기업은 성장하지 못하고 결국 얼마 가지 않아 기억 속에 사라지는 기업들이 이 범주에 해당한다. 지식의 충전소는 물질만 가지는 것이 아니라 정신만 존재하는 것만도 아니다. 지식의 충전소는 새로운 변화 속에 기존의 지식을 기반으로 현시대에 발맞추어 가기 위한 경쟁 속의 생각 집합소이다. 지식은 아는 것이 능사는 아니고 얼마나 우리의 실생활에 적용이나 적응이 되는지에 대한 아우러지는 사상 집합소이다. 더 나아가 행동의 기반이 되는 요인과 요소이다. 인간의 실수가 없으면 더 없는 경쟁 속의 큰 무기이다.

#2.
질문은 답을 찾기 위한 행동이고, 지식은 방향이다

　자기계발서의 원조인 영국의 제임스 알렌은 〈사람이 생각할 때〉라는 저서에서 "고귀한 생각이 고귀한 사람을 만들고, 천한 생각이 천한 인간을 만든다"라고 했다. "생각이 사람을 직접 만들지 않아도 그만큼 생각은 좋은 습관으로 평생 간다"라는 고사성어처럼 좋은 태도와 행동을 몸에 배게 함으로써 좋은 생활을 하도록 하는 기반이 된다.

　우리나라 명언 중에는 "부처님 마음을 가진 사람은 부처님처럼 보이고, 돼지 마음을 가진 사람은 돼지처럼 보인다"라는 원효대사와 태조 왕건의 대화는 익숙히 아는 바이다. 생각만큼 중요한 것이 없다. '나를 바꾸면 모든 것이 바뀐다'의 저자 제임스 알렌은 진정으로 부자 되기 위해서는 자기 자신에게 3가지의 질문을 던지라고 얘기한다.

하나는 '왜 아닌가?'

두 번째는 '나라고 못 하는 법이 어디 있나?'

세 번째는 '그게 지금이면 왜 안 되는가?'라고 질문을 항상 던지라고 제시하고 있다.

세 개의 질문을 통해 자기 자신에게 성취감의 방향을 잡게 하고, 동기부여를 갖게 하고, 과거도, 미래도 아닌 현재의 시점에서 시발심(始發心)을 갖게 하는 점은 젊은이로부터 새로운 것을 시작하려는 초심자까지 무언가를 느끼게 하는 계기가 된다. 국내 어느 작가의 저서 중에 "질문이 답이다"라는 책을 읽고 사소하면서도 놓쳐서는 안 되는 중요한 부분을 일목요연하게 질문에 대하여 인용해본다.

질문은 가장 값싸면서도 훌륭한 자기계발의 도구이다

건강한 사회는 질문이 살아 있다

긍정적인 질문이 긍정적인 생각을 낳는다

공손한 질문이 성공을 가져온다

결국, 질문은 좋은 행동과 태도가 좋은 기회를 가져오게 된다는 것을 알 수 있다. 미국의 제32대 대통령 프랭클린 루스벨트가 "인간은 운명의 노예가 아니라, 자기 생각의 노예다"라고 했다. 생각의 중요성은 질문과 답이란 다른 이분법이 있다. 이분법은 운명보다 생각이 우선임을 강조한다. "생각은 질문이고, 질문은 답이다"라고 제시하는 것도 생각한 만큼 질문의 질이 깊어지고, 넓어지고, 풀어가기 위한 차원의 변수를 낮게 유도하는 계기가 된다.

생각도 중요하지만, 지식도 그 못지않게 비교될 수 있다. 지식이 개미도 다 알고 있는 일의 순서를 논하든지, 지식과 지혜와 배움의 진리로만 사회가 가득하다면 상식의 공동화(空洞化) 현상이 될 수도 있다. "문제는 인간이고 자연이 답이다"라고 자연주의학자가 말하지 않아도 느끼게 된다. 결국은 실마리의 해결책을 찾는 잠재적인 질문을 가져온다.

생각은 인간에게 명상처럼 필요한 소통기술로 가기 위한 단계이다. 생각은 의식의 단계에서 문제를 인간 본연의 몸으로 느낀다는 것이다. 생각은 신체적인 행동의 직접적 체험을 하게 함으로써 자신이 어려움에 대한 고통과 수고로움과 자기 희열과 자기 극복을 느끼게 하고 사고(思考)를 하게 되는 것으로 말할 수 있다. 마음으로 느끼는 체험은 무엇일까?

값으로 느낄 수 없는 것, 정량화할 수 없는 것, 수치화할 수 없지만, 문화라는 것처럼 가치가 있고, 심적으로 마음을 느끼게 하는 것이 그것이 아닐까? 그렇지 않다면 생각과 의식을 사회의 위험과 불안의 요인으로 산재함을 안일하게 생각한다면 불안을 가중하는 것이다.

질문의 답이란 전제는 모두에서 얘기한 것처럼 질문을 잘하면 그 안에 답이 있다고 한다. 질문은 큰 테두리나 형태의 틀 안에서 감을 잡고 얘기할 수 있는 분위기를 갖고 있다. 질문의 형태는 단지 답을 얻기 위한 진정성과 타당성과 보편성과 합리성을 찾기 위한 사고 접근의 생각 연결고리라고 볼 수 있다. 지식은 해답이라고 보는 것은 하나 더하기 하나를 하면 둘이 되고 삼

더하기 삼을 하면 육이 되지만 삼과 삼을 더하지 않고 곱하면 구가 된다.

지식은 우리가 찾기 위한 일반지식보다 한 차원 높은 사고방식의 틀을 갖추어야 근접한 답을 찾을 수 있다. 삼과 삼을 더하면 육이 되고, 삼과 삼을 곱하면 구가 되는 것은 중간에 수학적 기호가 플러스에서 곱하기로 바뀐 것과 같이 연산기호의 하나 차이에 숫자의 총계가 달라지는 것과 같다. 결국은 지식의 단계를 높여보자는 것이다.

지식은 시간과 열정과 의지와 노력의 요인들이 합쳐서 결과를 내는 결정체이다. 일반지식은 살아가면서 채워지고 경험으로 익혀지는 지혜 하고는 다른 것이다. 삶은 누구나가 인생을 살아가면서 지식 없이 지혜로 채워져도 문제는 없다. 삶에는 지혜로도 채워질 것이 많이 있기 때문이다. 지식은 지혜와는 차원이 달라 앞의 수식어에 전문성 혹은 특수성을 띠고 봐야 하는 학문성이 필요한 부분이다.

질문이라는 것을 예를 보자.

Y 씨는 자존심이 강하고, 조금은 내성적이다.

그래서 낯설거나 모르는 사람에게 질문을 꺼리는 사람이었다.

수원에서 천안까지 출퇴근하는 사람이라 평상시 회사의 출퇴근 차량인 버스를 이용했다. 평일에 보통 일반 버스 정류장에 20미터 앞에 정차했다가 회사 출근 버스는 줄 서 있는 회사 사람을 태우고 출발을 한다. 버스 앞에는 회사의 로고와 행선지가 부착되어 있었다. 그런데 일요일에 회사에 일이 있어 출근하게 되었다. 전에는 일요일은 출근 버스를 이용치 않고 자가용을 이용해서 출근해야 했기에 전에는 노선과 버스 승차장의 위치에는 관심이 없었다.

그날은 일요일 출근이라 모처럼 회사 출근 버스를 타려고 정류장에 갔는데 회사 버스 타는 곳에 한 사람이 서 있고, 그 사람은 회사의 명찰 표식엔 다른 색 카드를 목에 걸고 있었다. 저쪽 20미터 못 미친 곳에는 한 사람이 서 있는데 우리 회사 사람인지는 모르겠지만 낯은 익은데 다른 곳에 서 있는 것이었다. Y 씨는 지금 내가 서 있는 줄이 회사 버스 출근차의 줄인지, 아니면 저쪽에 서 있는 사람이 우리 회사 가는 버스를 이용하기 위해 줄에 서 있는 것인지 확인하기 위한 무엇인가 행동이 필요했다. 그러나 마음속에는 "휴일이라고 다른 곳에 출근 버스가 멈추겠나?" 하는 생각으로 굳건히 서 있기를 10~15분 정도 기다리고 있었는데 아니 Y 씨가 서 있는 곳에는 다른 계열사의 출근차가 왔고, 기사에게 천안 가는 출근 버스를 물어보는 사이에 저쪽에 서 있던 차는 한 사람을 태우고 출발하는 출근 버스가 보였다. 언뜻 지나가는 버스를 보니 내가 탔어야 하는 버스였다. 같은 시간에 다른 줄에 서 있다가 회사로 가는 버스를 놓치게 된 것이다. 질문 한번 했으면 모든 것이 다 정확하게 탔을 텐데, 서 있는 사람에게 "이 줄이 무슨 줄입니까?" 혹은 "천안 가는 출근 버스 줄입니까?"라고 ……

질문에 답이 있다는 것을 왜 몰랐을까?

Y 씨 자신이 어렸을 때부터 길러져야 하는 질문에 대한 자유분방한 생활 태도가 되지 않아 지금도 한구석에는 "질문의 두려움에 대한 마음이 언뜻 내키지 않는 것이 있구나"라는 생각을 했다고 한다.

……'이렇게 어렵게 생각하지는 않았을 것인데'라고……

학교 시절 아는 것도 모르는 체하고, 모르는 것도 아는 체해 가면서 학교 생활을 해왔다. 질문에 대하여 요즈음의 속된 말로 "한 번의 쪽팔림을 당해서 알고 넘어갈래, 아니면 모르고 지나가서 영원히 쪽팔릴래?"라는 말이 유행한 것처럼 말이다. 질문이 지금에 와선 머뭇거리는 질문으로 되어버린 것이다. 질문이 모르는 문제를 찾기 위한 일차원적인 해결법의 원칙이라는 전제의 결과가 답이라고 본다.

지식은 행동과 사고와 각종 판단의 종합적인 해결법의 여러 원칙이 일괄적인 문제해결을 가진 이차원적으로 푸는 과정의 답이 해답이다. 원초적인 인간의 생각은 질문의 모태이고 답이 있다. 지식 안에 해답이 있다. 삼단 논법이 되지만 그와 같은 작용의 동작이 타당성이 있는 흐름의 일반성이다.

■ 질문의 예찬론자가 되어 보자

질문의 좋은 점을 보자.

· 질문은 자기 자신의 처신에 방향을 제시해 줄 수 있다.
· 질문은 자신에게 시간을 절약해 줄 기회를 준다.
· 질문은 궁금증에 해결을 찾는 시발점이 된다.
· 질문을 하면 건강해진다.
· 질문을 하면 행동 처신에 정위치를 가질 수 있다.
· 질문을 하면 자신감을 갖추게 되고 경청이 된다.
· 질문을 하면 자긍심이 생긴다.
· 질문을 하면 우리 사회를 점점 사고 없는 사회가 된다.
· 질문을 하면 친구, 동료, 제자, 상사, 후배, 가족 간에 마음의 벽이 없어

진다.

- 질문을 하면 잘못 보았던 생각, 판단, 오류를 사전에 막을 수 있다.
- 질문은 자기 자신의 입장을 명확하게 표현하게 된다.
- 질문은 서로의 불편한 미시적, 거시적인 부분이 명시화된다.
- 질문은 서로 간에 가까워지는 계기가 된다.
- 질문은 화내기 전까지의 분노를 진정시킨다.
- 질문은 없던 답도 실마리를 풀게 하는 기초가 된다.
- 질문은 우리가 가고 있는 현 상태를 짚어보기도 한다.
- 질문은 오해가 없도록 하는 감초이다.
- 질문은 서로 간에 시기의 벽이 무너지게 된다.
- 질문은 사고를 예방하는 기초가 된다.
- 질문의 시작은 오류를 예방하기 위한 초석이 된다.
- 질문은 임의적인 판단을 하지 못하게 하는 방법의 하나이다.
- 질문이 일상화되면 오해도 없어지고 노사 간의 대립도 없어진다.
- 질문은 해결의 첫 단추이고 해결책의 감초이다.
- 질문을 잘하는 회사는 의사소통의 막힘의 실마리는 애당초 없다.

모든 질문이 해결의 실마리를 가져오진 못하지만, 인간행동의 관점에서의 질문은 오류 시발점을 제거하거나, 발생원을 줄여주는 근원이 된다.

나, 너, 우리도 함께 서로 간에 질문으로 문제의 실마리를 풀기 위해 접근해 보자.

#3.
위험의 걸림돌을 없애는 시작은
지식부터이다

　일반적으로 사람의 시각은 자기중심적이어서 보고 싶은 것만 보게 되어 있다. 전문성 직종일 경우에는 더욱 심화가 된다. 보는 사물이 사람일 경우 사람의 외모로 일차적인 판단을 자기방식으로 하고, 물건일 때는 내가 좋아하는 물건인지를 생각의 기준 잣대를 놓고 마음에 들고, 들지 않는다는 것을 판단하게 된다.

　사람마다 각자의 시각을 가지고 판단에 대한 기준을 정하는 것이 자기중심적이 우선이 된다. 혼자만의 생각으로 단순하게 자기 아집이나 자기만의 고집으로 몸에 뱄다면 과거의 생각과 머릿속에 잠재되어 있던 습관이 답습된 환경이나 형편일 것이다.

자기의 생각과 행동으로 표출된 판단 기준으로 보게 됨으로써 개인적인 패턴의 양상이나, 기준으로 이어질 수 있다. 여러 사람이 기준을 공유하고, 공동 대응하는 판단 기준의 실체가 된다면 얘기는 달라진다.

그만큼 기준에 대한 사항에 갭이 줄어들어, 행동에 대한 오류의 판단 착오적인 부분이 감소하게 된다. 사설이 될 수 있지만, 공유기준과 판단 기준에 사고에 따라 시각적인 측면은 4 분류를 할 수 있는 것이 습관화되거나 어느 극적인 도달점에 가면 오류의 시작점이 된다. 목적과 목표를 비교하는 것은 아니다. 목적은 목표가 아니고 목표는 도달할 수 있는 그 무엇이지만, 목적은 결코 도달할 수 없는 것과 같다. 그렇다면 시각적인 4 분류는 주관적인 측면이 강하다고 보면 된다. 눈으로 보이는 것과 그 부분에 적극성 사고력과 생각의 집중력을 가미한 것이 시각적인 형태의 전 부분을 얘기하는 단계이다.

■ 오류의 시각적인 분류는 4가지이다

보이는 것만 본다.
보고 싶은 것만 본다.
아는 것만 본다.
고민한 만큼 본다.

어떤 물건 하나를 보고 평가를 하게 될 때 시각적인 4 분류 수순이다. 초보자 선에서 전문가의 수준으로 판단해서 볼 때 위험의 걸림돌이 자초될 수 있다. 반대로 지식의 한계로 위험이 될 수 있다.

즉 한정된 지식으로 인해 위험의 걸림돌이나 문제의 상태가 지연되거나 봉착될 수 있다. 위험의 걸림돌이 명확하지 않으면 지식의 방해 요인이 된다. 맞을지 모르겠지만 비유를 해본다.

어느 인터넷에서 인용한 부분이다.

열기구를 타고 바람에 잘못 갔는데,

열기구 탄 사람이 길에 지나가는 사람에게 "여기 어디요?"라고 묻자 "내 머리 위에 있지 않소"라고 했다.

그러자 물어본 사람이 "당신은 경제학자지요?"라고 하자

대답한 사람이 "어떻게 아셨소?"라고 하자,

상대방 쪽에서 "이론은 맞지만 별 도움이 안 된다"라고 했다.

또 다른 사람에게 물어보자 "당신은 대기업 간부지요"라고 대답하자, 상대방이 "어떻게 아셨소?"라고 하자

"높은 곳에 있는데, 자기 자신은 어디인지 모른 것 같다."라고 대답했다.

걸림돌과 지식의 균형이 맞지 않은 곳에서의 질문에 대한 우문인 것으로 비유가 된 것이다. 위험의 걸림돌 해결책은 지식의 접근으로 실마리를 가져가되 기본적인 요인의 외적 부분과 내적 부분으로 풀어가야 한다. 외적 부분은 물적인 부분과 환경적인 부분인 경우이고, 내부적인 부분은 정신적이고 프로세스적인 소프트이다. 위험의 걸림돌 해결 공식을 제시한다.

(시각적으로 보는 능력 + 자기만이 접할 수 있는 지식 + 위험을 아는 리스크 수준) × 사고를 없애기 위한 열정 = 위험의 걸림돌 해결방식

당신의 시각적 능력과 접근할 수 있는 지식과 정도(程度)의 리스크를 더한 다음에 사고를 없애는 열정을 곱하면 비로소 위험의 걸림돌의 해결방식을 얻게 된다. 해결방식을 위한 각 요인은 무엇이 있을까?

시각적으로 보는 능력이란?

1. 보는 눈이 아니고 관찰하는 습관

2. 잘못한 것을 그냥 지나치지 않는 생활습관

3. 위험을 보는 시각이 남보다 높기 때문에 위험예지가 높은 시각적인 기술 수준

4. 오류를 보는 눈의 전문적인 지식습득

5. 연관성에 대한 상호관계의 관계성 이해

6. 정도(程度), 차이(差異), 변경(變更), 이상(異狀), 불량에 대한 시각적인 눈썰미

위험의 걸림돌 해결방식에 첫 번째는 시각적인 능력의 범위를 정의했고, 두 번째는 지식의 접근에 대한 범위를 정해본다.

자기만이 가진 것으로 접근할 수 있는 지식의 접근

1. 문제접근의 지식을 최대한 활용하고자 하는 수준

2. 지식을 여러 사람과 공유하고 참여를 유도하는 능력

3. 가지고 있는 지식이 사회와 경제발전에 핵심이 될 수 있다는 분야로 더 많은 가치를 부여할 수 있는 앎

4. 학문적인 이론과 현장의 접목이 용이한 기술

5. 이론과 현장의 최적 안의 접목으로 산학(상생 성장) 하는 기술

위험의 걸림돌의 해결방식의 요인으로 세 번째는 위험을 아는 수준의 능력 및 리스크의 수준

위험을 아는 리스크의 수준은 무엇일까?

1. 위험의 걸림돌이 문제 시 피해의 심각도를 인지하는 능력

2. 위험이 잠재성과 발생도, 심각도를 수치화해서 관리할 수 있고 지속적으로 흥미를 느끼고, 찾아내는 일

3. 리스크가 여러 분야에 미치는 영향에 관심을 가지는 요인

4. 자체적으로 위험의 등급을 가늠하거나 평가할 수 있는 능력

5. 정량적으로나 정성적으로 자체적인 항목들을 도출해서 분석할 수 있는 지식

6. 프로세스화해서 초보자도 쉽게 적용할 수 있게 하는 제도

7. 행동의 요인이 리스크의 요인으로 운영되는 것에 대한 평가

위험의 걸림돌을 해결하기 위하여 네 가지 요인 중에 이 요인만을 꼽기로 한 것은 조직 구성원의 차이보다 전체 구성원과 단위 구성원들 간의 혼합적인 조합이 그 무엇보다 크기 때문이다.

■ 사고(事故)를 없애기 위한 열정의 일곱 가지

사고를 없애거나, 사고의 시발점인 시드나 발생원을 처음부터 제거나 감소하기 위한 방법은 개인이나 조직에 오류도 포함되는 것이다.

1. 가지고 있는 가치를 십분 발휘하는지의 흥미 정도
2. 흥미롭고, 즐거워할 수 있는 분야의 적극적인 태도
3. 가지고 있는 모든 능력과 재능과 마음의 혼을 불어넣을 수 있고, 늘 관심의 진행성
4. 미래에 끊임없는 시간 투자를 하는 조직 분위기
5. 지속적인 연구와 공부로 그 분야를 확신 있게 개척하고 체계적으로 달성하는 프로세스 시스템
6. 같이 공유/의사결정하고 가치를 추구하기 위한 진취성
7. 의식/태도/문화/행동요인들이 연결고리로 순방향 궤도 중심의 인프라

위험 걸림돌의 해결은 자기만이 가지고 있는 현실적인 사안이지만 크게 보면 삶과 타인과 함께 가야 하는 삶의 형태이고, 조직사회의 공동체의 현실이다. 자기만의 실행은 현재 사회가 오류가 없고, 불행을 초래하는 형이 실존함을 전제로 하는 것이다. 켈리의 귀인이론처럼 개인과 타인의 행동 관찰 시 내적 요인과 외적 요인이 존재함을 인지해야 한다는 것을 알아야 하는 것처럼 생각하게 한다.

일부 기업에서는 지식의 첫걸음을 선진사의 벤치마킹으로 기반조성을 갖

는다. 자체의 부족한 점을 보완해서 현재보다는 향상된 점을 찾고 실행해서 더 많고, 좋은 가치와 성과를 추구하는 것이다. 세계적인 경영 구루(guru) 톰 피터스(Tom Peters)는 '퓨처마킹(Future Marking)'이라는 단어를 한국에 내한해서 우리에게 던져주고 갔다.

퓨처마킹이란 무엇일까?

지난 50년간 잘 굴러온 제품과 서비스, 그리고 잘 만들었던 성공의 방식들은 더 이상 유효하지 않은 시대가 왔기에, 이제는 최고를 베끼던 '따라 하기' 방식을 버리고 '제품다운 혼을 집어넣어' 세계인에게 통할 수 있는 슈퍼 창조의 서프라이즈 제품이 되는 세계인 것을 말한다. 이 시대를 살아가면서 2010년대 사람들의 생각을 해내는 것이 퓨처마킹이라고 한다면, 2020년대에는 감성마킹의 시대가 도래하지 않을까? 하고 짐작한다. 인간의 오류의 미래성은 어떻게 대처해야 하는가?

■ 인간 오류의 퓨처마킹은 무엇일까?

인간에게 오류의 퓨처마킹은 존재할까? 존재한다면 어느 산업과 어느 제품, 어느 서비스에 오류를 접목하여 미래의 가치를 창조할 수 있을까? 인간과 오류와 미래의 가치와 마킹으로 판단할 때, 오류의 퓨처마킹의 전제 조건은 인간의 존엄성이다. 오류를 사전에 제거할 수 있는 큰 프레임과 작은 프레임은 최대한 표출시키지 않게 하기 위해서는 크게는 문화를 구축하는 것이고 개인의 구성원에게는 관심의 표출이 되어야 한다.

인간의 존엄성에 대한 목표가 뚜렷해지면 휴먼 에러 관련된 각종 사회 여건과 이 여건에 힘입어 인간 중심으로 문화적인 조성이 될 것이라 확신한다. 조성이 고조에 달하면 각종 휴먼웨어에 대한 인간적인 초점의 활성화를 위한 기반조성이 달성될 수 있다. '인간의 존엄성을 위해 오류에 대한 예방과 예방의 촉진자 역할은 누가 할 것인가?'라는 전제를 두었을 때 그런 조성은 산업체와 학교와 정부가 대상을 확실히 정해서 인간의 존엄성 측면에서 접근해야 한다.

이론적인 이해도 중요하지만, 필요성, 당연성을 우선으로 이해시키는 것이 최선책이다.

인간의 오류를 재발하지 않기 위해서는 미래에는 어떻게 가져가야 하는지 제시한다.

첫 번째 조건은 그 오류를 사전에 억제하거나, 예방하는 선행관리의 시스템이나 프로세스가 구축되어야 한다. 인간 오류의 잠재적인 것들의 인자를 찾기 위한 연구가 진행되고, 기업마다 작업의 특화 위험성을 오류 측면에서 위험성 평가하는 시스템이 구축되어야 한다.

휴먼웨어의 요인인 휴먼 팩트의 연구소가 생겨서 인간의 존엄성에 소홀함이 없도록 진행되어야 한다. 퓨처마킹을 위한 목적과 목표는 인간 오류에 시발점을 두는 것이다. 지식의 출발점을 퓨처마킹의 목적에 두고 추진해야 한다. 다양한 인간의 오류에 대한 사전제거 및 잠재요소를 없애기 위한 각종 아이템도 인간의 존엄성에서 출발하고, 심연해지면 미래와 가깝게 되는 것이다. 위험에 대한 지식의 퓨처마킹은 다양화되어 있다.

벤치마킹 되어있는 항목들을 보자.

휴먼마킹, 마음의 행복 마킹, 도덕성 마킹, 휴먼 요인 마킹, 리스크 마킹, 위험 마킹, 비상사태 마킹, 화학물질안전 마킹, 안전문화 마킹, 인적 오류 마킹, 잠재적 위험 마킹, 안전한 인류복지 마킹, 무재해 사업장 마킹, 재발 방지 근원적 해결 마킹, 인간실수의 문제해결을 위한 프로그램 마킹, 선진 기업의 좋은 사례 마킹, 안전사고 예방 마킹, 인간 행복지수 마킹, 함께 사는 상생지수 마킹, 환경 마킹, 건설 무재해 마킹, 국가 재난대응 마킹, 인류 보건 마킹, 각종 선진재해의 마킹, 지역주민 의사소통 마킹, 실패사례 마킹, 안전문화 마킹

지식의 퓨처마킹에 해당하는 부분을 반영을 해보았다. 위험요인들이 존재한다는 것은 시작부터 중간 지점을 거쳐, 결론이 되는 부분까지 소홀히 해서는 안 되는 부분인 것을 인지해야 한다.

두 번째는 인간행동의 재발을 억제하거나, 근본적으로 제거해 없애는 방법이 일환의 키워드가 지식의 실행이 되는 프로세스를 구축하는 것이다. 살아가면서 자기에 대하여 너무 모른다는 것이다. 모르니 자기가 과소평가 되는지 과대평가 되는지의 기준이 없는 것이다. 자기의 현재 상태를 알기 위해서는 철저한 파악이 요구된다.

지식을 실행하기 위한 첫 번째가 자기 자신의 행동이고, 태도이지만 지속적인 실행을 유지하려면 조언자가 필요하다. 지식을 실행하기 위한 방법 중에 사람과의 해결책이 우선이고 가장 의미가 있는 것이다. 모든 것이 사람 중심의 일에서 생기는 것이다. 조언자는 좋은 점과 나쁜 점과 장단점을 알고 있는 선생님이나 친구이거나 동료이거나, 선배이어야 한다.

과거에는 모든 것을 잘해서, 단점을 보완하는 종합 만능적인 기술이나 규율을 잘 아는 사람이었으나 지금은 장점을 특화시켜 자기만을 색깔을 가지고 나갈 줄 아는 사람을 말한다. 전자의 이야기를 기업이나 회사로 비유해 보면 우리 회사의 취약한 부분을 알고 있고, 인지하고 있는 회사가 늘 발전하는 회사다. 그 부분도 지속적인 진단이나 경영이 필요하면 업무의 고문이나 전문가를 계약이나 초빙 조건으로 활용하는 방법도 필요하다.

지식을 실행하기 위해 두 번째는 로드맵(Road map)이 있어야 한다. 이 로드맵을 실행하기 위한 세 가지 조건을 제시한다.

구체적이어야 한다.

실현 가능성이 있어야 한다.

나 중심이어야 한다.

구체적이어야 한다는 것을 우리는 어릴 적부터 습관화되어 있다. 초등학교 방학 때만 되면 동그랗게 계획표 짤 때 그 내용은 아침에 일어나기부터 시작해서 잠자리 들기까지 하루 일정표를 짜고 생활하다가 방학이 끝날 때쯤 반성해보면 거의 생활계획표대로 진행한 것이 없음을 알게 된다. 점점 자라면서 자기 스스로가 시간 관리와 생활을 잘할 수 있을 것으로 판단해서 계획표는 머릿속에 두고 업무 일정표, 비즈니스 일과표, 고객과의 일정표 등으로 내 중심에서 이제는 성인이 된 상대방 중심의 일정표로 바뀌게 됨을 인식하게 된다.

생활의 기반이 되도록 인생의 생활표를 짜서 실행을 해보라고 권장하고 싶다. 하루하루에 충실해야 하겠지만 인생의 목표 실현을 위한 장기적인 목표를 세워 하나씩 목표를 세워 실행한다. 1년 단위 계획, 5년 단위 계획, 10년 단위 계획, 15년 단위 계획, 20년 단위 계획, 30년 단위 계획을 세워 추진해보는 것이다. 꿈은 희망을 품기 위한 것이고, 지식은 가르침을 주기 위한 행복의 조건이 된다.

자신의 미래가 구체적이고, 명확하게 실행되어야 할 부분을 속속들이 알게 되는 것이다. 실현 가능한 것은 목표에 달성하기 위한 자기 종합 비타민제가 된다. 자기 종합 비타민제는 신체의 영양분이 아니라 실행의 영양분으로 그 내용에는 시간, 열정, 노력, 자신감, 의지, 신념 등의 영양소가 골고루 내재해야 한다. 나 중심은 나의 조건이 정립되면, 나에 대한 조건의 생각과 사상과 지식의 식견이 넓어지면서, 우리의 조건이 정립된다. 지식의 실행이 안 되는 이유는 두 가지가 있다. 첫 번째는 남의 눈치에 만연되어 의지나 마음이 움츠리고 있기 때문이다.

지식의 실행이 안 되는 원인을 보자.

1. 남의 잘못된 것을 보려고 하면서 나의 잘못은 없다고 생각한다.
2. 자기보다 위인 상사, 잘 보이기 위한 사람에게 비위를 맞춘다.
3. 반대의견을 개진하거나 부딪혔을 때 감정을 추스르지 못한다.
4. 누군가를 '속물'이나', '난체하는 사람'으로 깎아내린다. 그것은 "내게 관심을 가져달라"라고 말하는, 다른 방법일 뿐이다.
5. 전혀 수긍하지 않은 말에도 지나치리만큼 찬성이나 동조의 반응을 보인다. (개인의 지적표현을 하지 않고 타인의 대세에 휩쓸려가는 것)

6. 누군가를 위해 궂은일 해주면서 거절하지 못했던 것에 부담을 가진다.

7. 상사의 윽박에 내키지 않은 일을 거절하지 못하고 마지못해 일을 억지로 한다.

8. 나쁜 소문을 퍼트려서 사람의 주목을 끌고 돋보이게 하므로 일의 느낌을 받게 한다.

9. 말을 걸거나 무엇인가 자기의 소리를 내고자 할 때 자기가 좋아하는 사람이 화를 낼까 봐 목소리를 내지 못한다.

10. 자기의 잘못이 없는데도 지나치게 자기의 사과를 함으로써 인정해 주기를 바라는 마음을 갖는다.

11. 고의성을 갖게 되어 주의를 삐딱하게 조성해서 다른 사람의 인정을 구하는 것이다.

두 번째는 자기 자신에 대한 걱정이 앞서기 때문이다. "걱정의 해독제는 실행이다."라는 말이 있다. 미국의 심리학자가 쓴 〈행복한 이기주의자〉 책의 내용 중에는 걱정 진단표라는 말이 나온다. 걱정 진단표를 보자.

· 자녀	· 건강	· 죽음	· 직장
· 경제	· 심장발작	· 노후대책	· 행복
· 물가	· 사고	· 날씨	· 나이 듦
· 체중	· 금전	· 자동차 사고	· 세금
· 부모의 죽음	· 다른 사람들 평가		· 아이 출산
· 내가 지금 일을 잘하고 있는가?			

서양 사람들의 걱정은 우리의 걱정과는 사뭇 다른 면이 있다. 개인적인 차이와 걱정의 이면에는 문화라는 차이는 있을 것이다. 개인적인 차이는 가정의 공통적인 것이 비중이 클 것이며, 그중 가족 문제, 경제문제, 건강 문제, 직장문제들이 현대 사회에 구성원이 공통으로 가지고 있는 문제이다. 점수화할 수는 있겠지만 걱정을 해서 얻을 수 있는 것은 없다. 아래는 논문에서 발췌한 한국형 스트레스 지수이다.

- 부모의 죽음   · 애인의 죽음   · 근친자의 죽음

- 건강   · 실업   · 과중한 업무

- 신체상해   · 상사와의 스트레스   · 고용의 불안정

- 조직 간의 역할   · 사회 활동의 변화   · 이혼

- 직장문화   · 부자연스러운 작업 자세   · 단순한 반복작업

- 과도한 힘에 의한 작업   · 천만 원 이상의 빚

- 불규칙한 근무   · 심한 소음과 진동   · 물가

한국형의 스트레스는 지방 S대 보건안전 학과의 K 교수가 학회에 발표한 내용이라 근로자 중심의 내용이고 서양의 걱정에는 심리학 교수가 분석한 것이라 다소 차이가 있을 것이다. 걱정과 스트레스를 없애는 것은 동, 서양 동일한 것이다. 어느 차원으로 접근해서 문제를 보았느냐가 이슈이다. 지식의 실행으로 다소 걱정과 스트레스는 해소될 것이다. 문제의 해결책으로 시스템, 자동화, 투자를 해서 구축함으로써 문제의 해결 실마리를 찾는 것이다. 현재의 문제라고 판단되는 요인을 지식의 실행으로 대책을 세우고, 해결책을 찾아 학문으로 접근해서 행동으로 옮기는 것이다.

#4.
지식과 정보의 중심은
실행이다

지식과 정보는 아주 밀접한 관계이다. 이렇게 밀접한 부분은 우리가 살아가는 사회에서는 수도 없이 존재한다. 안전과 사고, 인간과 오류, 생산과 판매, 증권사와 주식거래자, 생산자와 판매자, 공급과 수요, 작가와 구독자, 교수, 학생들이 항상 유기적으로 돌고 돌아가는 관계가 된다.

생활 속의 커피와 설탕, 밥과 반찬과 같은 보완재 같은 개념이며, 지식과 정보는 바가지와 물의 관계처럼 지식이 바가지이고 물은 정보가 될 것이다. 가치와 혁신, 오류와 인지, 열정과 노력, 생각과 사상 등이 포함된다. 지식은 정보에 비해 어느 정도의 고정적이고, 스피드가 완만하고 광범위가 있고, 다양성의 범위가 무한대이다.

정보는 유동적이고, 스피드가 빠르고, 필요한 부분만 적용되어 한정된 부분의 범위를 가진다. 정보는 요구되고, 취급하고, 사용되는 곳이 무한대인 것이다. 정보의 전달되는 과정을 두 가지로 얘기를 하자면, 그 얘기는 2007년도부터 하버드 경영대학원에 한국인뿐만 아니라 아시아계 여성으로도 최초 종신교수인 문영미 교수가 소비자의 심리와 혁신적인 마케팅을 강의한 내용으로 정보의 전달되는 방식을 언급한다.

첫째, 파워포인트적인 방식'이다. 파워포인트적인 방식은 세부적인 사항들을 계속적으로 제거해 나가서, 결국 그 핵심만 남기는 방식을 말한다.

두 번째는 이와 정반대의 접근방식이다. 이는 현상의 복잡성은 그대로 두고, 관찰자의 시선만 이동시키는 시선 바꾸기' 방식이다. 시선 바꾸기 방식은 세부적인 정보를 제거해 나가는 것이 아니라, 계속해서 새로운 차원으로 관점을 이동하면서 새롭게 해석을 시도하는 방식이다. 실행에도 차별화가 있다. 차별화란 "우리가 일반화된 기존 개념에서 생각과 사상에 변화를 주어 생각과 행동에 변화를 가져오게 하는 인식이다."라는 의미이다. 아래 강조한 내용은 지식과 정보에 관한 것이다. 높은 지식과 많은 정보가 있으면 고실행이고, 적은 지식과 많은 정보나, 많은 지식에 적은 정보를 가졌으면 중실행이고, 저지식과 적은 정보는 저실행이다. 고실행을 높이기 위해서는 가장 중요한 부분은 행동으로 옮기는 것인데 몇 가지 원칙을 제시한다.

■ 실행을 높이기 위한 4가지 원칙은 쉬(운것), 마(음), 다(수), 메(모)이다

1. 쉬운 것부터 실행을 몸소 실천하자.

상당히 쉬워 보여도 마음이 안 따라주면 의미가 없다. 동기부여 차원에서 한 가지라도 가치 있는 실행을 한다. 작은 것부터 실행해서 할 수 있다는 자신감을 찾아보고 실행의 효과를 느껴본다.

2. 마음의 다짐을 하자.

"모든 것은 마음먹기에 달려 있다"라는 말이 있듯이 단순하고 쉬운 것에 가치를 부여하고 시작을 한다. 마음의 다짐은 "꾸는 꿈은 현실이 된다"라는 말이 있듯이 실망하지 말고 늘 마음과 가슴에 새기고 희망을 품어야 한다.

3. 다수인에게 나의 사전계획을 얘기하자.

자기 스스로에 대한 실행이 되도록 떠벌려서 나에 관한 얘기로 집중시켜라. 많은 사람에게 자기의 사전계획을 공유한다는 것은 자기의 실천 다짐을 여러 사람에게 약속하게 되는 언약식이 된다. 거짓말쟁이나 실속 없는 사람이 되지 않기 위해서라도 자기 노력을 해야 한다. 보여주는 것이 아니라 몸소 실천인(人)이 된다.

다만 한양대의 지식생태학자인 유명목 교수가 싸가지를 존중과 배려와 감사와 겸손으로 강조한 것처럼 이 범주에는 속하는 실천이어야 한다.

4. 정보와 지식을 갖기 위한 정보력과 메모하는 습관을 철저하게 준수해라.

현대 사회는 지식과 정보의 사회다. 누구의 지식과 정보의 신뢰성과 정합성에 따라 성공과 실패를 좌우하게 된다. 국가와 사회나 혹은 회사의 존폐가 달려 있다. 지식과 정보에 대하여 많고 적음에 따라 실행의 높고, 낮음을 따라 고실행, 중실행, 저실행이라 나눠본다. 지식과 정보는 어느 하나의 프로세스를 구축한다는 가정하에 하드웨어적인 부분과 시스템웨어적인 부분과 소프트웨어적인 부분으로 추진된다고 보면 거의 일반화된 형상이다. 세 가지의 분야에 따라 지식과 정보는 목적과 과정을 통해 지식과 정보의 융합(비율의 조합)으로 구성된다. 지식과 정보의 관계만 이루어진다면 목적에 달성할 수 있다고 보는가? 아니다. 실행력이 전제되어야 함이다. 콩트 같은 이야기를 한번 되새겨 본다.

마침 전선 줄에 다섯 마리의 참새가 다른 곳으로 날아가려고 마음을 먹고 있는데 포수가 총을 겨냥하고 있었다. "현재 날아간 참새는 몇 마리인가?"라는 질문에 "다 날아갔다"라고 답을 할지 모르지만 "전혀 변동이 없다"라는 대답이 맞는 대답이다. 마음만 먹었지 실행으로 옮기지 못해서 그대로 전선 줄에 다섯 마리가 남아있는 것과 같다. 사실 그렇다. 문제의 관건은 실행이다. 실행은 행동과는 같은 맥락으로 볼 수 있지만, 정반대의 의미가 있다.

실행은 목표나 목적을 두고 인간이 행해져야 하는 강한 must 개념이고,

행동은 인간의 움직임에 일상적인 의미의 want 개념으로 의미를 이해하자.

실행은 인간에게 있어 육체적이든 정신적이든 어려움의 해결을 해주는 소스이고 양념이다. 인간이 어려움에 처했을 때 스스로의 움직임을 보여 실마리를 풀어가는 가이드의 키(key)인 것이다.

실행은 인간에게 있어 목표지향적인 의미를 부여하는 정신적인 소스이다. 잘 어우러지는 음식과 양념의 관계가 되어야 한다. 시간과 장소와 방향이 맞지 않는 소스라면 인간에게 주어지는 실행은 방향만 가지는 실행이 된다. 실행은 결과를 추구하는 과정이지만, 실행의 크고, 작은 결과만을 지향할 때는 맞지 않는 볼트와 나사처럼 헐거워지는 시간적인 갭이 필요할 때도 있다. 분명한 것은 조여서 시간의 갭으로 인해 문제가 되지 않아야 한다. 그 얘기는 볼트와 너트도 수명관리를 해서 어느 정도의 시간이 지나면 성능과 기능 측면에서 교체하거나 제 기능을 하도록 보수를 해야 한다는 것이다.

#5.
지식의 최소량 법칙을
탈피하라

최소량은 부족함과는 다른 의미이다. 최소는 작고, 적은 것을 의미하며 양은 물리적 표현이며, 부족은 모자람의 의미이다. 인간에게 지식의 부족함은 각각 원하는 만큼 혹은 목표한 것에서 못 미칠 때 나타날 수 있는 표현이다. 그렇다면 지식의 최소량은 지식의 작거나, 적거나, 모자람이 아닌 것으로 나타난다고 이해하면 될 것이다.

예를 보면 최소량의 법칙에 적용되고 있는 사례를 보자.

· 일의 전문성이 적용되어야 하는데 조금 부족할 때
· 프로젝트로 일의 신속성을 요구하는데, 감을 못 잡고 있을 때

- 조직원들이 자기 책임과 역할을 해야 하는데 그러지 못할 때
- 일의 균형과 조화가 되지 않아, 진척이 되지 않을 때
- 완료해야 하는 납기는 다가오는데 누군가 전체를 보고 대안을 내놓지 못하고 대책이 없어 삼삼오오 발을 구르고 있을 때

이런 일은 누군가 한 번쯤은 경험을 해보았을 것이다. 그랬을 경우에 제일 먼저 느끼는 것이 무엇이었을까?

일차적인 판단은 지식이나 전문성과 그리고 시간의 부족이나 결여로 판단하지 않았을까? 어떤 것은 최소량을 가져야 하는 것은 있다. 최소량은 주체가 무엇이냐에 따라 적은 것이 필요하고, 장소와 요구량에 따라 많은 것이 필요할 때가 있다.

고사성어에 과유불급(過猶不及)이란 것과 같이 "지나치면 부족한 것보다 못하다." 의미처럼 지나침이 과하면 못하다는 물질적인 것이 우선이 되면 그것도 그렇지만, 정신적인 것도 만만치 않다. 최소량에 해당하는 것은 이기심, 비판, 남의 허물, 욕심, 기만, 탓, 고집, 감정만 상하는 싸움, 만족하지 못하는 습관 등이 있다. 우리에게 있어서는 안 되는 형태지만 우리 속담엔 "사촌이 땅을 사면 배가 아프다"라는 것처럼 모두(冒頭)에서 언급한 것같이 전혀 없다고는 할 수 없다.

반대로 최소량보다 최대한 많은 것을 가지고 싶을 만큼 많을 것이다. 사람의 욕심은 아흔아홉 마리의 양을 지키려는 생각보다 모자라는 한 마리의 양을 채우기에 혈안이 되는 것과 같다. 이것들을 통틀어 만능의 시대라고 일컫고 있는 것과 상통한다. 최대한 가지려고 하는 것은 현대인에게 정신과

물질의 필요와 충분에 대한 선과 악일까? 선과 악은 상식적으로 좋은 곳으로 유도되면 선이고 나쁜 곳은 악이다. 일반적인 적용이 아니라 인간의 지식 중에 선한 것으로 추구할 수 있는 것이 무엇일까 하는 것에서 충분하게 선으로 그으면 충분선이라 볼 수 있지만, 이와 경륜, 경험에 따라 생각과 행동이 다르지 않을까 하는 생각이다.

아래와 같은 단어들이 '충분선으로 가는 요인이다'라고 말하고 싶다.

인내력, 상상력, 행복감, 부지런함, 만족감, 명랑함, 화해력, 화목함, 친근감, 열정, 노력, 감사함, 경청, 친절, 신뢰, 순수함, 학구열, 침착함, 유연성, 긍정적 사고, 따사로움, 포근함, 이해력, 소통력, 조직문화, 진솔성, 책임, 역할론

인간의 충분선은 블록 안에 언급한 28개 단어의 공통점은 인간의 행동 안에 여러 가지 요소들이 내재함을 유추할 수 있다. 이와 같은 의미 등은 아무리 최소량만 주창해도 많을수록 좋은 것이 아닌가 싶다. 최소량은 절대적인 부족으로 인해 어느 부분에 제한을 받는 것을 의미하고, 풍부하고 신선하고 만끽할 수 있는 자연의 공기나, 자연의 광물처럼 많이 매장되어 있는 최대량이란 표현이나, 풍족함의 의미는 마치 있는 것과의 관심 밖의 얘기일 수 있다. 인간에게 있어서의 정신적인 지식은 어느 누구에게나 최소량보다는 최대량이나 많은 쪽이 누구나 갖고자 하는 생각이다.

독일의 화학자 J. F. 리비히는 식물의 성장을 눈여겨보다가 특이한 점을 발견했다. 얼핏 보기에는 좋은 환경에 있는 식물들의 성장이 오히려 뒤처지

는 경우가 많다는 점이었다. 연구하다가 식물의 성장은 필요한 요소들의 합이 아니라, 필요한 요소 중에 가장 양이 적은 어느 한 요소에 의해 제어된다는 사실을 밝혀내고 이를 "최소량의 법칙"이라고 이름을 지었다.

식물의 성장에 질소, 인산, 칼리의 3가지 영양소가 필요하다고 가정하자. 인산과 칼리는 아무리 풍부해도 질소성분 하나가 부족하면 식물은 질소를 소진할 때까지만 성장한다는 얘기이다.

전체비중으로 보면 극소하고 사소한 것처럼 보여도 조그마한 것 때문에 전체의 결론이 갈린다는 것이다. 개별적인 사소한 실패에 대한 능동적이고 적극적인 태도와 조치가 필요한 것이 그 이유다.

산업 현장에서 안전작업의 안전수칙을 한 개의 항목이나 수칙을 제대로 지키지 않아 안전사고가 나는 것과 동일하며, 남자가 수백 명이 있어도 여자가 10명뿐이면 결혼은 10쌍만 성립되는 조건과 동일한 의미이다. 최소량의 법칙을 안전의 오류에 비유해 본다.

오류 없이 지내기 위해서는 가정과 직장에서는 가훈이나 가족들 간에, 집안 어른이 정한 약속을 지키는 것이 가정에서의 기준이다. 직장은 업무를 하기 위해서는 작업절차서의 기준과 작업의 수행능력의 지식이 필요하다. 기준만 운영해서는 오류가 발생하고 직업의 수행 정도의 지식만으로는 안 된다. 기준과 수행을 지킬 수 있는 것이 필요하다. 오류를 없애기 위한 수행 정도의 지식과 기준의 준수를 위해 '10'과 '10'이라는 것이 기본준수의 점수가 필요하다. 어떤 작업자나 엔지니어가 각각 '7.5' 정도의 기준준수에 부족하다고 해서, 혹은 각각의 '5' 지식만으로 전체기준의 반 정도로 준수한다고 해서 오류가 발생할까? 대답은 '예스'다. 다만 최소량의 법칙이 적용되기 때문에 발생할 여지는 많지만, 특히 취약한 부분인 빈틈이 보이게 된다. 최소량의 법칙이 적용되어 두 요소 모두 '10+α'가 되어야 한다는 것이다.

오류 발생에 대한 요인을 두 가지 요인으로 말했지만 모든 작업에 두 가지가 다 적용되는 것은 아니다. 작업의 위험, 리스크, 작업의 환경과 작업자의 작업방법, 작업관리, 작업수준, 작업절차 등의 일부 요인에 따라 중요도나 심각도나 발생빈도가 달라질 수 있다. 인간의 오류 작업은 어느 작업이든 잠재한다. 이러한 예를 들어본다.

· 원자력 발전소의 작업에서의 오류

· 철도기관사의 운행 중의 오류

· 전기의 중앙 공급실에서의 운전자의 오류

· 항공기 기장들의 운항 중의 오류

· 관제탑에 관제사의 수행 및 판단의 오류

· 댐이나 발전소에서의 운전자의 오류

· 최첨단 설비를 유지보수 시 엔지니어의 오류

· 선박에 선장의 수로에 대한 운전 판단의 오류

· 석유사들의 중앙 공급실에서의 관리자의 밸브 조작 오류

· 중앙통제실에서 근무자의 단순한 판단으로 인한 판단오류

· 지게차의 운전자가 시야 확보가 되지 않은 상황에서의 오류

이런 오류는 직장에서의 오류지만 가정에서의 오류, 학교에서의 오류, 실험실에서의 오류, 각종 서비스 직종에서의 오류는 인간행동의 근간이 됨으

로써 발생함을 알 수 있다. 최근 케미칼 사고의 이슈인 근본적인 발단은 인간의 오류가 큰 비중을 차지하고 있음에도 근본적인 대책으로 접근을 못 하고 있다. 발생을 시킨 회사나 발생을 일으킨 개인 작업자의 부주의로 원인에 대한 결론을 내렸다. 인간도 자체의 실수로 인간의 오류라고 표현하고 있다. 한국에서는 그렇게 발전한 학문은 아니지만, 인적 오류나 휴먼 팩트라고 하는 학문에 대하여 영국과 미국에서는 상당한 발전을 하고 있다. 미진한 이유는 다양한 부분에서의 발전을 시켜 가야 함에도 제한적, 회피성으로 인해 지속적인 연계가 산학으로 활성화가 부족해 상업화 중심에 치우쳐 한쪽으로 편중된 학문으로 가고 있는 실정이다.

안전에 대한 최소량의 법칙은 재발의 우려가 있다. 최소의 손실에 대한 피해 차원의 요인분석으로 집중시킬 수 있다. 오류에 대한 최소량은 지식의 한계점을 뛰어넘는 생각의 확산이나 확충이 되지 않고서는 발생의 근원적인 요인을 들추어내는 의견과 아이디어를 수렴하는 제도가 필요하다. 각계각층의 포럼을 빌어 우리 제도를 놓치고 가는 사회적, 통념적, 잘못된 인식의 전환도 필요하다. 지식의 최소량으로 볼 때 지식사회의 최소화되는 여건으로 방치된다.

최근 빌 게이츠가 서울대에서 강의했을 때 창업에 대한 사항을 미국과 한국을 비교했다.

"미국의 대학에서는 교수나 학교에서 적극 장려 및 지원하는 제도와는 다르게 정반대의 한국의 일류대에서는 교수에게 꾸지람을 듣고 도움이 안되는 관심 밖의 사항으로 운영된다는 것을 보듯이 창업에 대한 소량으로 운영되는 것과 같다."라고 얘기한 것은 우리에게 시사하는 바가 크다. 안전의 핵심화 할 방법은 최소량의 정치, 경제, 사회, 문화도 안전에 관한 관심과 선진안전의 도약하는 미래의 로드맵과 청사진을 구체적으로 제시해야 한다.

안전에 대한 최소량을 탈피하기 위한 안전의 안목만이 발전할 수 있는 계기가 되어야 한다. 경제적으로 지수를 관리하는 중요척도가 물가인 것처럼 안전도 사고에 대한 안전지수의 가중치를 두고, 특히 유해 화학물질에 대해 집중관리 하는 특화지수를 만들어 변화추이와 대응하는 부분도 절실하다. 법만 강하게 밀어붙인다고 현장의 중대 재해 건수가 줄어들까? 경영자만 밀어붙인다고 근본적인 문제가 해결되는 것은 "바다에 그물망을 던지면 고기가 언젠가는 망에 걸릴 거야"라는 착각은 현실을 모르고 일을 추진하는 것과 같다.

월간 조선에 대한 설비관리 학회의 강영식 교수가 '이태원 사고를 기계의 끼임 사고처럼 인간의 끼임 사고'라고 언급을 한 것은 안전의 중요한 부분을 짚은 내용이다. 안전의 최소량은 사람이 많으면 가정 취약한 안전 부분으로 사고가 나기 마련이다. 현재 이와 같은 부분 중에 관리가 안 되는 사각지역은 없는지 다시 봐야 한다.

지식의 기반은 연결고리인 씨드(Seed)의 작은 앎에서 여러 확장된 구성의 방법을 통해 지식의 확산을 가져가는 것이다. 확장과 전개를 통해 지식의 융합을 병행함으로써 우리가 알고 있는 학문적 탐구를 벗어나 제한된 지식의 함정에서 최대화, 추구화라는 목적 아래 행하여지는 것이 지식문화의 기틀이다. 과거, 지식의 습득은 산업시대처럼 그저 시키는 대로 '열심히 일하기(Work Hard)'만으로는 충분했다는 것처럼 끊임없는 변화와 새로운 것을 요구하는 시대에 적응하고, 경쟁력을 확보하기 위해서 창의적이고, 똑똑

하게 일하는 확산형 인재가 되어야 한다.

　인재의 지식은 최소형으로만 편벽 고루한 상태로 변화의 틀을, 무서움을, 공포를 지나 새로운 최대형의 지식활용자가 절대적으로 육성되고 적용되어야 한다. 정부 집계에 의하면 몇 해 전 한국근로자의 연평균 근로시간은 2193시간으로 경제협력개발기구(OECD) 회원국 평균보다 450여 시간 더 일한 것으로 나타났다. 일의 최대량에서 탈피하고 근무시간 속에 업무의 질을 높여 함께 갈 수 있는 안전의 질도 높여야 한다. 일을 무조건적으로 최대로 줄이라는 것은 아니다. 양적인 부분에서 질적인 가치를 추구하기 위한 실질적인 효용의 의미를 추구해야 한다.

#6.
지식의 단계를 정해놓고 가야
현실적이다

    지식은 유전적인 요소보다 환경적인 요소와 개인의 역량에 노력과 시간과 의지력이 조화되어야 한다고 한다. 지식의 수준을 알아야 할 때, 이론과 경험을 겸비한 전문적인 것으로 깊이의 정도를 분류하지 않고, 종합적인 것으로 표현될 때 지식이 높거나, 낮다고 한다. 지식이 많고, 적다고 표현하지 않는다. 분명한 것은 어느 분야이든 간에 깊이와 넓이에 대한 폭으로 판단해서 양적인 부분보다 질적인 표현으로 판단한다. 지식의 습득은 산업화 시대처럼 선배나 경험을 우선시해서 그저 시키는 대로 따라 하고, 모방으로 일괄되는 '열심히 일하기(Work Hard)'만으로는 충분했다면, 이제는 끊임없는 변화와 새로운 것을 요구하는 시대에 적응하고, 경쟁력을 확보하기 위해서는 창의적이고, 똑똑하게 일하는 확산형 인재가 되어야 한다.

인재의 지식은 최소형으로만 편벽 고루한 상태로 변화의 틀에 무서움의 공포를 지나 새로운 최대형의 지식활용자가 절대적으로 육성되고 적용되어야 한다.

지식의 수준이 내 마음을 열어주는 희망의 열쇠가 될 수도 있고, 살아가는데 겉으로 보는 운(運)과 외모와 자신의 또 다른 발전 즉 숨겨 놓은 잠재성을 추구해서 안정감을 가져다주는 일부 과정의 진도일 수 있다. 지식의 현실을 직시하고, 발전적인 매력을 갖추기 위해서는 일면성보다는 다면성을 추구하고, 여러 방면의 융합과 통합을 가져감으로써 지식의 가락 수를 가늘게 가져가는 형태가 아니라 통수를 갖게 됨으로써 지식의 동맥경화가 없도록 해야 한다.

지식의 단계는 인생의 단계처럼 일반적인 단계가 있다. 일반적인 단계는 배움의 단계 → 실험의 단계 → 적용의 단계 → 효과의 단계인 4단계이다.

지식의 단계를 4단계로 분류한다.

제1 단계는 학교에서의 지식이 배움의 초기 단계인 배움의 단계이다.

제2 단계는 사회나 배움을 근거로 활용하는 것이 실험단계이다.

제3 단계는 조직이나 단체에서 실력을 발휘해서 해결해가는 단계가 적응단계이다.

제4 단계는 평가 및 보상으로 인정의 단계를 접하는 효과의 단계이다.

지식은 모든 사람이 접할 수 있는 정신적 산물이다. 지식의 결과가 모든 산출물의 결과를 내야 하는 것은 아니지만 기업에서의 생존 목표가 효과의 단계로 이익을 창출하는 것이 우선이기 때문이다.

그 산물은 꾸물거리는 자에게는 목표를 지연하게 한다. 지식은 머리에 암기하지 않아도, 종이에 쓰지 않아도, 눈으로 익히지 않아도 최적의 방법을 제시하지는 않는다. 지식에는 수준이 있다. 수준은 개미들도 다 아는 일상적인 것부터 시작해서 천문학적인 우주 과학자만이 아는 지식수준이 높은 부분도 있다.

지식에는 많은 부분이 총집합으로 이루다 보니 공동화(空洞化) 현상이 생기는데, 문제는 인간의 지식이고, 핵심은 오류 부분이다. 인간의 지식을 추구하기 위해서는 문제가 생기기도 하는데 이를 두 가지 정도로 본다.

■ 지식의 오류에는 한계성과 시간성이 원인이다

하나는 지식의 한계성이다.

현대인들은 부족함을 인지 못 해서 오류가 일어나거나, 미비점이 발생한다. 보통 "무식은 용감하다"라고 한다. 용감은 무엇을 모르고 예측할 수 없도록 겁 없이 시작하거나 덤비기를 하는 것이다. 그러나 많은 경험을 해본 사람은 경험이나 확률을 머릿속에 두고 쉽게 의사결정을 못하고 주춤주춤하다 보니 쉽게 일에 대하여 진행의 한 울타리에서 벗어나지 못한다. 지식의 한계성을 뛰어넘을 방법은 지식의 양적과 질적인 부분으로 접근하지 말고, 지식의 도구 즉 적극적으로 활용할 도구 즉 지식을 채울 수 있는 물리적인 도서, 교육, 훈련 등을 이용하여 가치를 추구하는 방법이다. 준비는 어떻게 할 것인가?

지식의 준비성이 지나치면 허구성으로 표출될 수 있다. 현실을 직시하지 못하고, 생각으로 치우치기 때문이다. '나'라고 못 하라는 법이 있는가? 하는 의미는 지식의 한계성에 대하여 시간 구애를 두지 말라는 것이다. 한계성을 두는 것이 환경에 치우쳐 자기의 의지와 목표에 대한 현실성을 두고 결국은 한계성으로 치닫는 경우가 생겨 지식은 현실과 한계의 갭을 갖게 된다. 넘어야 하는 것은 현재의 환경에 대한 극복을 해보는 것이 우선적인 것이다. 그것이 한계성을 뛰어넘는 것이다.

두 번째는 지식의 시간성이다.

"지식은 불멸이다"라고 하는 것은 학문적인 지식도 있을 뿐만 아니라 반복성과 연쇄성, 일관성, 발달성의 추가로 지속적으로 발전해야 하는 것으로 장애요소를 일부 가지고 있다. 지식의 한계처럼 시간성의 한계를 과감히 투자해야 함에도 불구하고, 본인들 스스로 기약 없는 초, 분, 시, 일에 굴복하는 것이다. 지식은 현대인들이 쌓아가는 좋은 앎이자, 살아가는데 절대적인 생활의 절대적 자산이다. 지식은 살아가는데 생활 속의 지혜는 기본적인 필수사항이지만 인간의 오류를 범하지 않기 위해서는 지식에 대한 단계를 점진적으로 달성해 나가면서 흔한 인간 오류로부터 재발을 방지하는 인식부터 하게 되는 것이다. 작은 것부터 접근하는 방법으로 스며들게 각계각층에서 구체화하는 것이 그 어느 것보다 중요하게 추진한다면 점점 줄어들 수 있다.

PART **05**

생각의 오류

#1.
3차 산업의 핵심은
인간중심이 우선이다

요즈음 대기업과 중소기업에서의 유해물질로 인한 안전사고가 여러 곳에서 발생하고 있다. 유해물질은 사람에게 치명적인 신체의 불이익을 가져올 수 있고, 환경에 절대적으로 자연의 오염을 초래한다. 원인은 여러 가지 요소가 있겠지만 세 가지만 짚으라면 사람적인 측면과 관리적인 측면과 운영적인 측면으로 볼 수 있다.

사람적인 측면은 행동을 수반되어야 할 교육의 고하훈련이고, 관리적인 측면은 유해물질에 대한 사전 대응 시스템이고 운영적인 측면은 유해물질에 관련 하드와 소프트웨어인 부분을 지속적으로 개선해 나가는 것이 골격이다. 정확한 분석이야 건 바이(by) 건으로 분석하면 리스크 중심의 정성적

분석이나 정량적 분석으로 접근해야겠지만 안전의 오류적인 측면에서 보면 사람에 대한 의식이 큰 비중을 차지한다.

사람의 의식을 종전에는 어느 틀에 짜인 생각 상자 안에 집어넣었다고 생각하자. 상자 안에 넣었다는 것은 새로운 개념이 아니고 기존의 틀에서 정해진 사고를 집어넣고 쏙쏙 빼 쓰는 것이 생각의 기본적인 것이다. 상자를 우리말로 함(函)의 정신에서 신속히 탈피해야 한다.

그 함에는 기존 관행들이 들어있는데, 그 안을 들여다보면 빨리빨리, 대충대충, 엉성함, 이 정도쯤, 나 하나쯤, 하는 정도의 내용인 것이다. 가득 들어가 있는 상자들의 내용은 우리 산업화에 빠지지 않게 스며들고, 물들어져 있다. 산업화의 속도에 우리가 생각만큼 못 따라가는 수준이 된다. 그중에 가장 전문성과 체계적인 프로세스를 구축해서 운영해야 하는 안전은 가장 취약하고 소홀한 상태로 운영되고 있는 상태이다.

당장 눈앞의 이익에 눈이 어두워, 잘못된 꼼수나 요행은 많은 호각을 치른다는 것을 명심해야 하고, 더 나아가 경영자의 오판이 없어야 한다.

사람들은 심각한 문제가 발생하면 평상심을 잃고, 심리적으로 공황상태에 빠지게 된다. 왜일까? 근본적으로 가장 먼저 생각할 수 있는 것은 "우리 사회에는 이런 문제가 발생치 않을 것이다"라는 안일한 생각이 화를 불러온다. 안일한 생각이 결국 위험수치가 높은 절대적 생각으로 치닫기 때문이다. 잘못된 생각이고, 어느 상황에도 흔들어 놓을 수 있는 부적절한 행동이나 생각이며, 사회의 큰 문제를 야기할 수 있는 비정상적인 요인이며 기능이다.

안전모드로 얘기를 해보자.

미국의 US 스틸이 1920년대 처음으로 안전제일을 모토로 운영했던 것처럼 안전혁신의 의식화가 안전문화의 개념으로 사회와 기업체와 생산이라는 물적 결과물을 창출하는 모든 사람에게 선행관리가 되어야 한다.

현재는 4차 산업혁명이라 해서 인공지능 기술 및 사물 인터넷, 빅데이터 등 정보통신기술과의 융합을 통해 생산성이 급격히 향상되고, 제품과 서비스가 지능화되어 경제, 사회 전반에 혁신적인 변화가 나타내는 것을 말하지만, 제러미 리프킨의 〈3차 산업혁명〉에서 언급한 것처럼 "40년에 걸쳐 구축할 3차 산업혁명 인프라는 수십만 개의 사업체와 수억 개의 일자리를 창출할 것이다. 산업혁명을 완성하면 근면한 사고와 사업 시장, 대규모 노동력을 특징으로 200년에 걸쳐 회자한 영리주의 전설은 종결될 것이다. 동시에 협력적 행동 방식과 소셜 네트워크, 창의적 전문가 및 기술 인력이 특징인 새로운 시대의 개막을 알릴 것이다. 경제 및 정치 권력에서 볼 수 있는 전통적인 계급조직이 사라지고 사회 전반에 걸쳐 교점 중심으로 조직되는 수평적 권력이 그 자리를 대신할 것이다."라고 서술하고 있다.

제러미 리프킨이 3차 산업혁명은 인터넷과 재생 가능한 에너지들이 서로 융합하여 세계를 변화시키는 산업을 두고 하는 말이다. 3차 산업의 중요한 핵심 인자로 인간 중심의 안전이 병행되어야 한다고 생각한다. 그래서 시스템이 수평적 권력으로 물리적, 화학적 3차 산업의 중요한 핵심 인자와 인간 중심의 안전과 병행되어야 한다. 융합으로 선행과 예방의 기술로 기업과 학교와 정부가 삼위일체의 대안을 가지고 고민해 문제해결의 솔루션을 가져가는 것이 바람직하다.

4차 산업인 AI와 IT산업이 고개를 들고 4차 산업의 미래지향적인 먹거리로 역점을 수소, 배터리를 이용한 전기차, AI를 이용한 다양한 로봇산업, IT

를 이용한 솔루션의 다양화에 초점이 맞춰있는 실정이다.

각 기업이 있지만, 안전은 과거의 답습한 경험과 의례적인 안일한 사고방식이 만연되어 있어 선진화된 안전 의식과 안전문화를 한층 더 높여, 점프-업(Jump-Up)된 행동과 사고방식으로 프로세스에 입각한 절차가 몸에 배야 한다. 거기다가 올해부터 시행될 중대 재해 처벌법은 사전준비가 철저히 되어야 한다. 올해는 다시 중대 재해 처벌법 감소 로드맵을 발표했다.

사람을 중히 여기는 인간 중심 사상을 기반으로 하는 안전사상이 있어야 한다. 안전사상의 기반은 어느 날 하늘에서 뚝 떨어지는 것은 아니다. 기반을 잡기 위한 시작은 초등학교 때부터 안전의 과목을 반영해서 어린이 때부터 바르게 하는 행동과 생각과 의식을 심어주어야 한다. 어른이 되어 안전모를 착용해야 한다고 강조하는 것보다 어린이 유아안전을 반영해 안전모, 팔과 무릎보호대를 차야 하는 정당성을 교육하여 몸에 배게 해야만 한다. 안전은 이론에 치우친 안전과목은 실제 생활에 적응하기 어려운 부분도 있고 실제 현장에서의 익숙하지 않음에 적응이 안 되는 것도 문제이다.

"어릴 때의 버릇이 여든 간다"라는 속담처럼 올바른 사고, 올바른 행동, 올바른 의식이 건전한 사회를 만들어가는 기본이 된다는 것을 분명하게 느끼게 하여야 한다. 잘못된 것은 자기뿐만 아니라 여러 사람과 여러 분야를 병들게 하고 피해를 자초한다는 것을 인식해서 새로운 패러다임으로 바꾸지 않으면 늘 뉴스 속의 사고는 바람 잘 날이 없을 것이다. 하루가 무섭게 안전사고, 화재사고, 화학사고, 교통사고, 누출사고 등 끊이지 않을 것이다. 안전 선진국의 토대는 정부의 강력한 처벌과 규제가 아니라 국민과 기업의 근로자들이 쉽게 안전한 국가를 만들기 위한 로드맵이 운영되고 국민 정서에 맞는 시발점의 토대가 되는 기반이 구성되어야 하는 것이 우선 전제가 되어야 한다.

안전 선진국의 토대가 될 것이다. 눈 가리고 인/허가를 받고, 자재를 속이고 건물을 짓고, 지켜야 할 법적 규제를 요리조리 피해 겉만 번지르르한 형태로 운영되는 틀이 되어서는 안 된다. 그래서 추진해야 한다. 어른세대와 사회가 책임지고, 기반이 되어야 안전 개념을 가지게 되고 안전의 방식이 진전하여 안전의 생활이 되고, 안전한 사회로 이어져 안전표준과 안전기준을 잡는 터전이 되어 안전문화가 되는 것이다. 안전의 핵심은 사람이다.

안전은 아무리 강조해도 지나치지 않고, 불안한 사회는 안전사고로 인한 심리적인 압박과 정신적인 멘붕 상태를 벗어나기 위한 안전혁신의 신념을 가지고 추진되어야 한다. 한 가지는 확실하다.

최근에 기업들이 앞만 보고 왔다면 이제는 잠시 멈추고 현재의 문제점을 찾아보고, 개선의 의지를 보여야 한다. 여기에 발맞추어 정부와 학계와 기업들이 주관이 되어 완벽하게 준비해서 사고가 일어나지 않도록 적극적인 완벽 지원 판을 짜고 구축해야 한다. 완벽하지 못하고 주먹구구식의 어림잡아 매듭을 짓는 휴유증의 참상으로 연이어 발생케 하는 불안한 사회가 이어져서는 안 된다. 인간의 생명존중을 알아야 하고, 생명체의 존중함을 새삼 소중함을 인지하고, 반성해야 한다. 즉 통곡하고 반성을 해야 한다.

일을 주관하는 기업체나 일을 하는 원청이나 하청의 업체들도 무대포격인 미준수, 미인지, 무지, 무식, 무의식 등으로 일괄되는 것이 아니라, 이제는 하나라도 차근차근, 차례대로 순서와 기준에 입각해서 실행되는 방식의 변화를 가져가야 한다.

안전 의식과 연계된 안전사상이 일과 삶에 불어넣을 수 있도록 안전사고 없는 인간존중의 가치부여가 우선이다. 안전 의식의 범위는 산업 현장을 두고 있는 모든 작업자에게 해당하기도 하지만 산업 현장이 아닌 일에 대한 개념으로 가치를 부여한 작업의 부분도 포함된다. 오류 범위도 안전 의식에서 모든 발생원의 근간이 된다.

안전 의식은 산업 역군인 모든 작업자가 대상이 되고, 저학년은 안전으로 교과목을 만들어 안전의 기본적인 인식을 하게 만들고, 대학교는 지역 단위의 학생들을 우선시 채용하고, 국가는 각 지역을 지원하는 운영체계로 가는데 규제를 위한 규제를 만들지 말고 정부는 기업과 학교의 협동조합의 지식 조합체계를 만들어 기업지원의 운영체계로 가야 한다고 본다. 안전 의식의 토대는 처음부터, 초기부터, 시작할 때부터 조성이 되어야 한다. 잘못된 부분은 갭을 좁히고, 시간이 지남에 따른 문제의 강도와 빈도를 줄여감으로써 프로세스를 구축하는 방법을 구축해야 한다.

■ 안전 의식으로 구축하기 위한 요인이다

· 기본 지키기

· 바르게 사용하기

· 어린이와 유아안전의 다양화 체험하기

· 각자의 활동 범위에서 역할과 책임에 대한 생각하고 실천하기

· 어두운 부분(사회적 부분: 사회적으로 소외된 지역과 사람, 계층)에 관심 가지고 참여하기

· 위험성에 대한 인식 및 체험현장 보여주기

· 안전에 대한 바른 태도 갖기

· 안전하고 올바른 시각을 보여주기

· 사소한 부분이라도 방치하지 않기

· 나하고는 상관있는 것으로 안전 캠페인에 참여하기

· 어린이에 대한 시각적인 판단에서 잘못된 점에 사례교육

· 선진국의 좋은 사례를 벤치마킹해서 좋은 습관 심어주기

· 안전 관련 교과서 수준의 특별활동 반영하기

· 초등학교 수업에 부모의 안전교육 체험 듣기 활성화

· 유아기, 아동기, 청소년기에 대한 안전 의식 다양성 살리기

사람의 중요성 측면에서 교육은 백년 계획을 두고 실행해야 하는 것처럼 도움이 되는 교육 프로세스가 선행조건이다.

■ 인재를 만드는 단계를 보통 3단계로 나눈다

제1단계는 인재의 육성계획이 세워져야 한다.

제2단계는 미래를 생각하는 교육이 되어야 한다. 마스터 개념의 프로세스가 정립되어야 한다.

제3단계는 프로의식을 갖게 하는 것이다.

즉 생각을 품게 하는 것인데, 방향성과 적성과 하려고 하는 의지가 겸비

되면 더할 나위 없다. 인재의 비법이라 해서 이야기하는 일반성이 있는데, 그것은 장기적인 비전을 세우는 것과 단순명료하게 가르치는 언어와 더불어 윗사람이 모범을 보여야 한다는 것이다.

말과 행동과 태도와 배려와 칭찬과 자율성과 지속적인 관심, 좋은 인간관계, 신뢰 등은 좋은 선배가 후배를 가르치기 위한 전략이며 좋은 상사가 좋은 후배를 양성하기 위한 좋은 요인이다.

좋은 인재를 육성하기 위해서는 체계적으로 가르치는 방법과 장기적인 비전을 가지고 목표에 도달하기 위해서 꾸준하게 노력하고, 실행하는 것이 그 무엇보다 중요하다. 무엇이든지 초기에 기틀이 필요하다. 강조하고 싶은 내용도 초기에 최적 상태를 만들어 놓으면 그 여건에 따라 차츰차츰 레벨을 상향시키면 된다. 가령 안전 강국이 되기 위한 일환으로 초, 중, 고등과정에 안전 관련 교과서를 만들고, 그 시간을 통해 안전의 강국을 위한 초석을 만드는 기틀을 만드는 것이다.

지금 어린이 축구나 야구가 있어서 동호회나 단계별 등급화해서 저변확대와 인구가 늘어남으로써 사회 각 계층의 관심과 어린 선수들도 실력을 키우는 계기가 되고, 저변확대라는 차원에서 유소년의 체육을 밝게 하는 것이다. 안전의 궁극적인 목표는 인류의 복리 증진이다. 인재를 만드는 것, 사회의 인프라 여건을 만드는 것, 불안전하고 불확실한 사회를 한 단계 발전시키기 위한 여건 등이 안전의 강국을 만들고, 국제 사회에서 선두 역할을 함으로써 안전한 사회를 만들어 나가는 기반이 되는 것은 의심의 여지가 없다.

안전 관련 인간의 존엄성을 두고 보면 미국의 안전인증, 제품검증기업인 UL(미국의 비영리단체이고 제품인증 회사)은 더 안전한 세상을 위해 일한다(Working for a Safer World)는 미션을 고수하고 있고 108년간의 신뢰를 가지고 운영하고 있다. 한국을 내한한 간재미 부사장은 "우리의 실수가 사용자의 생명을 위협할 수 있기 때문에 UL 마크에서 신뢰성을 재차, 삼차 강조할 수밖에 없다."라고 강조했다. 앞으로의 세계는 인간존중의 안전, 인간중심의 안전이 상위화 되어 가는 안전중시의 제품, 환경, 유비쿼터스가 될 것이고, 사람 중심의 사회의 비중이 커질 것으로 판단된다.

#2.
생각의 가치를 높이면,
오류의 발생이 줄어든다

일전에 어느 책에서 아버지에 대한 자기평가를 접한 적이 있다. 일본의 아버지들은 돈을 벌지 못하면 아버지가 아니지만, 중국의 아버지들은 돈을 벌든, 벌지 못하든 아버지라는 글을 보았다.

일본의 아버지는 자기평가에 대하여 낮다는 얘기이고,

중국의 아버지는 자기평가에 대하여 높다는 얘기이다.

우리나라의 아버지는 어떨까?

어린아이들도 마찬가지이다. 어린아이가 바닷가의 모래밭에 모래 장난을 하고 있는데, 부모가 아이를 쳐다보고 있는 것을 아이가 느끼고 있을 때, 아이 스스로 나는 부모님에 대해 자기평가가 높다고 생각할 것이다. 그렇지 않고 어린아이가 무슨 일을 하든지 간에 부모가 관심이 없다면 어린아이 자신은 자기의 평가가 낮다고 판단할 것이다.

그러면 사람들은 인간의 오류에 대하여 어떻게 평가할까?

현대인은 오류에 대하여 어느 정도 알고 있을까?

오류에 관한 자기평가를 했을 때 어떻게 인식될까?

오류에 대하여 자기 적용 관심, 타인적용 무관심의 두 갈래의 시각을 가지고 평가를 하고 있다. 각 개인은 오류가 나에게 직접적인 문제를 일으키는 대상이 없다고 생각해서 평상시 관심 밖의 것으로 생각하고 잠재된 오류의 시선에 관심을 두지 않는다. 오류는 관심의 비례한 만큼 사전에 예측할 수 있다고 생각한다. 절대적인 오류는 없다. 다만 생활하고 민첩한 연관성은 있지만, 오류의 범위는 실수가 내재해 있어 광범위한 곳에 잠재된 것을 알고 있어야 한다.

오류의 시초는 인간이며, 인간의 주관적인 요인이라면 수많은 것 중에 안전학자들이 발표한 실수들, 과오들, 의사소통들, 무지, 무의식, 무시 등이 존재한다.

생활 속 오류의 예를 보자.

· 아내가 아침을 하면서 콩나물국에 소금을 넣는다는 것이 비슷한 설탕을 넣었다.
· 아들하고 같이 운동을 하기 위해 긴 바지를 갈아입고 나온다는 것이 겨울철에 반바지를 바꿔 입고 나왔다.
· 아침에 출근한다고 자동차 키를 들고 나온 것이 아내의 자동차 키를 들

고 나왔다.

· 직장 내 부하직원의 생일카드를 집에다 작성해 놓고 와서 다음 날 되어서야 전달하는 상황이 되었다.

· 친구하고 시간약속을 점심에 해놓고 까맣게 잊어버리고 있다가 시간이 지나고 나서야 친구 전화 받고 알게 되었다.

오류라고 하는 것은 그 안에 인지, 착각, 망각 등 많은 것을 포함하고 있다. 그중에는 생활 속의 실수, 무지, 미숙, 미적응, 미시행, 시간의 오류, 생각의 오류, 평가에 대한 오류, 수행의 오류, 정보의 오류, 감각의 오류, 행동의 오류, 전달의 오류 등 많은 오류가 존재하고 있다. 인적 오류에 대한 분석이 현재까지도 실행 중이다.

프랑스의 시인이며 상징시로 유명한 폴 발레리는 "생각하고 살지 않으면, 사는 대로 살게 된다"라고 한다. 생각하면서 산다는 것은 행동으로 옮기기 전에 한번은 쉼을 가지고 여과를 해서, 더 한 번의 진전된 생각과 다음을 생각함으로써 의미와 오류를 줄이는 갭이 된다. 사는 대로 산다는 것을 즉흥적으로, 여과 없이, 생각 없이 산다는 것으로 그만큼 목표에 대한 절실한 혼이 없이 이어지는 행동으로 산다는 것을 의미한다.

행동의 추구중심 속에 빨리, 빨리는 오류가 발생할 수 있는 여지가 많아 느림을 추구하는 것은 시간의 빠름보다 안전에 느림을 추구하는 것이다.

오류를 없애지 못하면 최소화시키는 것이 상책이다.

우리가 살아가는 데 오류를 얼마나 지식으로, 생각으로, 행동으로 의식으로, 태도로, 환경으로 벗어나서 생활할 수 있느냐를 접하게 된다. 많은 손해와 상처와 피해를 최소화하거나 재발을 없애기 위한 우리의 삶이 숙제이다. 제이 세퍼라는 미국인이 벌이는 스몰 하우스(Small House) 운동을 일본과 미국이 벌이고 있는 것으로 물건을 내려놓고 단순하게 살아가면서 무엇이 중요한지, 행복한지, 깨닫게 되는 것 같다.

오류는 아주 간단하고, 단순하면서도 가장 기본적인 곳에서 놓치고, 잊어버리고, 실수로 이어지는 반복의 연속이다. 오류를 세대 간으로 옮겨 보자. 생각의 차이는 있겠지만 오류는 인간의 생각과 행동으로 세대 간에 많은 편차를 가져올 수도 있다는 전제를 두고 생각한다. 다만 오류는 자기의 잘못만 얘기하는 것뿐만 아니라 실수에서부터 조그만 오류까지를 포함한다고 보자.

■ 오류에 대한 20대에서 70대까지의 세대별 간평해 본다

20대는 자기평가의 오류를 개인 무방비라고 정의한다.

자기가 어떤 오류를 범하고 있는지 인지 및 예비책이 없는 세대이다.

전체는 아니겠지만 가령 텔레비전만 보는 세대에게 창조적이고 기발한 아이디어를 기대하는 것은 오류이기 때문이다. 꼭 그렇다고는 보기 어렵지만, 가능성이 크다는 것이다. 20대에는 자기에 대한 가치 성찰의 혼돈이 있는 세대이다. 군에도 갔다 와야 하고, 학교도 마쳐야 하고, 취업도 해야 하고, 결혼도 해야 하는 상황이다 보니 자신에 대한 오류에 대하여 관찰준비가 안 되는 상태가 된다. 인생의 목표에 처음 접하는 도전이다 보니 결국은 개인이 경험으로 넘어가야 하는 오류를 사전에 인지 못 하게 된다.

30대는 자기평가의 오류를 환경 무방비라고 정의한다.

환경적인 부분에 대하여 즉각적인 반응이 서툴고, 돌변적인 상황에 대한 환경과 경제적 환경과 주변의 환경에 대하여 온전하고 완전한 대응이 서툴고, 완벽한 상태가 아니기 때문이다. 자기의 행동에 대한 오류의 자기평가는 사회적응 편이 강할지 모르지만 자기 줏대의 평가는 오류를 근간으로 해서는 약하다.

40대는 자기평가의 오류를 조직의 무방비라고 정의한다.

40대는 개인의 생활 속의 오류보다, 어디엔가 소속된 조직에서 융화되지 못하고, 모난 돌멩이처럼 자기와 남과의 조직 속에 우리라는 끈끈한 조직력을 보여야 하는 세대임을 고려할 때 나타나는 세대일 것이다.

그 사례를 하나 들어본다.

부서장들끼리 회사 연수원에 입소해서 교육을 받고 있었다.

그 교육은 부하직원들하고의 조직 활성화를 위한 그룹장 교육이었는데 강사 한 분이 핸드폰을 들어 보이며 "다 핸드폰을 가지고 계시죠?" 하는 것이었다. 그룹장들은 "예"라고 하면서 핸드폰을 들어 보였다. 그 강사분은 문자로 자기 부하직원에게 수고의 말을 문자로 보내서 제일 먼저 답장의 문자가 온 분에게 선물을 주겠다고 했다. 그러자 다른 조의 부서장 한 분이 문자를 보냈더니 "제일 먼저 문자메일 답장이 왔습니다."라고 했다. 그 강사분은 "문자 메시지를 어떻게 보내고, 어떻게 받았는지를 설명해 보세요"라고 했다. 그러자 그 부서장은 설명하기를 "조 과장, 고생이 많구나, 내가 없어도 열심히 하고 있구나"라고 하니, 그쪽에서 답장이 "부장님 평상시 하시는 대로 하세요"라고 답장이 왔다고 했다. 이 부서장은 조직의 관심에 대한 무방비이다. 평상시 부하의 관심과 칭찬에 인색하신 부장이 하지 않던 안부 문자를 보낸 행동으로 느닷없는 관심과 배려에 부하직원이 이상하게 생각하고 답장이 온 건이다.

50대는 자기평가의 오류를 가족의 무방비라고 정의한다.

50대는 가족에게 사랑을 부은 사람과 붓지 않는 사람과의 차이가 가족 구성원에게 제일 먼저 나타나는 세대이다. 자녀가 어떤 생각으로 사는지, 어떻게 지내는지, 앞으로의 계획은 무엇인지를 알고 있는 아버지가 있는가 하면, 전혀 모르는 아버지도 있다. 바깥의 일로 시간이 없어, 코 베어 가는 세상에 살아남기 위해 완전무장한 정신으로 바삐 사는 아버지라고 생각하는 사람치고 가족에게 점수가 많은 아버지는 없을 것이다. 가정에 사랑을 쏟아붓지 않고 세상에 살아남기 위해 세상과 타협하며 사는 인생이다. 사회에 적응만 하는 아버지가 전부는 아니지만, 가정에 충실하고, 직장에도 충실한 아버지는 이전세대보다 현재의 세대가 더 많음을 실감하고 있다.

60대는 자기평가의 오류를 세상의 무방비라고 정의한다.

60대는 세상에 대하여 어떠한 어려움에 대하여 극복과 능력이 조금씩은 부딪치게 된다. 조금은 버거운 세대이다. 전부 그런 것은 아니지만 일반적인 부분이다. 여기서 울타리를 벗어나는 세대가 얼마나 되겠는가? 그렇게 많지 않을 것이다. 60대는 세상과의 육체적인 부분, 정신적인 부분, 경제적인 부분, 사회적인 부분이 부딪치기에는 무방비이다. 회사에서의 정년연장으로 조금은 나이를 인식하지 못하고 일과의 업무는 다소 연장이 되었다. 그렇지 못한 사람들은 60대라는 장벽에 걸리게 되면 세상의 무방비라는 철책에 걸리게 된다. 사전에 100세 준비를 한 사람들은 60은 숫자에 불과한 장애물이라는 인식을 하고 있다.

70대는 자기평가의 오류를 개인의 무방비라고 정의한다.

70대는 가족, 친구와 벗하며 살되 인생에서 해보고 싶은 것을 하되 안 하면 후회하는 것을 해보는 나이이다. 색소폰을 배운다든가, 동양화를 배운다든가, 헬스에서 건강미를 추구하는 것 등이다. 세상을 살아가면서 세대별로 자기평가의 오류가 어떻게 변화하는지 보았다. 개인적인 편차는 개인적인 견해일 수도 있다. 자기평가의 오류는 항상 존재하고 있으며, 단지 오류의 직접적인 피해자가 되지 않기 위한 행동과 삶의 바른 공식을 제시하기 위해 건강과 지식과 취미를 추구해보자,

오류를 범하지 않은 PAL, PAW가 돼라.

인간이 자기평가의 오류를 범하지 않기 위한 4가지를 항상 인지하길 바란다.

하나는 자신이 속한 곳을 분명히 알고 있어야 한다. (Place) 목적의식이 확연하게 나타남으로써 다른 생각을 못 하게 된다.

두 번째는 사랑하는 사람과 함께 속해 있다고 본다(Love). 그러면 조그만

일이라도 정과 성이 들어가 있고, 사소한 해결문제도 대충의 근성을 사랑이 있도록 열과 정을 통해 매듭을 짓는다.

세 번째는 목적을 위해 가치 있는 것이어야 한다. (Purpose) 가치 있는 목적, 책임과 권한이 있음으로써 방치되지 않고 계획하게 끝맺음을 좋게 한다.

네 번째는 자기 일을 하는 것이어야 한다. (Work) 전문성과 빈틈없는 일로 문제의 소지가 없게 된다. 이것을 팔파우(Place And Love, Purpose And Work) 원칙이라 정해본다.

#3.
생각의 변화를
구축하라

안전의 불상사를 없애기 위하여 불안한 상태나 행동의 결과보다 사람의 인적요소 즉 인적 오류에 해당하는 것을 예방키 위해 인간의 절제된 생각이나 의식이나 사고(思考)와 나아가 문화가 강조되어야 한다.

인간 오류는 다양한 원인에서 일어나고 있지만, 특히 인간의 사려 깊은 오류가 없는 수준이 되어야 한다. 오류는 어떤 관점으로 접근하느냐에 따라 차이는 있다. 그러나 대부분은 지식의 수준에서, 의식의 수준에서, 작업자의 수준에서, 행동의 수준에서, 프로세스의 수준에서, 정보의 기술, 의사소통의 기술, 규율의 수준, 시간과 수행의 수준에서 일어난다고 본다. 지금도 어느 곳에서는 인간행동의 오류를 분석하고 예방키 위해 현장에서는 새로운 이론을 정립하기 위해 노력해서 신 이론(New Theory)을 정립하고 있는 지도 모른다.

인프라 측면에서 추가적인 부분이라면 환경 부분이 큰 이슈가 될 수 있다. 작업환경과 인적환경과 기술환경 등으로 나누어 볼 수 있다. 오류에는 인간의 생각 메시지를 필히 가지고 있어야 하는 것도 인간의식과 행동을 수반하기 때문이다. 오류를 예방하기 위한 사고(思考)적인 측면에서 인간행동에 핵심의 원칙 3가지를 제시한다.

■ 인간의 사고(思考)적인 인간행동의 핵심원칙 3가지를 제시한다

인간에게 있어 특히 행동은 생각과 동시 수행되어야 하는 부분으로 오류를 범하지 않게 하기 위한 인간행동의 수칙을 알아보자. 사고적인 부분은 구성요소가 누구인지 간에 중요한 정보를 제공함으로써 알아두기 위한 원칙이다.

1. 사소한 부분을 지나치지 말자.

안전학자 하인리히에서 따온 하인리히 법칙 1:29:300에서처럼 1건의 사망사고가 발생하면, 29건의 경·중상해가 발생하고, 300건의 경미한 사고가 발생한다. 결국은 사소한 부분은 우리가 소홀히 함으로써 참사를 가져올 수 있는 부분이다. 왕추이의 〈디테일의 힘〉에서도 작은 힘의 차이는 많은 큰 힘을 발휘하듯이 사소한 부분부터 중요시해야 한다고 강조하고 있다.

우리가 느끼는 사소한 부분은 많은 부분에서 실패와 오류의 결과로 표면화되고 있다. 최근에 화학 사고와 건설현장에서 개구부에 대한 추락의 부분들은 인간의 오류로 인한 부분이다. 또한, 탱크를 옮기면서 밸브를 잠그지 않아서, 배관을 밟아 배관이 깨져서, 기준대로 작업하지 않아서, 정기적인 점검을 하지 않아서, 불량시공이 되도록 방치되어서, 제대로 된 감리와 시공으로 표식을 하지 않은 결과와 지켜지지 않는 시민 의식도 거기에 한몫을 더하고 있다. 모든 사고와 사건은 사전에 징조와 징후가 있게 마련이다. 능력과 기준에 입각해서 운영관리를 해야 한다. 안전사고들이 대책을 근본적으로 접근을 못 하고 눈앞의 단기적인 해결책만 강구하고 있기 때문이다.

2. 실패학을 철저히 공부하자.

개인에게 있어 실패학을 공부하기는 쉽지 않다. 그러나 조그만 조직 구성원이라면 실패학보다는 실패에 관한 숙지를 하거나 염두에 둬야 중요한 부분에서 그릇된 결과를 초래하지 않는다는 것이다.

오류의 결과는 사건 사고의 크고, 작음으로써 나타나는데, 문제는 동일한 형태의 재발이나 삼발(재발이 추가되는 것)이나 사발(네 번째 발생의 줄임말)이 생긴다. 한번 발생이 되면 재발 방지나 대책을 세워 지적당한 사항이나, 미흡했던 사항, 불합리로 지적된 사항, 기준에서 벗어난 사항으로 나타날 수 있다. 반복이나 학습 교육이 안 되어 실행을 못 하였을 경우이다. 습성은 재발과 삼발, 즉 두 번, 세 번씩 발생해도 각자 생각하는 입장과 환경이 다르다 보니 전체를 생각하는 것이 아니라 "나"만을 생각하거나 "나" 위주의 위치만 고집하게 된다. 이처럼 나에게 관련된 사항이 아니면 쉽게 관여를 하지 않는 것이 더욱 문제가 되고 있다. 문제에 대한 의구심 없이 안정의 사정거리로 정의를 내린다.

3. 초실행률을 높여라.

실행과 구별해서 초실행률로 구별한다. 실행은 패스트 팔로워(Fast Follower), 테이크(Take), 유지개선, 익스플로이테이션(Exploitation: 활용)이고, 초실행(Neo Execution)은 패스트 무버(Fast Mover), 메이커(Maker), 혁신, 창조, 익스플로레이션(Exploration: 탐구)으로 구별된다.

오류를 줄이기 위한 실행은 열 번의 생각보다 한 번의 행동이 중요하고, 실행의 결과를 말하는 것이며, 오류의 큰 것이 작음으로, 빈도수가 많음에서 적음으로써 나타나야 한다. 실행은 미루는 것이 아니고 아주 사소한 부분이라도 지나침이 없이 즉시 조치를 함으로써 줄어드는 것이다. 오류는 남녀노소 없이 발생하는 것인 만큼 경륜과 나이와 전문성을 따지지 않고 주의를 하지 않는 모든 사람에게 해당이 된다. 생각의 변화에 관한 토론의 내용이 있어 언급한다.

오류를 실행이라 표현치 않고 초실행으로 표현한 것은 인간행동의 핵심원칙으로 시간적이고, 추진 세력이 톱-바텀(Top-Bottom) 간에 일체가 되어 움직여 분위기 조성과 기존의 인적 오류 및 오류에 대한 일에 대한 비중과 구성원들의 경각심을 갖추어야 한다는 의미에서 초실행이라고 표현한 것이다.

J 일보 J Sunday 미래 탐사팀은 재미있는 회의를 열어 〈10년 후 세상〉이

란 주제를 가지고 토론했다. 그중에 인간과 관계된 생각과 지식에 대한 이슈가 있었다. 김남도 교수(서울대 아동 소비학부)는 "기술에는 로드맵이 있지만, 사람에게는 없다. 기술변화보다는 사회변화와 가치관, 소통방식, 생각의 변화를 중요시해야 한다."라고 했다. 결국은 생각의 변화는 여러 분야에서 미래의 중요가치 요인으로 발전하는 기술로 다양화될 것으로 예측하는 것이다.

더불어 건강과 웰빙에서는 뇌와 기계가 연결되는 산업혁명, 가정과 사회에서는 남과 여의 역할에 대한 크로스 오버 가속화, 첨단기술에서는 인공지능으로 기계와 사람보다 똑똑해지는 변화, 소셜미디어에서는 인간의 욕망으로 끝없이 변종 욕구하는 네트워크로 욕망 발전소 등으로 주제 중심을 서술하고 있다.

생각의 변화는 다양한 분야에서 많은 비중의 형태가 있다. 그 분야는 인간의 행동에서 비롯되는 오류, 안전, 실수, 의사결정, 권한위임, 동기부여, 갈등관리, 산업심리, 전기관리로 변화관리와 리더십에서 주창되는 형태로 내포되고 있다. 인간에게 있어 생각의 변화는 바른 것만이 결과를 유추할 수 없다. 반대로 그릇된 결과를 가져오기도 한다.

"21세기의 지식사회에서 배움에 끝이 없다"라고 미래학자인 피터 드러커가 주창하고 있듯이 생각의 시발점은 주로 지식이 동기부여가 됨으로써 무한대임을 가시화하고 있다. 현재가 생각의 변화를 가져오는 초기형태의 시기였다면 미래는 실행의 변화를 추구할 행동에 관여하는 실행시간이 된다. 현재 생각의 변화는 지금, 이 자리에서, 즉시, 실행할 수 있는 것부터 찾아보자. 작은 실천이 크게 되는 것은 동기부여의 출발점이기 때문이다.

산악인인 엄홍길 대장이 늘 하는 얘기가 있다.

"등산하기 전 등산화를 몇 번을 턴다. 작은 결함이 생명을 앗아 갈 수 있기 때문이다"라고 한다. 그분은 스몰(SMALL) 이론을 강조했다. 크게 되기 위해서는 작은 것부터 챙겨보자는 생각이다. 많은 것을 느끼게 하는 생활철학이다.

사소한 것부터 시작해 생각과 행동에서 미세하게나마 보이면 놔두지 말고 초기에 제거하는 것이 오류를 더 크게 만들지 않는 방법이다. 그러나 시간으로, 환경으로, 성격상으로 다른 일의 우선순위에 밀리거나 다른 이유로 인해 위로 제쳐 놓으면 침소봉대가 될 수 있다. 생각의 변화를 가지지 않은 NASA의 각료 얘기도 빠지지 않는다.

1986년 우주왕복선 챌린저호 발사 시 하루 전날 부품에 문제가 있다고 업체기술자들은 나사(미항공우주국: NASA)에 발사 연기를 요청했지만, 부속품인 오링이 섭씨 11.6도 떨어지면 탄력성이 떨어져 큰 결함을 가졌고, 예상 발사온도가 섭씨온도이고 일부 부식이 됐음에도 불구하고 발사 진행을 하게 된다. 결국은 발사된 지 73초 만에 공중 분해되지만, 그 안에는 나사 관료들은 24회 걸친 성공으로 검증과 절차를 소홀히 하는 과거의 사고방식을 갖고 있었기 때문에 변화되는 사고의 변화에 적응하지 않았다는 결과를 초래하게 된다.

생각의 변화는 때에 따라서 시간도, 일말의 노력도, 거는 기대에 따라 부응하지 못하는 위기상황이 와도 감수할 때도 있어야 한다. 절제된 생각은 많은 사람의 변화에 순응하는 기회가 된다.

#4.
생각과 지식의 첨가제는
피드백이다

피드백은 되돌리기이다. 어떤 방향과 어떤 용도에 따라 다시 돌리기를 하는 역할이 중요하다. 쉽게 말하면 피드백은 자기가 받아들이기 위한 조직과 구성원의 업무의 양과 질에 대한 수평과 수직관계의 것이다. 피드백의 대상은 매끄러운 일의 진행, 신속한 데이터의 공유로 인해 일의 납기 달성, 성과 가시화, 일의 진행 과정을 보기 위한 업무, 조직의 활성화, 조직의 문화, 행동 등은 자기 노력 여하에 혹은 조직의 지원과 협업으로 인해 조직에서 개인의 성과를 가시화할 수 있는 내용이며 프로세스이다. 그중에 한몫하는 게 일을 받은 사람과 시킨 사람의 원활한 의사소통의 한 방법이다.

어린아이는 피드백에 대한 의사소통이 자기와 부모, 자기와 선생님, 자기와 할아버지와 할머니하고의 관계, 친구 간의 약속 등으로 거부반응에 대하여 거의 미미하기 때문에, 피드백을 받아들이는 능력은 대개 청소년이나 어른보다 더 훨씬 뛰어나다. 즉 거부반응에 얼마나 잘 대처하느냐에 따라 피드백을 수용하는 능력이나 피드백의 정확성에 대해 이의를 제기하는 능력이 달라진다.

개인과 조직의 업무 수행능력을 컨설팅하는 조셉 포크만 박사는 피드백에 대한 거부반응이 3단계로 나타난다고 한다. 피드백하면, 낮은 단계는 자기 합리화를 시키는 것이어서 필요 없다거나, 피드백 상황에 대하여 나쁘지 않다고 생각한다는 것이다. 중간단계는 훨씬 의식적이지 못하고 자신이 반응조차 자각하지 못하고 있다는 것이다. 가장 높은 단계인 거부반응은 자기가 전문가이어서 문제가 없다고 하면서 문제가 제기되면 무시해 버린다는 것이다.

■ 피드백을 개선하기 위한 3가지 방법을 제시한다

하나는 피드백은 단방향이 아니고 쌍방향이어야 한다.

피드백은 속도와 방향을 가져야 한다. 그러기 위해서는 피드백의 중요성은 의사전달과 일에 관한 특성파악을 하기 위한 정확한 제시와 이해와 충분한 해결점의 공감대가 되어야 한다. 한쪽은 외면에 관한 얘기를 하고 있는데 한쪽은 내면의 얘기를 하는 것은 공감 형성의 대역폭이 클 수 있어 서로 간의 공감대에 대한 갭의 최소화를 하는 배려자세가 되어야 한다. 문제해결

중심의 과제라면 일에 대한 균형의 중심이 양과 질에서 되어야 한다. 일에 균형은 거시적과 미시적인 형태의 양적 추구보다, 일에 특성의 분류와 대응책이 갖추어져야 한다.

둘째, 피드백 생각의 본질은 행동이 근간이 되어야 한다.

개인의 피드백의 결정적인 단계는 행동을 유지하고, 강화하고, 지속적인 팔로우가 되고, 일의 방향에 대하여 빠른 무버가 되어야 한다. 인간의 피드백에 기본자질은 생각과 지식이 선행되어야 한다. 피드백이 이루어지지 않을 때 인간은 피드백의 생각과 지식을 갖기 위한 조건이 있다. 다섯 가지를 제시한다.

1. 인간의 생각과 지식은 나에게 있어 어떤 선행의 가치가 있는지?
2. 인간의 생각과 지식은 우리에게 있어 피드백이 얼마만큼의 성과측정이 될 수 있는 역량의 가치가 있는지?
3. 인간의 생각과 지식은 조직에 피드백의 장점을 최대한 시너지를 극대화해서 효용의 증대를 줄 수 있는지?
4. 인간의 생각과 지식은 우리의 생활 속에서 몸에 밴 피드백이 되도록 하려면 어떤 연결고리 방법을 만들 수 있는지?
5. 인간의 생각과 지식은 서로 다른 조직 안에 뜨거운 감자처럼 문제 발생 시 피드백이 어떤 책임과 해결이 있는지?

사람들은 갖가지의 피드백 부분에서 해결할 방법으로 간구책이 주어지면 단순한 업무처리의 방법보다 자신들만의 해결책과 비교를 하려고 한다. 기준을 가지고 비교하고 대안을 내어 최적안인 방법이나 최종적인 연결고리에 대하여 중요인식을 가져야 한다.

셋째는 피드백은 방향과 속도를 가져야 한다.

피드백의 방향과 속도는 마치 뉴턴의 법칙과 같다. 뉴턴의 법칙인 F = ma 인데 힘은 그 물체의 질량(정지된 상태)과 속도에 비례한다. 힘은 피드백이고 방향은 질량이고 속도는 추진력과 비교할 수 있다. 피드백은 방향과 속도를 가져야 물리적 힘을 가질 수 있는 것과 같이 피드백도 명확하게 누구에게, 무엇을, 어떻게, 어떤 방법으로 루프를 타고 운회를 해야 한다.

많은 방향과 수많은 속도에서 주체와 객체가 명확하지 않으면 주인 없이 휘날리는 태극기가 될 것이다. 고사성어에 비유한다면 "호랑이에게 물려가도 정신만 차리면 된다"라는 말과 같이 피드백의 주체는 큰 프레임이 되어야 한다.

피드백은 많은 정보의 홍수 속에서 내가 잡아야 할 것과 내가 참고로 해야 할 것과 내가 직접 추진해야 하는 것이 있다. 자신이 주관적이든 객관적이든 중간역할이든 필요한 것이다. 때에 따라 지시하거나 보고만 해야 하는 것 등 많은 것들이 분류 속에 있다. 중요한 것과 중요치 않은 것과 긴급한 것과 긴급하지 않은 것과 사소한 것과 그냥 지나쳐서는 안 되는 것이 있듯이, 당장 해야 하는 것과 시간을 두고 해야 하는 것들이 내재해야 한다. 피드백은 1차와 2차원적인 것이다. 방향만 가졌다면 먼저 1차원적인 피드백으로 생산물을 투입하면 결과물만 산출되는 것으로 즉 원인에 대한 결과물이 되는 것을 말한다. 2차원적인 피드백은 방향에 속도 즉 추진력이 있어 우선순위에 대한 비중을 가져야 한다.

피드백은 여러 가지 사안 중에 자기가 중요하게 느끼는 수준인지는 결과적으로 높은 수준인지, 중간 수준인지, 낮은 수준인지를 느껴야 실질적인 피드백의 효과를 감지하여야 한다. 모든 일의 시작과 중간과 끝에는 피드백은 있어야 하고, 항상 움직여야 한다. 진정한 일의 첨가제 같은 사항들을 알게 되는 것이다. 일의 주체는 나이고, 일의 실체는 내 생각과 행동과 지식이 내재된 소유의 크기이다.

#5.
생각의 단계 중 최고점인
강점에 도달하라

인간이 다른 고등동물과 다른 것은 생각, 즉, 사고(思考)라는 관점이다. "인간은 생각하는 갈대이다"라고 한 파스칼도 인간의 생각하는 존엄성을 높은 가치를 두었기 때문이다. 행복한 돼지보다는 불만족한 소크라테스가 되길 원한다고 주창한 철학자인 아리스토텔레스도 인간이 가지고 있는 의식 가운데 생각하는 인간임을 우선 순위화했기 때문이다.

의식 있는 인간이라고 해도 모든 부분에 강점을 가질 수는 없다. 그중에 가장 바닥에 있는 부분이 약점이고, 그것이 개인의 가장 취약한 부분이다. 인간은 자기의 취약점을 겉으로 나타내기를 싫어하고 겉으로 그 치부가 드러나면 자존심이 상한 것으로 생각하고 열등감이나 모멸감을 표출하게 된다. 인간의 가장 취약한 것을 강점화하기 위해 도식화과정을 단계화한다.

약점제거 → 부정 → 확인 → 탐험

→ 공유 → 보완 → 극복 → 강점

약점에서 강점을 만드는데 위에서 지시한 박스 안의 흐름도처럼 8단계를 거쳐야 한다고 소프트 회사와 맥킨지에서 문제해결 전문가이자 전략가로 강의를 하고 있는 크리스토퍼 호에익 회장은 말하고 있다. "인간에게는 누구나 가장 취약한 약점이 있고, 제일 자신 있는 강한 강점이 있다"라고 말하고 있다.

인간의 약점에서 강점에 이르는 흐름을 보았다. 8단계의 첫 단계는 약점을 제거하고, 부정적인 시각 및 생각을 없애는 것이다. 부족한 부분에 대한 확인과정을 거쳐서 약점을 실행중심으로 보완하고, 탐험의 경험 중심으로 강점의 단계를 통해서 개인적으로 단계를 보완한다. 공유를 통하여 무지와 경험의 미숙한 부분을 숙지하게 해서 강점에 대한 보완단계를 거쳐, 자기의 최종 단계에 다가갈 수 있는 단계를 걷게 되는 과정이다.

단계를 반으로 줄이면 4단계인 취약, 약점, 장점, 강점으로 나눈다.

■ 인간의 약점과 강점이 있는 형태에는 세 가지 유형이 있다

첫 번째에는 약점을 느끼지 못하는, 현재의 수긍형이다.

약점보다 다른 점이 그 부분을 보완하기 때문에 현재의 약점을 느끼지 못

하는 현재 수긍형이다. 스스로 자기의 약점을 보이고, 개선에는 둔감하면서도 개혁의 마음을 가지지 않는 사람이 8단계 부분에 표현을 하라고 하면 약점제거가 된다.

두 번째는 약점을 크게 보완하지 않고 그렇다고 강점을 크게 장점화 하지 않는 혼합용이다.

현재 만족형으로 8단계 중 탐험에 가깝고, 그렇다고 전형적인 탐험은 아니고 보완에 약간 미치는 형태이다.

세 번째는 완전한 강점 추구형으로 자기 변혁형이다.

현재의 부족한 것을 부단히 노력하고 끊임없이 자기계발을 하는 형이다. 현재의 입체적 사고의 방식으로 변하는 체질로서 8단계에서 얘기하는 완전한 보완과 극복과 강점을 가지는 형식이다. 강점 추구형으로 분류를 했지만, 이 타입도 내용을 함축시켜 진행한다고 보면 부족한 것을 부단히 노력하고, 끊임없이 자기계발을 하는 형이다.

인간은 자기의 취약점을 겉으로 나타내기를 싫어하고 겉으로 그 치부가 드러나면 자존심이 상한 것으로 생각하고 열등감이나 모멸감을 표출하게 된다. 2단계로 함축시키면 취약과 약점을 1단계로 정해놓는다고 하자. 2단계로 장점과 강점을 2단계로 볼 수 있다.

결국은 1단계에서 확신의 단계 즉 거부, 방어, 편중, 자신 부족, 인력, 소홀, 부족, 결핍, 사각지대, 미비한 단계에서 한 단계를 점프업 하는 전념의 단계로 넘어야 한다. 그래야 포옹, 거시적 식견, 전체, 이해, 지목, 명확한 판단, 완전한 이해력, 판단, 집중력, 예측, 선행관리의 개념을 가진 장점이 될 것이다. 인간의 생각을 강점화하는 방법으로는 약점을 명확히 알아야 하는 전제 조건이 있다.

인간의 약점은 어느 관점으로 보호하느냐가 크게 좌우한다.

우리가 초등학교 다닐 때 하루 일과표라고 생각했던 생활계획표라는 것을 염두에 두고 이야기를 해보자.

삶의 일과표를 한번 만들어 적어보자.

어떤 일과표는 8등분 하기도 하고, 사람에 따라 10등분 하기도 한다. 삶의 일과표를 삶의 수레바퀴라고 생각해보자. 수레바퀴에 채워질 삶의 내용과 일정의 비중이 큰 것으로 정리해서 칸을 메울 수가 있다. 삶의 계획은 원의 분활관에 자기의 용도에 따라 칸이 채워질 것이다. 정해진 트랙만 도는 경주마와 야생마의 차이를 두고 보면 경주마는 트랙만을 보고 무작정 달리면 되는데, 야생마들은 피해야 할 곳이 어딘지를 끊임없이 생각하고, 천천히 달려야 할 때와 질주할 때를 매 순간 판단해야 하므로, 경주마는 달리기 위해 생각을 멈추지만, 야생마는 생각하기 위해 달리기를 멈춘다.

인간의 강점을 만들기 위해서는 삶의 수레바퀴에 내용을 전념으로 내용을 채우면 된다. 전념의 단계는 인간의 필요에 대한 욕구와 본질적인 강점을 추구하기 위한 중대한 사항으로 채워야 한다.

· 삶의 주최는 누구일까?
· 명예를 위해 나가는 사람일까?

· 물질적으로 가진 것이 많은 부유한 사람일까?

· 현대의 시간에 집착해 가정의 삶을 버린 사람일까?

· 진정한 삶을 모르고 타인의 고통을 주며 사는 사람일까?

삶의 주최는 잘나가지 않아도, 멋지지 않고 투박해도, 시간에 쫓겨사는 사람이 아니어도, 남에게 행복감을 주는 사람이 아니어도 된다.

삶의 주최자는 이런 삶을 사는 삶이 아니라는 것이다. 자기 삶을 진정성으로 이해하고, 가치를 추구하는 삶이다. 판단, 집중력, 예측, 선행관리의 개념을 가진 장점이 된다. 어느 방송의 매스컴에서 들려오는 얘기처럼 말이다.

· 책의 진정한 주인은 누구일까?

· 책을 쓴 작가일까?

· 책을 읽은 독자일까?

· 책을 파는 판매인일까?

· 책의 중간 도매상일까?

진정한 책 주인은 그 책을 읽고 정신과 행동과 생각을 더한층 격상시켜 가치와 삶을 멋지게 가져간 사람이 삶의 주관자이다. 세월호 사건 이후 안전과 인명에 관한 관심이 고조되고 있는 가운데서 아직도 어처구니없는 사고가 연일 이어지고 있다. 사고의 주체인 인간의 사건 사고에 대한 시각과 안전을 대하는 의식과 문화와 태도와 지식이 몇 단계 레벨화가 필요하다.

모두가 약점보다는 본질의 강점 변화를 명확히 이해해야 한다. 현실에 대한 외부의 사실과 객관적인 핑계로 탓을 할 게 아니라 인간의 오류 속에 있는 강점을 장점화하는 계기가 필요하고, 스스로의 노력이 요구된다. 인간의 오류에 대한 궁극적인 것은 남을 위한 것도 아니다. 나로 인해 피해를 볼 사물과 형태와 사람과 더 나아가서는 경제와 사회의 여파가 생각보다 크다는 것을 정확히 인식해야 한다. 과거에 답습되어 있거나, 보여주기식의 오류 개선책은 잠시뿐이다. 일부는 개선책으로 가져갈 수 있으나, 근본적이고 시스템적인 부분이 구축됨을 봐야 한다.

대기업들도 많은 현장감을 뒤로한 채 관리를 위한 관리의 매너리즘에 빠져 있는 것을 본다. 안전의 실질적인 경영자는 자기 자신의 강점을 만들고 더 나아가 회사가 자율적으로 운영이 되도록 하는 것이다.

#6.
안전과 문화 차이의
갭(Gap)이 생각이다

생각이란 단어의 뜻을 알기 위해 위키 백과사전을 찾아보면 "생각은 결론을 얻으려는 관념의 과정이다."라고 정의가 내려 있고, 다른 표현은 "목표 내 이르는 방법을 찾으려는 정신 활동이다."라고 표현되어 있다. 인터넷으로 생각이라는 단어를 검색해보면 생각하는 정원, 생각쟁이, 생각 밖으로, 좋은 생각, 같은 생각, 국민 생각, 긍정적인 생각 등이 나온다.

■ 생각은 두 가지로 문제의 해결로 접근하면 된다

하나의 관점은 생각은 지속적으로 버려야 한다.

버려진 만큼은 새로운 것을 채워 넣어야 한다. 버려야 할 것은 묵은 사고 및 구태의연한 생각, 고정관념의 생각, 과거로부터 선, 후배부터 아무런 정의 없이 구두로 내려오는 의미 없는 생각, 아직도 낡은 사고방식에서 바뀌지 않는 것들이 있다.

두 번째는 생각의 추구는 지속적으로 추구되어야 한다.

미국의 창의적인 부분의 대가인 마이클 미칼코 선생은 '100억짜리 생각'이라는 저서에서 창의적인 생각에 대하여 언급하고 있는데 세기적인 과학자 및 유명인들의 공통적인 것이 특별하지 않고 순수했다. 동양과 서양을 비교했을 때 가장 먼저 느끼는 것이 문화의 차이가 아닐까 싶다. 안전도 시간이 지남에 따라 엔지니어 활동에서 시스템 활동으로 더 나아가 문화로 구축하는 것이 궁극적인 목적인 것처럼 구축해야 하는 것과 같다. 많은 차이를 느끼는 것이 그중에서도 생각에서 오는 의식의 차이고, 그중에서 문화 차이가 가장 큰 갭이다.

예를 보자.

· 이모티콘을 보면 동양 사람들은 눈을 중심으로 표현을 한다. 예를 들면 T.T, ^_^ 우리는 눈 중심으로 표현하고, 서양인들은 :) :(으로 입 모양 중심으로 표현한다.
· 맥주가 있으면 동양사람은 맥주 1병에 술잔이 여러 개가 있어 한 울타리 안에 우리라는 인식을 하게 하는데, 서양은 맥주를 각각 개별로 갖다 놓음으로써 개인주의적인 인식을 하게 된다.

- 하나의 그림 안에 남성과 여성이 있고, 여성 옆에는 여성용 하이힐이 있다고 가정할 때, 일체화한다고 한 원으로 그려보라고 한다. 동양 사람들은 여자와 여성용 하이힐을 한 묶음으로, 서양 사람은 남자와 여자를 한 원으로 그리고 하이힐을 별개로 그린다. 동양 사람들은 사람과 물품 즉 여자와 신발을 한 묶음으로 생각하는 반면, 서양 사람들은 사람을 한 원으로 생각한다.
- 영어의 알파벳의 Q를 놓고 한국과 일본, 미국의 초등학생들에게 무엇이 연상되는지 그림을 그리라고 했더니 동양의 아이들은 쥐꼬리의 뒷모습을 거의 동일하게 모든 학생이 그렸고, 서양 아이들은 각양각색의 그림을 그렸다.

생각의 차이가 문화에서 온다고 한 것처럼 현재의 문화를 지금의 장년 세대부터 바꿀 생각으로 접근하기보다는 유아 세대부터 바꿔나가는 것이 더 현실적인 접근이라고 판단된다. 생각의 차이를 최대한 줄이기 위해 3C 요인을 활용하길 제안한다.

3C의 의미는 미래를 위해 세 가지, 영어의 C로 시작하고 세 가지 즉 문화(Culture), 변화(Change), 창조(Creative)라는 개념으로, 구축되었으면 한다. 유아 세대를 위해 문화를 구축하는 것은 당장은 어려운 시간문제이지만 미래와 문화를 가치 있고, 신장시키기 위해 아이템을 정해 추진해야 한다. 최근, 생각에 대한 인터넷의 주요 내용을 보면 두루 어떤 내용이 중심적으로 오고 가는 이야깃거리인지 짐작할 수 있다.

대니얼 카너먼이란 심리학자는 그의 저서인 〈생각에 관한 생각〉에서 "인간은 크게 2개의 사고체계가 있다"라고 주장하고 있다. "하나는 빠른 직관이고, 또 다른 하나는 느린 이성이다. 충돌과 융합의 관계인 것이다. 대니얼의 내용을 간추리면 불확실한 상황에서 행하는 인간의 판단과 선택을 설명하려고 했다. 그는 전망이론을 제시했다. 전망이론은 쉽게 설명하면 예측이론인데 중요한 것은 인간의 판단과 선택은 오류에 접할 수 있다는 전제가 되고 있음을 강조하고 있다.

창의력 분야의 대가인 마이클 미칼코는 〈생각을 바꾸는 생각〉이라는 저서에서 주창하고 있는 것도 동일한 내용이다. 다빈치, 모차르트, 다윈 등의 세기적인 창의적인 활동가에서 스티브 잡스까지를 보면 그분들의 공통점은 인생을 긍정적으로 살았다는 것이다. 생각의 차이를 바꾸었다는 의미도 된다.

생각이라는 의미를 부여할 때 깔때기의 생각이냐, 아니면 빨대의 생각이냐를 먼저 의미를 보자. 능동적인 타입인 빨대처럼 직접 자기의 것으로 흡입하는 태도를 가진 것이고, 더 나아가 생각이 주관적인 태도로 변하게 된다. 반대로 수동적인 깔때기의 입장은 생각과 행동이 타인에 의해 결정되어 움직이는 방향이 된다.

인간의 생각과 태도에도 분명한 것은 받아들이는 자세의 적극성이 있어야 한다. 인간의 생각에 대한 원칙을 제시한다. 그 사례 중 2013년 일간지의 내용 중에 한국인의 의식, 가치관에 대한 조사결과의 내용을 보자

전국의 만 19~79세 성인남녀 2537명에게 개인의 행복 및 경제와 복지 8개 분야 총 60개 설문을 했는데, 우리 사회가 더 좋은 사회가 되기 위해 필

요한 가치의 순위가 다 매겨졌다.

10점 만점 중에 매겨진 항목들을 보자.

· 1위 타인에 대한 배려(8.7점)

· 2위 경제 발전(8.6점)

· 3위 기회 균등 및 공정성의 확보(8.5점)

· 4위 사회 집단 간 소통(8.5점)

아쉬운 것이 있다면 우리 사회가 계층이 낮을수록 신뢰가 낮다고 대답을 했다. 가치관 조사에서 문화 분야는 31.5%가 선진국 수준이라고 평가를 하였지만, 조금 더 수준이 올라갔으면 하는 분야는 안전문화에 대한 국민의 수준 및 관심에 대한 부분이 낮다는 것이다. 안전에 대한 선진국의 재해율이 0.3% 이하 정도로 떨어뜨리려면 우선 안전문화를 구축해야 한다. 다시 한번 선택과 집중으로 부족한 점을 채워 보자. 누구나가 미룰 것이 아니라 참여의식에 대한 생각을 너나 할 것 없이 산업체, 학계, 공공기관이 머리를 맞대고 크게는 장기적인 대책과 단기적인 실행아이템을 정해 추진하는 것이 우선일 거라 판단이 든다.

특히 사회, 정치 문화가 아닌 안전문화는 큰 틀을 짜고, 구성원들이 참여의식에 대한 공감대 구성을 하고, 밀고 끌고 가는 구성원들이 전체 의식 속에 사회 생각이 스며들고, 의식 속에 행동과 생각이 몸에 배게 하는 프로세스를 갖게 되면 문화의 틀에 기반이 된다고 본다.

PART 06

경험의 오류

#1.
칵테일 파티 효과에
집중해 보자

우리는 물리 시간이나 인간의 생체 관련 시간에 인간이 들을 수 있는 소리의 주파수를 학습 과정에서 가청 주파수라고 배웠다. 그 단위는 작게는 십 단위에서 만 단위의 주파수가 있다. 간혹 건강 검진 시 어느 밀실에 들어가 헤드폰을 끼고 있으면 헤드폰에서 작게는 한 단위의 모깃소리보다 작은 소리를 듣게 되고, 어느 소리는 크게 들린다. 측정하려는 소리가 들릴 때마다 왼손과 오른손에 들린 스위치를 누르게 된다. 몇 번을 거치고 나면 귀에 대한 가청측정은 끝나게 된다

귀에 들을 수 있는 오류를 측정하기 위해 소리의 높고 낮음을 통하여 가청에 대한 수준을 알게 된다. 오류가 발생하는 곳에 대한 어떤 사람은 어느

소리에 대하여 듣거나, 못 듣는 상태가 발생하는데 이것을 측정하게 된다. 그중에 듣는 얘기 중에는 듣고 싶어 하는 얘기나 주의력을 집중해 듣고자 하는 얘기만 들을 수 있는 경우도 있다.

칵테일 파티 효과(CPE: cocktail party effect)라는 것이 있는데, 여러 소리가 들리는 어지러운 파티장 혹은 여러 소리가 들리는 시장 소리에도 주의를 기울이게 되면 무엇인가가 있어 그쪽 소리만 들리게 되는 효과이다. 듣고자 하는 소리는 들으려고 하는 사람과 여러 변화되는 환경과 주위의 여건에 따라 혹은 소리의 주파수에 따라 다르게 들을 수 있는 여건이 있다.

작업현장에서의 이상한 굉음으로 고장의 신호음을 듣게 되거나 자동차가 속도를 내고 있는데 시야 앞에 운전의 방해가 되면 경적이란 기계음으로 상대방이 들을 수 있도록 소리를 낸다.

동물들도 신체의 어느 부분이 다치면 고통의 소리를 내어 신체의 오류 소리를 낸다. 그뿐이겠는가? 이상한 상태 즉 평상시와는 다른 변경점을 가지게 되면 울리게 되는 것이 들을 수 있는 소리이다. 오류의 시발점을 알리게 되는 것과 같다. 들을 수 있는 소리는 자연이나 기계나 심지어 사람도 들을 수 있는 오류의 소리를 낸다. 오류의 소리는 인간의 행동과 인지에서 표현하는 정상이 아닌 잘못된 불안의 표출이다. 특히 인간은 어린아이가 불편해서 보채는 울음이 있는가 하면, 어른이나 청소년들은 어딘가에 다치면 신호음인 신음을 내게 된다. 이 소리도 들을 수 있는 것이 불편하다고 보면 상대방의 오류 신호음이다.

우리가 들을 수 있는 소리, 즉 쉽게 물리적으로 가청이란 것을 두고 얘기를 했다. 들을 수 있는 소리는 일반적인 소리와 이상이 생겼을 때 나는 소리로 구분될 수 있다. 이상한 소리는 사람이든 기계든 평상시와는 다른 가청의 주파수를 나게 함으로써 인간이 들음으로 인해 평상시와는 다름을 알게 되어 변경 점을 가져오게 되는 시발점이 된다.

차별화된 소리를 듣게 됨으로써 차이와 다름으로 인해 오류라는 인식을 하게 됨으로써 인간의 소리에 대한 이상음을 알게 된다. 모든 소리에는 이상음이 존재하게 된다. 몸에도 소리를 듣게 된다. 소화가 안 되면 배에서 소리가 나게 되고, 뇌에 원활한 혈류 소통이 되는지를 알려면 목 뒤에 고정밀 혈류관을 측정함으로써 이상 유무의 음을 찾게 된다. 청진기로 소리를 알게 되는 것처럼 말이다.

자연에도 예외는 아니다. 보통 자연이 훼손됨을 일컬을 때 자연이 신음한다고 한다. 자연이 온전한 상태를 유지하는 것이 아니라 잘못 오염되었음을 알리는 경고음이 될 수도 있다.

듣고자 하는 것과 들을 수밖에 없는 것과는 선택의 길이 다르다. 듣고자 하는 것은 주관적이고, 능동적인 상태인 것을 말하고, 들을 수밖에 없는 것은 수동적이고, 피동적인 것이다. 세상에 살아갈 때 들을 수 있는 것은 두 가지 형태로 듣게 된다. 세상을 들을 방법이 주관적이면 얼마나 좋겠는가?

그러나 현실은 우리가 안전하게 듣는 방법과는 달리 제3자에 의해 듣거나, 다른 환경에 의해 접하게 된다. 칵테일 파티 효과처럼 들을 수 있는 환경이 되면 좋은 시너지를 만들 수가 있다. 잘못 들음으로 인해 오류가 생길 수 있는 경우는 생각보다 많다.

예를 보자.

- 통역사가 업무 중에 잘못 듣고 통역함으로 인해 생기는 오류
- 지휘본부에서 잘못 듣고 잘못 지시함으로써 수행되는 오류
- 백 미터 육상선수가 시작 신호음을 잘못 듣고 출발해서 생기는 오류
- 중앙통제실에서 신호음인지, 잡음인지 잘못 듣거나 판단한 요인 문제로 발생하는 오류
- 기계음에서 나오는 소리 상태의 기준이 없어 정상인지, 비정상인지의 판단이 모호하여 발생하는 오류
- 어느 자판기에서 자판의 글씨와 소리에 집중하지 못해 다른 것을 선택하는 노브(Knob)를 눌러 발생하였던 오류
- 주방에서 음악에 집중하다 보니 다른 선택을 해서 놓았던 시간으로 인해 식빵이 생각보다 많이 타게 발생하였던 오류
- 설비의 버튼을 누른다는 것이 옆의 버튼을 누름으로 인한 오류
- 전동차가 정확한 위치에 정차되어야 하는데 버튼 조작이 안 되어 입구와 출구의 입구가 맞지 않아 혼잡이 되는 오류

인간의 오류는 생활 속에서 오류를 발생시키는 간접 매개체이다.

인간의 행동이 선택과 집중이 정상과 오류에서 항상 병행되는 조건에서 오류라는 것을 적게 발생이 되도록 경험으로, 인지로, 생각으로, 지식으로 방어가 되어야 한다. 인간이 가지고 있는 방어체계 자신이 생활방식이다. 그 밑거름의 기반이 되어 오류의 약점을 보완해야 한다. 인간에게 인간행동의 최상의 칵테일 효과에는 어떤 것이 있는지 제시해본다.

나만의 최상 칵테일 효과를 가져보자.

자기가 선택과 집중이 되면 많은 소리 중에서도 듣고자 하는 소리를 들을 수 있다고 전장에서 얘기했다. 더불어 최상의 칵테일 효과를 만들고 가져보기 위해서 자기만의 최상패턴을 제시한다.

자기만의 최대 효율적인 칵테일 효과

자신 생활방식(선택과 집중) 상수 X 오류(방어체계)의 변수이다.

두 개의 패턴에 더하기를 하지 않고 곱하기를 한 이유는 선택과 집중에서 개인의 방어체계는 변수를 가져오기 때문에 이것까지 고려해야만 최상의 효과를 가져올 수 있는 판단에서이다.

선택과 집중에서 오류는 필요나 충분의 부분이 아닌 전체를 좌우할 수 있는 요인이기 때문이다. 인간에게 자기방식의 장점을 살리고 단점을 보완해서 선택과 집중을 하는 것이다. 그 방편이 생활방식이다. 살아가는데 자기의 방식은 고정된 상수를 가지게 된다. 인간의 상수는 자기만의 오류로 이어질 수 있는 잘못된 행동과 태도와 인식과 인지와 의사소통 등이 될 수 있다. 선택과 집중이 되어 최상의 칵테일 현상을 가져오면 자기의 매력을 자본화해 자기의 자본이 되는 것이다.

자신의 생활패턴과 병행되어야 하는 것이 자신의 방어체계인데 이것이 변수이다. 예측하기 어렵고, 예지할 수 있는 단계가 한계가 있어 자신의 셀프 기능을 가지고 방어적인 체계를 구축하는 방법이 제일 상책이다. 자기 나름의 생활패턴과 곁들여 진행하는 것이 단점을 보완하는 방법이다.

결국은 자기의 생활방식에서 장단점의 균형을 가지고 약간의 단점을 가진 듯한 생활에서 채움과 비움의 균형을 유지해 가면서 자기만의 칵테일 효과를 만들어가는 멋진 인생이 될 것이다. 결국, 자기만의 생활패턴을 고집하는 것이 아닌 자기의 패턴을 변화에 적응하기 위해 가장 중요하게 생각해야 하는 것은 공감 능력에 대한 수용을 위해 칵테일 효과를 적용해보는 것이다.

#2.
오류의 경험을 일시적 현상으로
생각지 말고 활용해라

경험은 국어사전에서 "실지로 보고, 듣거나, 몸소 겪음"이라고 정의되어 있다. 경험을 구분하라면 크게 신체적 경험과 정신적 경험과 환경적 경험으로 나누면 어떨까 생각이 든다.

■ 개인적인 생각으로 경험을 분류한다

첫 번째는 신체적 경험이다.

신체적 경험은 눈으로 보아서 얻게 되는 시각적 경험, 귀로 들어서 경험하게 되는 청각적 경험, 말로 말하거나, 발표함으로써 얻게 되는 표현적 경험, 발로 걷거나, 발 품앗이를 하게 되어 알게 되는 육체의 행동적 경험 등이 있을 수 있다. 손으로 무엇을 만드는 경험을 하게 되는 손으로 경험, 누구에게 위로를 주고 감사를 전할 때의 마음적 경험이다. 신체적 경험은 한 가지의 경험으로는 제구실을 할 수 없음을 알게 된다

신체에 관련된 우화 얘기가 있다.

신체의 눈과 코와 발과 손과 입이 서로 중요하다고 시기를 한다. 눈으로 좋은 것을 보는데 좋은 것은 입으로 혼자 먹고, 코는 냄새의 좋은 냄새 나쁜 냄새를 다 맡는데 좋은 것은 입이 혼자 다 먹어 치우고, 발은 입이 맛있는 것을 혼자 먹다 보니 무거운 몸무게를 지탱해야 하고, 많이 걷다 보니 몸을 지탱하기에는 힘들고, 손은 눈이 시키는 것, 코가 시키는 것, 입이 시킨 것을 하다 보니 제일 바쁜데도 이득은 하나도 없다고 한다.

결국은 입이 제일 나쁜 것으로 인정을 해서 입으로 갖다 주지 않기로 했는데, 며칠이 지나자 입으로 들어가는 게 없으니 눈은 보이는 게 없어 아물아물하고, 손은 움직일 힘도 없고, 발은 걸을 수가 없게 되었고, 코는 힘이 없었다고 한다. 신체 일부분만 움직일 수 없다는 것이 아님과 안 되는 중요한 부분인 것을 알게 되는 것과 같다는 생각이다.

두 번째는 정신적 경험이다.

정신적 경험은 지식으로 일관된 지식의 능력이다. 정신적 경험은 영적으로 종교적 귀의를 하지 않더라도 인간이 사회적으로나 문화적으로 경험을 하는 것보다 한 차원 높은 단계의 경험을 한다. 인간의 역량 중에 자기의 실

력을 최대 발휘할 수 있는 것이 정신적인 것이다. 책을 읽고 머리에 기억해 놓았다가 사용과 유익에 해답을 찾거나 의사결정을 위해 필요한 일차적이다. 이차적인 것은 자신과 타인과 더 나아가 사회와 인류발전을 위해 거론될 때 다시 찾아야 할 곳과 유익한 곳에 사용되는 것이 정신인데, 목적을 달성하기 위해서는 수반되어야 한다.

인간이 오류를 범하기 가장 근접하기 전에 예민하게 생각하여야 하는 부분이다. 가장 보기 어려우면서도 가시적으로 볼 수 없는 것으로 평가되면서 보이지 않는 가치이기 때문이다. 인간은 정신적 경험으로 많은 장단점이 있는데 장점의 관점은 갈등, 고충, 고통으로 인간의 오류로 발행할 수 있는 문제나 인간과의 관계로 나타나는 견해이다. 오류에서 정신적인 경험을 통해 발생하는 오류는 측정하기도 힘이 들고 발생한 문제를 직접 해결책을 제시하기는 쉽지 않다.

인간의 경험은 직접 해결책을 제시하기 위해서는 수십 년, 수백 년간에 점진적으로 인간의 오류를 벗어나기 위해서 진행되었던 하나의 표시적 행위나 표출이다. 정신적 경험은 마치 인간의 옷을 입어 보는 것과 같다. 처음 접해보면서 느끼는 정신적 경험은 그 어떤 육체적 경험보다 마음적인 감동, 흥분, 마음의 치유, 정서적인 느낌, 열정, 솟아오르는 기운, 환희, 기쁨 등이 긍정적 가치를 가지고 오는 결과물이다. 반대편에는 분노, 반감, 반기, 치욕, 설움, 아쉬움, 섭섭함, 억울함 등의 인자들이다.

세 번째는 환경적 경험이다.

가장 변수가 많고 개인적인 다양성과 국가 간에 경험에 대한 차이를 많이 가지고 있다. 경험 관련된 의미를 보면 경험담, 경험자, 경험주의, 경험론, 경험과학, 경험 실험 등으로 환경의 갭이 있다. 기업에 오류의 문제가 발생하여 위험 및 리스크가 있다고 가정하자. 신체적 경험은 직접 문제가 발생한 곳을 직접 발로 가서 몸으로 체험해서 문제를 해결하는 직접적인 해결책을 갖는다. 환경적 경험은 문제의 접근을 사람과 시간과 여러 문화를 통해서 얻어지는 간접적인 경험으로 문제해결의 이차적인 접근이라고 볼 수 있다.

경험을 목적으로 분류해서 세 가지를 제시했지만, 제시한 세 가지가 어느 오류라는 상자 안에 담긴 것으로 본다면, 또 다른 경험의 상자들이 무수히 다른 내용으로 담을 수 있다.

가령 오류라는 상자는 어떤 것들이 있을까?

- 경험의 오류라는 상자
- 지식의 오류라는 상자
- 행동의 오류라는 상자
- 문화의 오류라는 상자
- 시각의 오류라는 상자
- 판단의 오류라는 상자
- 주의의 오류라는 상자
- 편견의 오류라는 상자
- 생각의 오류라는 상자
- 정보의 오류라는 상자

· 안전의 오류라는 상자

· 자만의 오류라는 상자

· 무지의 오류라는 상자

· 실수의 오류라는 상자

· 시스템 오류라는 상자

· 무인지 오류라는 상자

· 수행 중 오류라는 상자

경험을 통해 오류를 사전인지 할 수 있는 몇 가지 제안을 하고자 한다.

■ 오류를 사전인지 할 수 있는
10가지 팁(TIP)이 있다

1. 오류는 고정되어 있다고 생각지 말자. 늘 변화한다고 느껴라.

고객을 상대로 하거나, 리스크 관리를 하는 사람이라면 명심해야 하는 사항이다. 덧붙임을 가지기 위한 사항이다.

· 경험은 오류라는 것으로 덧붙여 보자.

· 오류라는 것을 마음적으로 표현해본다.

· 오류(誤謬)는 오해의 오다. 오기의 오다. 오판의 오다.

· 오는 잘못된 오이고, 그릇된 오이다.

· 인간이 가지고 있고, 붙어 있는 것이다.

인간이 가지고 있는 잘못된 속성의 표현이고 행동의 표현으로 가시화된 것이다. 인간들이 "당신을 오류를 범했다"라고 한다면 당신은 잘못을 저질렀다는 것이다. 인간은 언제나 실수나 오류를 범하는 사람이기에 지속적인 올바른 의식과 올바른 행동으로 변화하고 정신으로 깨어있어야 한다. 더 앞서 자기가 맡은 일에 희생을 없애기 위해 자기의 일에 충실해야 한다. 경험을 가장 쉽게 접근한다고 볼 때 첫 번째가 신체적 경험일 것이다. 이 접근은 나이도 상관이 없고, 성별도 차이가 없고, 전문성이 있고, 없는 사람과의 차별 없이 논할 수 있다.

2. 오류는 항상 의문점을 가져야 한다.

오류는 어떻게, 왜라는 발생 시점의 동기와 원인에 대한 해결의 재발 및 대책에 대한 질문의 의식을 가져가야 한다. 스스로 자구책을 조금이나마 지니고 있어야 한다. 질문은 해답을 구하기 위한 주관적 생각이고, 자기의 본질적인 것이다. 현상은 보이는 것으로 한정을 짓지만, 본질은 보이지 않는 것까지 의미를 둔다.

3. 자신은 오류를 주관적, 객관적으로 나누어 생각하라.

문제를 보기 위한 것은 오류라는 전제 조건을 두고 얘기를 한다. 주관적, 객관적 편견에 대한 이해의 폭을 줄여보기 위한 것이고 나눈다는 것을 내 생각과 의견을 줄인다는 것이고, 상대방 의견을 높이는 것이 경청하는 것이다. 다만 주관적, 객관적으로 나눌 수 있는 팩트는 경험과 지식이 근간이 되면 나눌 수 있다.

4. 목표를 지향하기 위해 한 번쯤 오류의 빈도를 예측하라.

목표를 지향하기 위한 방법으로 세 가지가 있다. 하나는 결과 중심형, 두 번째는 과정 중심형, 세 번째는 초기 중심형으로 나눈다. 결과 중심형은 초기와 과정 중심형보다는 최종적인 결과에 초점이 맞춰지는 것으로 결과 치우침과 목표에 비중을 두는 것이다. 결과 중심적인 것에 지향을 두고 있다. 과정 중심형은 결과와 초기의 기대치 이하라 하더라도 매사에 최선을 중요하게 여기는 과정으로 당장 결과보다는 장기적인 안목과 정도의 흐름에 역점을 두는 것으로 전체적인 효과가 클 경우에 해당될 때에 적용하고 있다.

목표를 지향할 경우 약방의 감초처럼 최악의 오류를 반영해서 생각하고 행동할 수 있는 경우의 수를 몸에 배게 해야 한다. 가령, 배에 승선할 때 비상탈출구, 비상시 요령, 개인의 행동지침, 항공기 탑승 시 탈출 시의 요령 및 비상 장구 사용방법에 대한 요령 및 행동지침은 필히 알고 있어야 하는 것처럼 말이다.

5. 현상을 직시하고 장기 안목(Long Turn)을 봐라.

현상을 논할 때 접근되는 부분이 눈으로 가시화될 때이다. 현상을 얘기하면 실에 바늘 가듯이 본질도 언급이 된다. 현상은 눈에 보이는 것이고, 본질은 사물이나 사건 현상이 변하지 않는지 원래 모습이다. 보이지 않기 때문에 현상을 잘 분류해야 한다. 방법은 본질적, 역사적(시간적), 전면적으로 분류한다.

현상은 시간적이고, 역동적이어서 우리가 의사결정이란 부분을 직시라는 타이틀을 가지고 간결한 정의를 내린다. 장기 안목은 당장 발등의 불만 보지 말고 멀리 보고 운영하라는 것이다.

가령 눈이 왔는데 발자국표시를 똑바로, 일직선처럼 표시하고 싶다면 어떻게 하는 것이 바르게 표시될까? 발등만 보고 걸을 때 혹은 가까운 목표를 정해놓고 걸을 때도 아니다. 백 미터 앞의 소나무 상단의 끝부분을 보고 똑바로 걸어가면 일직선으로 발자국을 일직선처럼 표시할 수 있다.

6. 문제 해결원칙의 다양성을 배워라.

문제의 의존성이 커지고 어떤 문제가 발생한다면 첫 번째의 목적은 목표를 정하고 해결하는 것이 우선적이고, 현재의 수준은 상향 평준화하기 위해서 하는 것이 우선적이다. 해결책을 제시할 수 있는 부분이다. 재발하지 않기 위해서는 조치 및 즉시 해결책을 강구해야 한다. 기업은 국민과 고객을 상대하는 부분이어서 인력을 자본으로 최대한 신속하고, 효율적으로 경험을 중요한 가치로 대체를 해야 하는 이익집단이다.

문제는 다양한 원인으로 발생하기 때문에 해결도 다양한 방법으로 해결책을 추구할 수 있다는 전제를 갖는다. 다양성은 문제라는 원인을 두고 해결책이라는 결과를 찾기 위한 방법으로 접근해서 도출하는 것으로 이분법으로 나눠볼 수 있다.

옳다, 그르다, 높다, 낮다, 멋있다, 멋없다, 유행이다, 유행이 아니다. 논리가 맞다, 논리가 맞지 않는다, 해결책이 있다, 해결책이 없다, 방법을 찾았다, 찾지 못했다. 이분법적인 방법은 우리가 다양성의 기본에서 접근하는 해결책의 시발점임을 분명히 알고 접근해야 한다. 명백한 흑백논리의 앞과 뒤의 개념이지만 어떤 다양성의 방법으로 보느냐에 따라 방법을 달리할 수 있다.

7. 열린 마음이 되어야, 차후 머리를 모을 수가 있다.

문제의 의존성이 커지고 어떤 문제가 발생한다면 첫 번째의 목적은 목표를 정하고 해결이 우선적이고, 현재의 수준을 상향 평준화하기 위해서 하는 것이 먼저이다. 어떤 해결책을 찾기 위한 방법은 "삼인행 필유아사"라는 고사성어가 있다, 세 사람이 같이 걸어가도 그중에는 자신이 스승으로 삼을 만한 인물이 반드시 있다는 뜻이다.

열린 마음으로 사는 삶은 나 자신을 경쟁에서 조금은 내려놓고 마음을 함께하기 위한 마음의 견주기 상태이다. 이 마음은 경쟁의 마음이 아니다. 서로가 좋아하기 위한 마음이고, 선의의 마음이고 서로가 성장하기 위한 마음이다. 열린 마음은 우리의 마을에 공동으로 꽃을 피우는 것과 같다. 서로의 마음과 정신을 정화시키고 서로가 서로를 치유케 하는 시작의 바른 마음이다. 열린 마음은 마음이 꼬이지 않은 마음이다. 상대방을 시기와 방종과 질투와 오기와 방자함에서 건져 내는 깨끗한 것이다.

8. 오류라는 것은 반복 연습을 하지 않을 때 생긴다.

반복 연습을 하지 않을 때 생기는 첫 번째 발생이 실수이다.

실수의 발생을 모르고 일을 하다 보면 일의 크기, 방향, 속도를 알지 못해 발생하면 더욱 크게 번지고, 정반대로 알지 못할 때 발생하면 더욱 큰 이슈가 되는 잘못된 결과를 가져온다. 알고 저지른 것과 모르고 저지른 것과 차이는 있다. 실수는 처음과 끝을 알지 못한다. 잘못은 처음에도 알고 나중,

즉 끝도 안다.

실수와 잘못의 안정적 거리가 멀어지면 문제는 경고가 임계점에 도달하는 거리가 짧아진다고 믿으면 된다. 선진 안전 나라와 후진 안전 나라와는 안전거리에 있어 '가까움과 먼' 차이다. 재해가 없는 나라와 재해가 다발 하는 나라와 안전거리 즉 안전차이가 있다는 것과 상통한다

힘센 자와 약한 자와의 관계는 어떤 정치적으로 가까워지고, 부자와 가난뱅이의 경제적 거리는 멀어지고 있다고 어떤 신문 사설에서 칼럼니스트가 얘기하고 있다. 오류는 일류 다음이 이류고, 이류 다음이 삼류고, 그런 식의 후발에 뒤처진 개념이 아니라 실수와 잘못의 연장선에서 인간이 저지르고 마는 행동의 잘못으로 이루어진다는 것이다.

9. 오류는 정보교류가 오류의 시발점을 가져온다.

살아가는데 정보교류는 조직과 개인이 명심해서 운영해야 하는 중요한 수단이자, 매개체이다. 선조 때부터 정보교류의 수단으로 매와 비둘기를 이용하였고, 때에 따라서는 봉수대라고 해서 연기를 이용해서 적의 침입의 현황을 사전에 알려 주는 수단도 있었다. 시대의 흐름에 따라 통신의 발달로 모스 기호나 기계어로 서로 간의 정보를 줌으로써 어떤 일을 사전 예방하거나 대처하는 기본의 방법을 강구한 것이다. 오류는 시대적 착오를 무수히 가져오는 변화의 상태이다. 인간의 오류로, 기계적 오류로, 환경의 오류로, 문명의 오류로, 시스템의 오류 등으로 많은 인명 피해와 사회적 혼란을 수반하기도 한다.

실수의 직접적 오류를 범하지 않기 위해서는 많은 정보 중에 진성과 가성

을 명확히 인지하고, 분석해서 근본적인 대책을 세워나가야 한다. 정보교류는 정보의 정확성이 문제의 정의를 내리거나, 대책을 세우는 첩경임을 알고 추진해야 한다.

10. 행동사고(行動思考)를 중요시하라.

오류는 사건 사고를 사전에 제어하기 위해서는 인간의 오류가 가정 위험 빈도에 놓여 있다. 인간도 기계가 아닌 이상 하루에 수만 행동 중에 단 몇 번의 실수가 발생한다.

독일에서 정치평론가이며, 안전의 정치와 폭력에 대한 에세이를 쓰고 있는 볼프강 조프스키는 그의 저서인 〈안전의 원칙〉에 이런 얘기가 있다. "우리네 삶을 짓누르는 세 가지가 있는데 대표적인 것이 재앙과 위험과 모험"이고, "재앙은 모든 것을 박살 내고, 위험은 아직도 드러나지 않고, 모험은 대가가 뒤따른다."라고 했다. 행동사고는 재앙과 위험과 모험을 따른다. 현대인들은 사전에 오류를 최소화하거나 예방키 위해 할 수 있는 것은 행동 전에 충분한 인식의 생각과 개념을 생각해야 한다.

생각해본다는 것은 최소한의 오류라는 것을 초기나 중간의 과정에서 결과물에 대한 예상을 염두에 두고 대비하는 것으로 권투에서 상대방의 펀치력을 고려하지 않고 상대하는 것과 같은 것이다. 생각은 행동의 1차 관문이다.

경험이 행동의 시발점이 되어서는 안 된다. 다른 것은 경험의 가치를 중시할 수 있으나 안전에 수반되는 경험은 하나의 시작과 끝을 매듭짓는 참고의 요인이지 핵심의 영양분은 아니다. 행동의 참고사항인 것이다. 어떤 행동을 시작할 때 같이해야 할 요소가 있다. 태도와 경험으로 항상 수반되어야 한다. 경험은 인간의 행동에 결정적 함수이자 변수이다. 그만큼 오류의 발생을 최소화할 수 있는 요인이다. 경험이 모든 인간의 행동을 예방할 수 있는 답과 키가 있는 것은 아니다. 마치 정장을 입고, 무도회를 가기 위해 향수를 뿌리는 것과 같은 것으로 전체적인 분위기에 어울리는 방향적인 것이다.

#3.
오류는 우리가 인식된 것보다
잠정적인 피해가 크다

인간이 움직이는 신체적 행동이 삶에 목적을 두었다면 우선적으로 경험과 생각과 의식과 인지로 움직이거나, 경험에 의해 숙련된 것임을 제외하고는 처음 접하는 행동이라 해도 과언이 아니다.

경험은 쉬운 것부터 힘든 것까지, 도덕적이든 비도덕적이든, 검출되는 위험성이든, 불가능한 위험성(위험성이 없는)이든, 혹은 자발적이든, 비자발적이든, 생계를 위한 수단이든, 취미로 했던 수단이든 간에 모든 것이 넓고, 좁은 의미의 범주이다.

위험은 위험 그대로인 것이 아니다. 위험에 상승작용, 돌발작용, 우연 작용, 위기작용, 잠정작용, 복합작용이 존재와 잠재되어 있다. 글로벌 리스크리포트는 경제, 환경, 지정학, 사회, 기술의 5개 부분에서 앞으로 10년 안에 다가올 리스크 요인 31개를 도출했고, 그중에 10개는 수자원의 위기와 기후변화 대응 취약, 극한 기상재해와 글로벌 거버넌스(관리의 다변화)의 실패, 식량 위기 5개로 꼽혔다. 최근에 이슈가 되었던 바이러스는 경제와 사회적 부분에서 추가되어야 하는 것도 검토 사항이다. 글로벌 IT 기업인 마이크로소프트 창업자인 빌 게이츠(Bill Gates)는 "전염병이 핵전쟁보다 위험하다"라고 발언하고 있다. 액면대로 받아들이기에는 많은 관계의 작용과 문제가 잠재되어 있다.

위험-우리를 둘러싸고 있는 이 세상에서 무엇이 안전하고, 무엇이 위험한지를 무엇으로 결정할 것인가이다. 일부 안전학자는 "위험의 패턴을 결정하기 위한 실질적인 지침으로 두려움의 예를 들고 있다. 대부분의 사람들은 미국에서 사망률이 높은 심장병과 같은 덜 무서운 방법으로 사망할 수 있는 위험보다 상어에 의하여 먹히는 것과 같은 특별히 무서운 방법으로 그들은 사망에 이르게 할 수 있는 위험들을 더 두려워한다"라고 논문에서 밝히고 있다. 2001년 미국에서는 상어로 인한 사망이 2명이 발생하였으나 1999년에는 심장병으로 사망은 934,110명이나 된다고 한다. 왜 이런 변화에 대하여 작은 것에 더 집중된 두려움을 느끼는 것일까 하는 것이다.

경험에 대한 인지는 모든 개인 각자가 다르기 때문이다. 다르다는 차이는 어느 시각의 각도로 보느냐에 따라 견해가 다를 수 있다. 경험은 한국어 사전에서처럼 '실지로 보고 듣고 몸소 겪음, 혹은 객관적 대상에 대한 감각, 지각, 내성 작용 전체를 이르는 말로 표현되어 있다. 감각, 지각, 내성은 육체적, 신체적으로 경험한 바를 몸에 어떻게 반응하는지를 말하는 또 다른 경험의 뜻풀이다.

경험의 차이는 "마치 소경이 코끼리 만지는 격이 된다."
'코끼리의 배를 만지면서 벽이라 생각할 수 있고',

'코끼리의 꼬리를 만지면서 호랑이 털처럼 생각할 것이고',

'코끼리의 다리를 만지면서 기둥이라 생각할 수 있고',

'코끼리의 코를 만지면서 뿔처럼 생각할 수 있다.'

경험의 가치를 가볍게 본다는 것이 아니고, 어떤 생각으로 받아들일 것이냐에 따라 여러 경우가 생길 수 있다는 것이다. 관점의 차이를 보자.

지식의 차이, 경험의 차이, 방법의 차이, 시각의 차이, 경륜의 차이, 문제 해결의 접근 차이, 다르게 느끼게 하는 경험의 요인들이 산재해 있다. 가령 이런 것이 아닐까?

시각적으로 본 것, 선생님이나 선배, 친구에게서 들은 것, 남의 얘기를 듣고 참고하는 것, 몸소 체험을 통해 느껴본 것, (분위기만 아는 것과 실제 경험자가 되어서 이야기를 해줄 수 있는 정도가 되는 것), 책이나 매스미디어를 통해 알았거나, 알게 된 것, 인간행동에 대한 실수나 오류를 전문적으로 공부하는 사람, 동양과 서양의 문화 차이로부터 배우는 것, 세대 차이로부터 느끼는 것, 오랜 경험과 지방 특색으로부터 알게 되는 것 등이 범주 안에 들어갈 것이다.

어느 집단의 특수한 차별화로 인해 느끼게 되는 것의 사례를 본다.

우리 가족이 한 10년 전에 이탈리아를 자유여행 한 적이 있는데, 북부인 밀라노에서 베로나를 거쳐 베네치아를 거쳐, 산마리노 공화국과 로마를 거쳐 나폴리까지 여행한 적이 있었다. 둘째 아이인 딸이 꼼꼼하게 수첩에 적는 습관이 있었다. 기행문 형식에 치즈 견학, 커피 만드는 공장 견학, 유리 가공하는 공장 견학, 음식 만드는 레스토랑 견학, 양모의 견학 등과 곤돌라의 경험과 돔 형식의 성당을 보고 느낀 점과 체험담을 적은 것이 좋은 경험과 기행의 내용이 되었다. 차후 수업시간에 이탈리아에 관하여 얘기하는 시간이 있어 딸아이가 나와서 이탈리아 설명을 하였다고 한다. 그랬더니 반 아이들이 "이탈리아에서 살다 왔니?"라고 했고, "어떻게 이탈리아에 대하여 잘 아니?" 반응을 보여 그 시간에 좋은 반응을 받았다고 했다. 딸아이의 경험은 전자에서 설명한 경험의 요인에 해당하는 것이다. 시각적인 것, 몸소 체험을 통해 느껴본 것, 책이나 매스미디어를 통해 알게 된 것을 통해 많은 지식의 경험을 하게 된 것이다.

경험의 요인은 사람과 환경과 의식이나 마음에서부터 오는 요인이다. 특히 경험은 사람과 사람과의 경험이 최우선으로 중요한 요인이다. 요인과 요인과의 결합은 사람과 사람과의 결합 외에 사람과 환경, 사람의 의식이나 마음으로 나눌 수 있다. 협의적으로 보면 사람과 학문도 좋은 경험일 수 있다.

사람과 사람과의 부딪힘 속에서 발생하는 인간적인 면도 있고 사람과 자연과의 체험을 통해 느끼게 되는 자연의 위대함에 도취되는 것도 순응하게 되어 느끼는 경험의 부분이 아닐까 하는 생각이다. 경험이 사람과 사람과의 관계에서 너무 심오하거나 잣대를 잰 것처럼 한 치의 착오가 없는 경험의 세계라면 많은 의문점이 나올 수 있다. 문제점은 도덕적인 면이 존재하기 때문이다. 도덕적인 면이 상반된 부분은 비도덕적이다.

그 사례를 보고 피해나 위험에 노출되지 않는 사례가 있다.

미국의 트레보 캘츠 교수는 "살해당하는 사람들보다 훨씬 더 많은 사람이 자동차 사고로 사망하지만, 살인은 여전히 덜 용인된다"라는 점을 지적하고 있다. 캘츠는 "만일 경찰이 살인자나 아동 학대자를 체포하는 임무로부터 위험한 운전자들을 찾아 나서는 임무로 전환한다면 대중은 격노할 것"이라 주장한다. 그는 "나쁜 운전자를 찾아내는 것이 보다 많은 생명을 구하는 것이라 할지라도 대중은 이러한 개념을 받아들이지 않을 것"이라고 밝히고 있다.

인간의 경험 중에는 도덕적인 것과 비도덕적인 것 중에 인간에게 경험의 오류로 느끼는 것은 일상적인 판단으로 사실성보다 도덕의 오류에 치중해서 일반성을 본다. 도덕성에 치중되어 있어 살아가는 사회의 도덕성으로 볼 때 생각하는 경험은 시각적인 체험과 경험이다.

모든 사람의 경험 강도가 어떻게 받아들여지나에 따라 각자 수용의 정도에 따라 차이를 갖게 된다. 도덕성인 것으로 세계적인 기업인 존슨 앤 존슨(Johnson & Johnson)에서는 붉은 얼굴 테스트(Red Face Test)를 한다고 한다. 붉은 얼굴의 의미는 도덕성의 옳고, 그름에 대한 강도에 따라 색상이 달라지는 것을 의미한다. 의사결정을 하거나, 하면서도 얼굴이 빨개지지 않겠는가를 스스로 체크를 해봄으로써 도덕성과 비도덕성의 옳고 그름을 느끼게 하는 제도이다.

경험 중에 오류의 하나는 일차적이며, 시각적인 것이고, 또 다른 하나는 일시적이고 인지가 되는 것이다. 검출되는 것과 검출이 안 되는 것과는 생각보다 차이가 나고 잠재적인 문제가 많이 도사리고 있다는 것이다. 주로 안전관리를 소홀히 하는 회사를 보면 한 가지 문제로 인해 여러 가지의 복합성의 문제를 일으키고 있으며, 도덕성에 어긋나는 공장운영으로 근무자를 어렵게 하는 부분도 산재해 있다. 문제가 심각한 발생이 예상된다.

예를 들면 A라는 화학제품과 B라는 화학제품이 혼합해서 C, D라는 제품을 예상했는데 검출되지 않아야 하는 E, F가 발생하는 것이다. 검출되지 않을 거라는 환경적인 부분과 제삼의 요소에 관한 판단을 하지 못하는 경험이 오류의 도출이 된다. 알지 못하는 것에 대한 두려움이나 오류가 없을 것으로 판단하기 때문이다. 화학 반응에 대한 이론적인 것으로 치중을 하지만 배관에서 묻어 나오는 또 다른 금속이온은 전혀 생각지 못하는 경우이다.

안전하면 빙하의 얼음의 빙산을 표현한다.

얼음에 대해선 무지이지만 빙하는 겉으로 보이는 것이고 빙하의 얼음 내부는 빙산으로 수면의 수십, 수백 미터까지 존재한다고 한다. 겉으로 보는 빙하와는 차이가 있다. 최근 10년간의 빙하가 녹으면서 해수면은 1밀리미터 정도 올라왔다고 얘기를 지구 온난화 측면에서 얘기하고 있다. 안전에서 빙산의 비유는 보이지 않는 것에 대한 오류가 경험으로 비유되는 것과 같이 달리 존재한다는 것이다.

안전학자인 켈츠 교수는 "사람들이 토목에 대한 댐의 위험보다 화학제품의 공정에 관심이 더 많아지고 있다. 일반적으로 댐은 물로 채워져서 위험한 부분이 없고, 화학제품은 우리에게 친숙한 화합물이지만 제대로 화학의 위험물에 대하여 검출할 수 없거나 이해가 안 되기 때문에 관심이 있다"라고 한다. 그 속에 검출의 오류가 존재한다. 하지만 따지고 보면 토목의 문제가 검출의 문제로 가속된 오류가 있을 수 있다. 경험의 오류에 대한 것은 우리가 가시적으로 판단해서는 절대 오산이다. 보통 생각지 않은 곳에서 화재나 인명사고가 나는 것을 보면 관리자나, 현장의 경험자가 검출되지 않은 부분까지 검토가 미미한 상태로 이루어지기 때문에 나타난다.

우리나라도 노동부와 기업이 각고의 노력으로 산업재해율이 0.7 지수로 10년 만에 떨어졌다. 노동부와 산업안전공단에서 공정안전 관리제도를 통해 개선되었다고 하지만 기업들의 건설, 제조, 화학 공장의 안전사고로 인한 국민의 안전 의식이 높아졌다고 볼 수 있으나, 여전히 취약점을 노출하고 있고, 안전에 대한 의식과 작업환경에 대한 작업자들의 문제의식을 가지고 보는 안전의 중요성은 전체적으로 불균형 상태로 보인다.

기업형 인재(人災)의 사고를 줄일 수 있는 인명사고의 개선책을 보이는 것과 보이지 않는 것을 집중화해 볼 필요가 있다. 선진국처럼 치명적인 직업적 상해를 분류하고 윤곽을 파악해서 위험과 분류를 하고 직업적 상해조사를 하고, 직업적 상해조사를 통합시켜 보이지 않는 것에 대한 노력이 필요하다.

국민 모두가 안전 의식을 갖기 위해 시간이 걸린다면 우선으로 의식을 갖기 위한 전초전으로 〈아브라카다브라: 희랍어로 소망을 외우면 이루어진다는 주문〉를 외워보자. 우리 국민은 할 수 있다는 자신감을 가져보자. '우리는 안전 의식을 철저하게 준수하고, 기본을 지키고, 인류의 행복을 위해 일등국민'이 될 수 있다는 자신감을 가져보자. 이뤄질 것이라는 소망을 해야 한다. 발등의 불만을 끄기 위한 단기적인 조치보다는 장기적인 계획과 로드맵을 가지고 움직이는 것은 정부가 바뀔 때만 표명되는 것이 아니라 전체의 틀을 잡고 가기 위한 우리들의 몫임을 인지해야 함을 알아야 한다.

#4.
경험을 나의 강점으로 살리면
위대한 자산이 된다

우리는 어른이 되어서 어린 시절을 되돌아보면 아쉬움과 그리움의 좋은 추억이 있는가 하면 아픔과 고통의 추억으로 되새김하고 싶지 않은 부분도 있다. 그 와중에도 평범하게 어린 시절을 보낸 사람들도 있다. 추억은 현재의 마음속에 활력제가 되기도 한다. 과거는 시간으로 보았을 때 각자의 경험을 오래전의 시간 속으로 되돌려서 마음과 환경으로 느껴지게 하는 한정된 것이다. 인식해서 주된 부분을 물리적, 정신적으로 해석을 한다.

물리적인 과거의 경험은 많이 갖고, 많이 쓰고, 많이 즐기는 쪽의 방향이 맞추어졌다면, 정신적인 과거의 경험은 체험과 마음적인 발전과 성숙함을 가져온 것으로 변함의 주제 거리로 삼는다. 좋은 점과 나쁜 점의 이분법을 정리해서 사람과의 관계를 가장 이야기의 핵심으로 복합한 이야기를 받아들이는 입장에서 정제된 이야기를 한다. 짧게는 이삼십 년, 길게는 사오십 년의 추억으로 시간 여행을 간다. 그중에 가장 많은 동감을 하는 부분이 남자의 군대 애기인데, 앞으로는 남자 만의 추억의 이야기가 아니고 여성도 같이 이야기를 하는 추세다. 젊은 여성이 공군 사관학교에서 수석을 하고, 전방에도 여성 장교가 근무하고, 포병의 중대장을 하는 등 현대 시대의 발빠른 적응으로 바뀌어 가고 있다.

산업 현장의 작업현장과 공사 현장에도 안전모를 쓰고 있는 여성들도 과거의 이야기가 아니다. 저번 학기에 안전 관련 어느 대학에 안전특강을 하러 갔는데 전 학년의 30% 이상의 여학생이었다. 환경과 산업화 측면에서 맨홀 (man hole)이라는 지하 공동구 같은 홀이었는데, 이제는 우먼홀 (woman hole)이라 해서 여성들도 금남의 작업장이었던 공간도 굳이 나눌 필요가 없는 곳이 되었다.

다 같이 공감하는 이야기가 초등학교 시절의 이야기인데 가장 머릿속에 남아있는 것을 추억하게 한다. 추억이 많다는 것은 마음적인 정서가 풍부하고 정서적인 생각이 마음에 젖어 있다는 것이다. 달리기를 잘 했는데, 그림을 잘 그렸는데, 웅변을 잘 했는데, 식물을 잘 가꾸었는데, 친구들 앞에 나서기를 잘 했는데, 산수를 잘 했는데, 선생님에게 말썽꾸러기였는데 등등……

우리는 어린 시절에 자기가 잘하는 것은 시간 가는 줄도 모르게 열중해서 어머니가 저녁 먹으라고 할 때까지 그 놀이에 정신없이 보낸 적이 있다. 장점화 할 수 있고 이것을 기반으로 연속성을 이어가는 장기였는데 더 보람차고 발전성 있는 강점이 되었을 텐데 과거의 아쉬움이 남아있는 것이 있음을 기억해보는 것도 의미가 있다. 공감하는 일을 회상해보자.

- 어린 동생 돌보았던 일,
- 소나 토끼의 풀을 뜯으러 한참이나 걸어서 뚝방이나 들에 나가서 뜯어 왔던 일,
- 딱지나 구슬치기로 이 동네의 딱지뿐만 아니라 온 동네의 딱지를 내가 다 가져 마음에 드는 친구들하고 모투리에서 함께 나누어 가졌던 일로 자신감이 차서 어깨를 으스대며 돌아다니던 일,
- 썰매를 타면 동네에서 제일 잘 타는 솜씨로 뻐기던 일,
- 비석치기를 해서 잘하면 내 비석이 제일인 것처럼 생각하고 집으로 가 져가서 마루 밑에 잘 놓아두었던 일,
- 봄이 되면 뒷동산의 철쭉을 한 아름 따서 집의 이곳, 저곳에 꽂아 놓았 던 일.

간혹 잘했던 것을 지속적으로 진행하였으면 더 성장하지 않았을까? 아니면 중간에 다른 여건의 변화로 중도에 포기해서 현재는 다른 일을 하고 있을 때를 생각하면 지금은 아쉬운 마음을 가지곤 한다. 미국의 농구 황제인 마이클 조던처럼 "어릴 때부터 농구 외에는 한 것이 없었다"라고 했고, "실패와 실패를 거듭해서 성공했다"라고 늘 되뇌곤 했다.

우리 자신도 어릴 때로 돌아갈 수는 없지만 어릴 때의 장점을 강점화 해주고, 좋은 결과를 가지고 온 선수나 훌륭한 인재들은 그들이 보낸 동기부

여, 시간, 생각, 행동, 배려, 자녀와 부모가 한마음으로 서로를 믿고, 꾸준히 이끌어 온 코치나 선생님의 마음이 있지는 않았나 생각을 한다. 그러면서 점점 커지고 성장하면서 환경의 변화와 자기의 성숙과 부모님의 바람과 학교 성적을 고려하면서 대학을 붙게 하기 위한 전략과 취업하기 위한 생존전략 모드로 바뀌게 된다. 반면에 자기만의 강점을 살리지 못하고 사회적 모드 즉 몇몇을 빼놓고는 취업 모드로 전환되면서 살아가기도 한다.

일전에 어느 방송을 보게 되었는데 스웨덴의 복지를 설명하는데 70세 된 할머니 같은 아주머니께서 "어릴 때 발레리나를 꿈꿨는데 간호사가 되어 일하고 정년 퇴임하고 나서야 이제야 나의 강점이었던 춤을 배우게 되었다. 이제야 춤을 배워 훌륭한 무대에 서는 것이다."라는 말을 들었다. 어린 시절의 잘하는 것은 시간과 보내기에서 제외되었다가 이제야 제2의 장점을 가짐으로 열중했다. 누가 시키지 않아도 그것만을 재미있게 시간을 보냈다는 것이다. 인간의 장점은 누구라도 있다. 어린 시절에 잘하는 것이 장점으로 보인다. 시간에 전부 투자하기 때문에 다른 또래보다 차별화가 되어 잘되는 것이다.

어린 세대는 자연과의 친화력이 있었다. 현대 속의 어린이는 전자 속에 있는 각종 툴과 게임으로 자기만족을 위한 시간을 좇아가는 것은 아닐까 하고 생각한다. 꼭 그렇게만 봐서는 안 되는 신문기사를 보았다. 전자 게임으로 국내 처음으로 박사 학위를 취득한 독특한 분으로 게임의 논리적인 부분을 높은 평가를 받아 미국의 우주항공 연구실에서 채용한다는 내용에 귀를 기울이게 한다. 이분도 자기의 강점을 잘 승화시켰다.

■ 강점이란 무엇인가?

갤럽의 사장과 부사장을 역임함 마커스 버킹엄과 도널드 클리프턴이 쓴 저서인데 〈Now, Discover Your Strengths〉로 한국에는 "위대한 나의 발견* 강점 혁명"으로 번역되어 있다. 이 책에서는 강점이란 "한 가지 일을 완벽에 가까울 만큼 일관되게 처리하는 능력이다."라고 정의를 내리고 있다. 사람마다, 조직마다 특성과 강점의 차이는 능력의 차별화로 구별되어 있다.

강점을 기반으로 한 성공적인 삶의 행동은 세 가지가 있다.

첫 번째, 강점이 되는 행동은 계속해서 그런 행동을 할 수 있다는 것이어야 한다. 그래야만 성과를 예상할 수 있다. 어떤 능력을 강점이라고 할 수 있으려면 반복해서, 만족해하며, 성공적으로 수행할 수 있기 때문이다.

두 번째, 남보다 뛰어나기 위해서 자신이 맡은 모든 역할에서 강점을 다지닐 필요는 없다. 완벽한 재능을 부여받지는 못했다. 그들은 단순히 자신의 능력을 최대한 활용했을 뿐이다.

세 번째, 약점을 고치는 것이 아닌, 강점을 극대화하는 것만으로도 뛰어난 사람이 될 수 있다. 약점을 무시하라는 뜻은 아니다. 약점을 고치는 것보다, 약점을 관리하는 편이 더욱 효과적이다. 약점을 알기 때문에 강점을 더욱 날카롭게 다듬을 수 있는 여유를 갖게 된다.

강점은 장점을 결과론적으로 나타내는 시간적 싸움과 환경적 싸움의 장애요소를 제어하고, 통제하고, 기획하고, 제거하고 발전시키는 과정에서 나타나는 현상이다.

인간적으로 접근하면 좋은 점을 승화시키면 강점이 되는 것이고, 특화되는 표면적인 외관적인 표현의 장점이 된다. 물질적으로 접근하면 기술과 지식과 재능과 융합적인 개개인이 가지고 있는 소프트웨어적인 개발의 결과물을 지향하는 결과물을 표현하게 되는 것이 강점의 분류 방법이다. 장점과 강점은 분명한 차이가 있다. 누구나 가지는 것이고, 잠재성을 모르는 것이다. 장점은 시작의 표출이고, 강점을 가기 위한 출발 선상의 시작점이다. 강점은 남이 억지로 시키는 강제성이 아닌, 자기만의 시간을 두고 일에 몰두하는 그 무엇이다. 반복하는 것이 의미 있고, 새로운 가치를 추구해서 변화와 생각의 차이를 가져오는 인식이다.

강점을 지킬 수 있는 것들은 무엇이 있는지 알아보자.

개인화, 경쟁, 공감, 경험, 관계자/협력자, 긍정, 마음, 계획, 기획, 경쟁력, 고민 들어주기, 갈등 풀기, 개발, 가르침, 공예, 경호, 건강, 노력, 노하우, 로드맵, 명령, 미래예측, 맛 시험, 마술, 배려, 배달, 벤치마킹, 성취, 서체, 신뢰, 상담, 신념, 수집, 연결성, 의사소통, 웅변, 언변(言辯), 영업, 예측, 인증, 신력, 장점, 지식, 평가, 인증, 지도, 제작자, 전략, 적응력, 전문성, 체력, 체질, 추진력, 취미, 평가, 카운셀러, 프로그래머(IT), 행동, 행동 추진자

강점을 살려 오류를 없애는 방법에는 자기 자신이 큰 프레임처럼 비중이 있어야 하는 것을 위의 내용에서 보았다. 강점을 자기 것 화하기는 그리 쉽지 않다. 그렇다고 해서 어려운 것은 아니다. 강점을 자기 것으로 하기 위해

서는 다양화 인식이 중요하다. 자기 것을 강점화하기 위해 자기에게 무엇이 있는지 발견해야 한다. 식구와 친구와 동료들의 도움을 받아 보세요. 내가 잘 하는 게 있는지, 재미의 강점은 있는지, 남들보다 특출난 게 있는 것인지, 이것만 집중하면 시간 가는 줄 모르는 것이 있는지, 내가 따로 준비하지 않아도 설명을 재미있게 해줄 수 있는 게 있는지, 남이 안 가진 차별화된 것이 나의 잠재된 강점이다. 남과 비교해서 부족한 점을 채우는 것도 중요하지만 나만의 강점을 집중화해서 차별화하는 것이 본래의 참뜻인 것 같다.

#5.
경험의 가장 큰 오류가 동시성임을
주의해야 한다

　세상에는 동시성으로 이어지는 부분이 정신적이든 물질적이든 간에 생각보다 많이 상존한다. 일반적으로 동시성이란 같은 시간에 일어나는 현상이나 상태를 말한다. 학문적으로 심리학은 행동의 일체성이 나타날 때를 말하며, 점성학에서는 카드로 우연의 일치를 얘기할 때 많이 회자되는 이야기다.

　동시성은 스위스의 정신 분석학자인 카를 구스타프 융의 이론에서 유래되었는데 융은 자신이 치료하고 있던 환자와 이집트 장수풍뎅이에 관한 이야기를 나누고 있었는데, 그때 창문을 통해 동일한 벌레가 날아오고 나서 잘 낫지 않는 환자에게 우연의 일치로 치료 효과가 보이기 시작했다. 사실은 연관성이 없는 사건들 사이에서 우연의 일치와 같은 의미 있는 연관성을 동시성(Synchronicity)이라 부르기도 한다. 심리학적으로 보면 다른 이미지의 연관으로 맺어진 심리적 평행현상으로 보는 것을 동시성으로 보기도 한다. 동시성을 심리학적으로 보면 인간의 심적 상태를 알게 되는 부분이다. 예를 들면 동시성은 좋은 측면에서 보면 인간관계를 형성하는 근간이 되는 마음의 관계일 수가 있다. 같은 시간에 같은 물건을 짚거나, 같은 생각으로 마음을 맞춘다.

인간의 실수나 오류 측면에서 동시성을 한번 보자.

같은 물체, 물건이 상존할 때 서로 다른 기능과 성능을 가졌음에도 불구하고 작업환경이 바뀌고, 작업자의 직무변경으로 인한 경험의 미숙으로 실수나 오류가 발생한다. 인간의 오류는 미경험, 미비, 미숙지, 미인지, 미지각, 미교육, 미인증, 미업무분장, 실수나 여러 학자가 주장한 인간의 실수로 일어날 수 있는 것들이다. 무지, 무식, 부족, 함정, 각종 말할 수 없는 인간의 실수, 오류, 생략으로 분류된다. 인간의 잠재성으로 나타내는 부분도 여기에 포함된다. 동시성은 인간의 경험에서 가장 두드러진 잘못으로 나타난다고 판단되나, 인간의 동시성은 어느 인간의 경험과 인지에서도 표출된다. 경험은 인간행동에서 나타나는데 행동의 민첩성이 즉각성의 실현으로 여겨질 수 있다.

경험의 실수를 범하지 않기 위한 원칙은 인간행동의 감도성이 있어야 한다.

감도성이라 표현한 것은 설비나 계측기에서 민감도를 측정하는 감지기

(센서)를 말하는 것이다. 그렇다고 인간을 물질적 센서라고 할 수는 없지만, 일의 성격상으로 산업 현장에서는 작업자나 근로자도 센서이다. 인간만큼 예민한 질 좋은 다성능의 센서도 없을 것이다. 눈의 시각, 귀의 청각, 코의 후각, 손의 촉각, 혀의 미각 등은 고성능으로 활용하기 때문이다.

안전관리는 중요하고 리스크가 있는 부분에 대해서는 안전하게 감지기 역할을 해야 한다는 것과 같은 의미이다. 안전관리가 기계적인 부분이나, 약품을 다루는 것이나, 가스를 다루는 곳이나, 기름을 다루는 것이나, 분진이 발생하는 곳이나, 원자재를 다루는 모든 곳에서는 감지기의 역할만큼 중요한 게 없다.

인간이 감지기의 역할을 한다고 하지만 인간의 성능은 시간과 환경에 따라 변화되는 추이가 있다. 기계적인 감지기만큼은 인간과 비교가 안 되는 것이다. 인간과 기계와의 장단점이 다르다는 것은 쉽게 알고 있다. 인간에게 있어서 경험의 오류에 대한 것이 결국 눈에 익히고, 몸에 익히고, 머리에 익혀서 손과 발에 익숙해져서 발생하는 것이다. 인간의 경험오류 일차라고 얘기할 수 있다. 경험오류 일차는 익숙하지 않아 발생하는 것이라 정의를 하자.

경험오류 이차는 인간의 경험오류 일차의 연장선이다. 경험오류 일차는 익숙하지 않아 발생하는 것이라 한다면 경험오류 이차는 일차 오류에 추가적인 사항이 가해진다. 인간의 경험오류는 명확히 다루기에는 분석이 필요하지만, 세부적인 부분까지 발생할 때가 있을 때도 있다.

인간 오류가 발생하는 것을 동시성 관점으로 볼 때 7가지 상황이다.

· 현재 상황에서 적성과 성격이 맞지 않고 환경이 바뀔 때,

· 지식, 능력, 기능이 부족하여 일차적인 오류로도 정상유지가 안 될 때,

· 조직 간에 여러 행동, 판단에서 룰과 책임이 명확하지 않을 때,

· 여럿의 경험으로만 중첩되어 기준이 정립되지 않고 있을 때,

· 잘못된 기준으로 잠깐잠깐 상황에 따라 모면을 할 때,

· 과거의 경험으로 진행했던 중요한 부분이 새로운 시점부터 갭이 되어 정확한 기준을 갖지 않고 모면키 위한 변경 점으로 바뀔 때,

· 조직 간에 같은 목적으로 진행할 시 조직의 부분적인 사람이 목적에 부합되지 않게 다른 순서로 일을 진행함으로써 전체 조직에 혼선이 될 때.

인간 경험의 이차적인 발생이 되는 것이다. 인간 경험의 동시성은 일차적인 문제에서 발생한다. 인간의 오류 중에 동시성은 시각적인 것이 두드러지는데, 시각적인 동시성을 데자뷔라고 하거나 기시감(旣視感: 이미 본 느낌)이라 한다. 오른쪽 눈과 왼쪽 눈의 시각 차이에 의해 발생하는 시각의 작용으로 쉽게 설명하면 각자의 왼쪽 눈에서 뇌까지 오른쪽에서 뇌까지 걸리는 시간이 다를 때를 말하는 것이다. 시각에서 상황을 인지하고 상황전송을 통해 경로를 거쳐 뇌에 전달되는 것이다. 다른 곳에서 어디선가 보았을 때를 데자뷔는 뇌가 기억하고 있던 일들이라고 착오를 한다.

동시성의 같은 의미를 사례로 보자.

· 내가 땅을 뛰고 있을 때마다 지진이 발생할 때,

- 우연히 정해진 판매소에서 복권을 자기가 생각되는 2장을 썼는데 상당한 금액이 당첨될 때,
- 어떤 설비 2대를 가동하고 있었는데 각각 설비 스위치의 멈춤 스위치와 작동 스위치의 위치가 정반대로 되어있어 동시에 같다고 눌렀을 때 정반대의 현상을 가져올 때,
- 설비의 호기마다 스위치가 1호기와 11호기와는 상하로 되어있어 착시의 현상으로 엉뚱한 스위치를 눌러 생각했던 것과 전혀 다른 현상이 될 때,
- 각각의 연인끼리 놀이동산에 가자고 할 때마다 상의가 같을 색을 입고 만날 때,
- 아버지가 아들 운동화를 사 왔는데 아들이 사 온 운동화와 동일 디자인과 동일 메이커일 때.

동시성을 가질 때 추가적인 사항이 더 있다, 하늘을 나는 새 중에 가창오리나, 메뚜기 떼는 어떤지를 보자.

연구진에 의하면 "가창오리처럼 새들이 서로 부딪치지 않고 한 덩어리로 움직일 수 있는 건 왜일까, 과학자들도 진작부터 이유를 밝히려 나섰지만, 최근에야 실마리가 조금씩 풀리고 있다고 한다. 이탈리아 등 유럽 7개국 공동연구팀이 로마 하늘을 떼 지어 나는 찌르레기를 주목한 덕분이다.

연구팀이 고성능 카메라를 이용해 아주 짧은 시간 간격으로 촬영했더니 찌르레기들은 열여섯~일곱마리의 동작에 민감하게 반응했고, 그들이 움직이는 대로 따라 한다는 사실이 드러났다. 곡예 비행편대처럼 너무 접근하지

도, 너무 멀어지지도 않은 채 거리를 유지했다. 워낙 순식간에 일어나는 동작이라 무리 전체가 동시에 움직이는 것처럼 보인다. 새들이 빠르게 반응하는 것은 극도로 민감한 상태를 유지하기 때문인 것처럼 과학자의 설명이다. 바로 '임계 상태다'. 끓어오르기 직전의 모래더미 같다. 임계 상태에서는 열을 조금만 더 가해도, 모래알만 더 떨어뜨려도 상황은 급변한다.

임계 상태는 메뚜기 떼에서도 나타난다. 메뚜기 밀도는 높아지고 서로 뒷다리가 자주 부딪치면 뇌에서 '세로토닌'이란 신경전달 물질이 분비된다. 이 화학물질로 성격이 변해 급격히 집단성을 띠고 한 덩어리로 이동한다."라는 설명이다. 동시성은 인간에게 있어 시간적 착각을 가져와서 오류를 범하지만, 한편으로는 환경과 물리적인 양립성으로 배가적인 오류가 추가되기도 한다. 양립성은 어떤 사람이 생각한 것처럼 결과가 이루어지는 것을 말하는데, 보통 인간공학적인 상태에서는 개념의 양립성, 공간의 양립성, 운동의 양립성으로 구별한다.

#6.
경험의 이슈를
YES만 키우지 마라

어떤 목표나 대상이 관리대상이 아니라면 일상적인 것으로 정의를 하거나 혹은 눈에 보이는 관리의 대상에서 제외하여 관리하지 않거나 집중적인 자기 관리 범위에서 소외를 시킨다.

다만 시간이 지남으로 인해 가시거리의 영역에서 지나치는 정도의 관리를 둠으로 우선순위에서 벗어나게 한다. 관리나 모니터링을 하지 않고 눈도장(눈으로 유심히 보는 일)을 객관적으로 찍음으로써 사소한 것의 범위에 두게 된다. 특별한 것으로 정의가 된다면 눈과 머리와 손과 행동의 관리를 하는 인식을 하게 된다.

눈의 관리에서 첫 번째 관리대상으로 우선순위를 두게 하고, 머리로는 관리영역에서 벗어나지 않도록 염두에 둠으로써 인식하고, 인지하게 한다. 손과 발은 관리의 중요 부분을 지수화, 기준화하는데 특히 발은 행동화하고, 실행하도록 의지를 준다. 문제의 시발점은 오류라는 관점으로 접근했을 때에 인간의식, 경험에 잠재성을 가진다.

경험의 오류는 시각과 비례한다.

경험은 인간의 행동에서 시간의 결과로 나타내는 1차적인 상태이다. 인간의 발생원이 되는 경험의 오류는 잘못으로 인한 결과로 공존한다.

■ 인간 오류를 경험으로 발생하는 원인으로 3가지로 분류한다

하나는 시각에 대한 인식이다.

시각에 대한 인식이 인간의 오류를 제일 많이 범하는 것이다. 선조 때부터 익혀오던 일인지도 모른다. 보통 후손들은 이것을 어깨너머 배워왔다고 표현하고 있다. 그러다 보니 옳고, 그름에 대한 평가나 기준의 잣대가 명확지 않았다. 시각으로 배우는 것은 속도감이 우선순위를 두다 보니 먼저가 우선이지, 바른 것이 우선인 것이 아니었다. 시각에 대한 YES, NO라는 것이 명확하지 않았다. YES는 기준이나 규격이나 표준이나 룰의 안에 들어오는 경우이고, NO는 그 범위에서 벗어나는 것이라 정의해본다.

시각의 오류는 대충대충, 빨리빨리, 듬성듬성의 성급함이나 조급함이나, 깔끔하지 못한 일 처리가 내재해 있고, 병행되고 있다. 시각의 오류가 이렇게 존재하다 보니 모든 것이 NO 시선이라는 범위에서 존재한다. YES 기준의 범위에서 철두철미하게 기준의 범위에서 운영이나 관리가 되는 시선으로 되어야 한다.

YES 시선과 NO 시선은 분명한 잣대가 있어야 한다.

YES 시선은 바르게, 기준에 준해서, 실행하고 추진을 해야 하는 것을 말하고, 건건마다 긍정적이고, 적극적, 문제가 되면 즉시 개선하고자 하는 맘이 있는 것을 말한다. 그 반대로 NO 시선은 YES 시선에서 제시한 부분을 하지 않는 것을 말하는 것이며, 매사에 부정적이고, 비협조적이고, 문제에 대하여 윈윈(WIN-WIN)하지 않음으로써 상생 정신은 없고, 나만의 정신이 팽배한 것이다.

프랑스 소설가인 로맹 롤랑은 〈황홀한 영혼〉에서 "위대한 사람은 자기가 할 수 있는 일을 한다. 그러나 범인들은 할 수 있는 일도 안 하면서 할 수 없는 일만 바란다."라고 한다. 인간의 불행은 시각으로 인한 불행을 자초할 수 있다. YES 시선을 시행하지 않고, NO 시선으로 일을 추진은 단절이 되어야 한다. 사회의 불행은 인간의 오류로 시작이 되는 부분인 만큼, 없애기 위해서는 자기의 맡은 일을 각자의 위치에서 책임에서 최선을 다해야 한다. 그렇게 하지 않을 시 불행을 만들 수 있다.

두 번째는 행동에 대한 인식이다.

인간의 행동은 어떤 일에 몸에 배지 않으면 정말 위급한 상황에서 훈련의 상태로 대응하는 것이 아니라 개인의 행동으로 대응하다 보니 위급 시에는

'나' 살 궁리만 하게 된다'라는 말이 나오게 된다. 정신 분석학에서 가장 기본적으로 활용하는 가설로 그 어떤 행동에도 원인이 있다는 가설로 "콩 심은 데 콩 나고, 팥 심은 데 팥 난다" 속담처럼 원인 없이 결과가 있을 수 없다. 인간의 행동에서 어느 부분도 경험에 익숙하다 보면 몸에 익은 행동으로 처신하게 되는 것이 다반사이다.

인간의 행동은 경험에 대하여 많은 행동의 결정을 하게 된다. 몇 해 전 4월에 수많은 희생을 치른 진도 앞바다에서의 세월호 사고에 대하여 언급한 내용 중에 모 일간지에서 서강대의 신방과 교수인 나은영 교수가 '위기 닥치면 논리적 사고 대신 〈훈련, 또 훈련, 몸이 기억하게 하자〉'라는 사설에서 "사회 지탱의 토대이자, 민주시민의 기본인 안전 의식 부재가 사고의 뿌리"라고 얘기했다.

인간의 행동으로 보여준 모범 사례 중에 2001년 9.11 희생자가 줄어든 이유는 그 당시에 두 번째로 월드 트레이드 센터(WORLD TRADE CENTER) 공격 이후 17분간 남쪽 빌딩의 안전요원이 첫 번째 공격 이후 살신성인 정신으로 시민을 대피시켜 큰 피해를 줄였다.

안전 의식의 부재는 인간이 지키고, 행해졌으나 많은 수칙과 규율과 행동 중에 원인의 제공인 인간의 행동은 큰 비중을 차지하고 있다. 누구나 공감하는 사항이고, 두 번 다시 재발이 없도록 각고의 노력을 정치계나, 산업기관이나, 학교나 학회나 혼연일체가 되어 안전한 사회의 안전 국민이 선행되는 일이 되도록 많은 부분을 시스템화하고 제도화하는데 인간의 행동 부분도 중요시해야 한다. 누구나 공감하는 부분은 사회가 시급히 보완해야 할 과제이다.

세 번째는 환경에 대한 인식이다.

인간 경험의 오류 중에 민감한 부분이 환경의 부분이다. 우리 국민은 눈치작전으로 한 세대를 살아왔다. 10대에서는 학원과 초 · 중 · 고등학교, 대학교의 진학문제로 20대는 취직의 문제로 30대는 회사에서 상사와 동료와 부서원들과의 안전환경보건의 어려움 속에서 역경의 상황이나, 훈련의 상태로 대응하는 것뿐만 아니라 행동에 대한 중요성을 알게 되었다.

인간의 행동으로 인해 안전사고나 재난이나 재앙을 가져오게 되는 것이 점점 현대 사회는 산업사회에서 개인적인 사회로 변해감으로 인간행동의 비율이 높아진다. 인간의 행동 중에 경험으로 인해 인간이 얼마나 불안전한 존재인가를 알게 된다. 어떤 위험한 일의 발생원을 따져보면 사전인지가 부족했거나, 작업이나 운영기준이 없거나, 바르게 혹은 안전하게 진행하기 위한 진행자의 교육을 받지 않았거나, 이론적인 학습이 안 되거나, 경험을 받지 못했을 때, 발생하는 것이 인간의 개인화가 두드러지게 심화되고 있다. 오류 개인화(Error Individualization)라고 본다. 사회화의 가장 큰 문제가 공백화인 것이다. 공백화는 사회적인 문제인데 어느 시각으로, 어느 관점으로 보느냐에 따라 문제의 지적과 해결책이 다를 수가 있다.

인간의 행동을 YES를 준수하자는 것이다. YES가 모든 것을 반대 없이 수렴하자는 것이 아니라, 똑바로, 바르게, 올바르게, 기준대로, 표준대로 실행하고 준수하자는 행동의 실행이다. 결과론에 치중하다 보면 형식적인 YES에 만연되어 있을 수 있다. 많은 곳에서 방치되거나, 과거의 답습처럼 대부분의 인간행동에 젖어 있다는 것이다. 만연되어 있다는 것은 생각과 의식과 사고(思考)가 어느 여론같이 집중화되어 있다.

우물 안의 개구리처럼 어느 사실이나 효과나 작용에 대한 반대의 힘이 균형을 깨뜨리지 않는 한 모르고 지속적인 것에 흡수되어 버리는 것이다. 요즈음 말처럼 "속앓이", 또는 "겉으로 멀쩡해도 속으로 골병든다" 말과 같은 것이라 보면 된다.

YES에 만연되어서는 안 되는 것이 사회의 안전병을 없애는 근간이 되는 것이다. 안일한 생각과 행동이 "괜찮겠지"라는 의식과 사고가 팽배할 수 있다. 이로 인해 깊은 의미인 YES가 좋다 보니 형식적으로, 겉으로 하는 행동으로 치중될 수 있다. NO라는 것도 많아서도 안 되지만 겉으로 YES도 많아서도 안 되는 것임을 알아야 한다.

#7.
경험으로 얻는 안전은
무료가 없다

과거의 세월호, 지하철 사고, 백화점의 화재 등과 같은 안전사고와 사건들은 우리 인간에게 안전한 국가로 가기 위한 기본적인 토대가 현재 수준에서는 얼마나 불안전한가를 보여주고 있다. 불안전한 요인은 안전에 대한 국민의 의식, 태도, 수준과 각종 운영하는 부분들이 시스템, 관리, 체계적인 것이 부족하다고 보인다.

국민들은 사회가 안전을 지켜준다는 의미보다는 사회의 구성원인 국민이 어느 장소나 운송 수단을 이용하더라도 마음을 놓을 게 아니라 언제, 어디서 무슨 일이 일어날지 모르니 정신을 똑바로 차리고 있어야 한다. 국민들은 안전하고 편안한 권리를 뒷전에다 감추고 불안전 심리만 얼굴에 달고 살아야 하는 심정들일 것이다. 연이어 발생하는 빈도가 잦은 것은 그동안의 '수박 겉핥기식'과 '호박에 검은 줄을 쳐서 수박 되는 식'의 운영이 되고 있지 않았나 하는 생각이다. 규정과 기준과 표준대로 운영이 되었다면 마치 모래 기둥이 바람에 휘몰아쳐서 무너지는 것과 같은 느낌은 아니고, 든든한 버팀목 역할을 해야 하는 것이 아닐까!

안전은 작게는 개인과 더 나아가 기업과 더 나아가는 국가에까지 적용되는 중요한 부분이다. 안전은 개인과 기업과 국가의 생사까지 관여되는 사항으로 모두가 책임과 역할을 철저하게 지키고 준수해야 하는 사회의 약속이자, 서로 간의 신뢰이다.

■ 우리의 주인은 우리가 아니라 나부터다

나 대신 누가 하겠지, 나 대신 우리 중에 누가 할 거야 하는 생각이 일반화된다면 우리 정신이 희석되는 것이며, 결국은 우리의 생각이 오류로 치닫게 하고, 좋은 결과를 만들지 못하는 상태가 된다. 나 하나쯤이야 하는 방관자의 생각이 사회에 큰 병폐의 먹칠을 하는 문제가 된다.

우리, 삶의 일터에도 안전을 소홀히 하거나 인간의 불안전한 행동을 방치하거나 방관하게 되면 우리가 거저 얻어지는 결과 없이 사고로 이어진다는 것을 명심해야 한다. 어느 집단에서 구분되어 발생이 되면 사회는 사회적인 이슈로, 낙인으로 인식되고, 경제는 경제적인 몰락을 가져오는 문제를 삼기도 한다.

국가는 사회의 국가 시설에 문제가 발생하여 국가기반을 흔들어 놓을 수도 있어 불안전한 사회를 만들기도 한다. 문제점의 발생이 어느 것부터 시작되는지를 구체적으로 볼 때 기준과 규정과 표준을 철저할 만큼 인식하고 행동하는 안전의 능동자가 되어야 하고, 적극자 즉 실행자가 되어야 하는 것을 알게 되는 사례를 보자.

뉴욕에 식당의 수는 무려 24,000개 정도가 된다. 그런데 국가의 위생 기관에서는 관리와 점검항목을 210개 가지고 평점을 매기고 체크 한다. 결과를 A, B, C의 세 등급으로 운영하는데 A등급인 최상위 등급으로 1년 동안에 나오는 중간점검을 제외해 주고 B등급을 받은 업소는 6개월에 점검을, C등급을 받은 업소는 4개월에 한 번씩 점검을 받는데, 문제는 점검받을 시 적발이 되면 벌과금이 업소가 휘청할 정도의 금액이라고 한다.

등급 명판을 업소 입구에 부착함으로써 손님들이 직접 보도록 해서 등급 인식을 하게 됨으로써 최상위 등급을 받은 업소는 손님이 여전히 있겠지만 B, C를 받은 업소는 손님들이 위생 관리의 등급을 보고 최고점수를 받은 업소로 옮김으로 업소의 이익에 타격이 큰 만큼 위생 관리를 철저히 할 수밖에 없을 정도의 프로세스를 운영하고 있다. 강력한 규제를 지키도록 운영관리 하는 것이 먼저 시스템이 돌아간다는 것과 강력한 규정을 지키도록 운영관리하는 프로세스가 있다.

구체적으로 분석해본다

첫 번째는, 우리가 배울 점은 210개 항목으로 된 체크항목이다.

이 항목은 그냥 얻어진 것이 아닐 것이다. 지속적인 버전으로 관리하고 있고, 체계화되고 분류화된 코드관리의 항목이다. 어디서나 구할 수 있는 항목과 전문가들이 봐야 하는 항목으로 철저한 항목과 이것만 지키면 위생 관리의 표준이 된다는 항목이다. 우리나라와는 비교했을 때와 확연한 방법이나 운영이 다르다. 산업체에서 근무하고 있는 나로서는 담당자마다 기준이 다르고 보는 시각이 달라 지적을 기준으로 하는 것이 아니라 식견으로 관리하는 실정임을 볼 때 우리가 배울 점은 많다고 본다. 어디서나 구할 수 있는 항목과 전문가들이 봐야 하는 항목이다.

두 번째는 철저한 규정과 규칙을 준수해야 한다는 것이다.

항목을 위반할 시에는 엄청난 범칙금으로 그냥 놔두질 않는다는 것이다. 사전에 예측하기 위해 존재하는 예방규칙으로 여러 가지 형태와 규모와 종류에 따라 다양할 것이다. 위생 관리일 경우 소독과 식기 자재의 청결 상태, 음식 부자재의 신선도, 주방의 청결 등이 주된 점검이 안전성을 높인다. 피뢰침이나 이중벽이나 탱크의 안전밸브나 탱크의 안전 두께의 관리는 주변의 상태를 안전하게 해준다. 규율이나 규칙은 불안전한 상태나, 불안전한 행동의 사전 예방의 가이드이자 선행관리 지침이다.

국가기관은 학교와 기업체 간의 선의의 기준과 선행규칙들을 도출하고 버전화해서 한계에 부딪히지 않고, 새로운 것을 창출하는 지속성을 유지해야 한다.

세 번째는 인간의 신뢰성을 가져야 한다.

사회적 의미를 만들어내는 것이 협상이나 계약한 것들이 아니고 인지적인 조항들이 규칙과 규정이다. 조항들은 신뢰성과 직결된다. 과거에 준수되고 지켜온 것들이 지금도 지속적으로 지켜질 것이라는 생각이다.

믿음은 신뢰와 직결이 되어서 현재까지도 조항들이 지속적으로 관리하기 위해서는 주체가 되는 인간 중심이 우선으로 결집이 되어야 한다. 그 가운데서 인간의 행동과 태도가 타인의 물질적인 향응이나, 유혹에 신뢰를 깨트리는 졸속한 행위로 치우침이 없이 공사의 구별되는 가운데서 유지되는 보이지 않는 신뢰성이 선행되어야 한다.

독일의 정치평론가인 볼프강 조프스키는 "안전의 법칙"이라는 저서에서 "신뢰는 일상생활에서 중요한 것은 희망의 원칙이 아니라 신뢰의 프래그머티즘(실용주의)이다. 기존의 관례나 허구가 더 이상 작동하지 않을 때는 신뢰의 프래그머티즘이 안전을 만들어낸다. 물론 모든 것이 불확실한 상황에서는 신뢰도 아무런 도움이 되지 못한다"라고 한다. 인간이 신뢰를 갖지 못하면 여러 가지의 불투명의 경고신호로 가득하고, 질서 및 차례가 지켜지지 않은 경고장들이 남발되면 최고조일 때 많은 신뢰감을 잃게 되며, 결국 신뢰와 불신의 경계선에 접하게 된다. 극도로 잘못되어 있는 인간의 신뢰감을 저버리게 된다.

인간의 신뢰는 절대적인 존재 이유이며 실존이다.

불투명해도, 보이지 않는다고 해도, 어느 평가를 매긴다고 해도 당장 이익이 현존하는 않는다고 해도, 약간의 불평이 있어도 진심이 담기지 않아도 멀리 보는 안목을 가지도록 하자. 모든 것에 신뢰를 다 가질 수는 없다. 신뢰는 지속적이고 안전하게 유지 관리하기 위해서는 평등의 유지관리를 가져가야 한다. 신뢰는 통제와 보정장치를 통해 지탱되고, 현실적으로 검증할 수 있어야 한다. 우리가 사례에서 볼 수 있었듯이 양측의 이해관계가 신뢰하고 서로 간에 좋은 정보와 공유로 발전적인 관계로 통제되고 보호되어야 한다.

결론적으로 인간의 오류에서 자유로워지려면 안전해야 한다. 인간의 오류를 구속에서 탈피하기 위한 것은 안전이고 인간의 행동이다. 자유란 불규칙하고 불안전한 반경에서의 혼재, 강제와 감시 감독의 부재, 신뢰를 갖지 못하는 경고장들의 산재 등이 존재한다는 것을 믿고 있어야 한다. 안전은 공짜로 얻어지는 것이 아니라 최소한 이것들이 결집이 되기 위해서는 삼결집이 되어야 한다.

삼결집은 코드관리와 규정의 준수와 인간의 신뢰임을 다시 한번 강조한다. 기준을 현실에 맞게 만들고 적용하되, 실용성 있게 만들고, 적용시 철저하게 준수하도록 강력한 도구와 방법을 운영해야 한다. 인간의 행동은 교육부터 실행하되 반짝이는 햇볕 정책 말고 '백년대계'라는 관점으로 접근해서 실행하는 방법을 찾아야 한다.

왜 인간은 오류를
반복하고 있는가?

불안은 여러 관점 중에서 어느 시각으로 보느냐에 따라서 문제의 접근방법과 해결책이 조금씩은 다르다. 불안은 인간에서 비롯되는 것 중에 일부이며 불안한 행동과 연관되어 있다면 더욱 가중될 것이다. 사고와 연관된다면 발생원이 오류 중에 빈도가 클 것이다.

심리적인 불안은 해결책으로 인간의 마음으로 접근이 되어서 풀어야 하고, 사회적인 불안은 정책이나 여론이 크게 방향을 잡고 풀어야 한다. 연일 사고가 발생하여 사회가 불안하다면 근본적으로 문제점을 발 앞의 불보다 장기적인 정책의 접근이나 대중이 인지하는 방향으로 해결접근이 되어야 한다.

안전과 연관된 산업 현장에서의 사건, 사고들의 불안은 초기에 문제에서 이슈가 되어 사회와 국가적인 비상 선포까지 가는 문제로까지 발생이 된다. 대책은 참 원인인 발생원의 원인부터 시발점을 찾아서 장기적인 대책을 세워서 재발이 없도록 해야 한다. 문제는 여기서 놓치고 가는 경우가 인간의 오류이다.

인간의 오류를 보통 사람들과 일부 학자들은 결과를 기술적, 관리적, 교육적, 기능적이라 해서 결론을 정해놓고 대책을 수습하다 보니 깊숙한 문제는 언급하지 않고 겉만 돈다. 인간의 오류는 뱀 꼬리처럼 슬그머니 "담 넘어가듯이" 은근슬쩍 넘어가는 것으로 마무리해서는 안 된다. 이제는 안전의 시민 정신과 오류를 범하지 않는 실질적인 정신과 실행이 세워져야 하고 눈가리고 아옹 하는 현장관리가 소홀히 되어서는 안 된다.

철학자이자 소설가인 알랭드 보통은 〈불안〉이라는 저서에서 "우리는 불안을 먹고, 불안을 낳으며, 불안 속에서 살아간다. 불안은 특별한 것이 아니라 모든 평범한 삶의 조건이고, 산다는 것은 하나의 불안을 또 다른 불안으로 바꿔 가는 과정"이라고 했다.

현대를 살아가면서 불안의 조건은 없을 수는 없다. 시간의 변화 속에 내가 바뀌어 가고, 환경이 바뀌어 가고, 지식의 흐름과 문화의 변화도 조금씩 바뀌어 가고 있다. 요즈음 흔한 인터넷으로 인해 세계화는 인식에 따라 이른 시간 속에 습득되어 가고 있다.

인간이 주체라고 하면 인간의 오류로 초래되는 삶의 과정은 오류의 조건을 달고 다닐 수 있다. 불안이 삶의 과정의 시간에서 정체되어 묵인되는 것이 아니고 연속되는 것에 우리는 초점을 맞춰야 하고, 과정이라면 같이 인식되어가는 과정에서 해소되거나 없어져야 한다. 다만 일을 하는 전부와 부분에서의 그와 관련된 협력자, 관리자, 조업자, 기술자, 고객 등이 있다.

1인 혼자 하는 붕어빵을 만드는 아저씨도, 24시간 생산을 하는 제조공장도 인간의 오류가 발생할 수 있는 요인이라면 예외일 수는 없다. 움직이는 상태나 행동의 연속이라면 불안에서 해소될 수 없는 것과 같다.

〈불안한 현대 사회〉의 저자인 공동체주의의 대표적 이론가인 찰스 테일러는 현대 사회의 불안요인을 민주사회의 실패사례로 얘기를 하고 있다. 그 요인들을 보면 개인주의의 만연, 도구적 이성의 지배, 시민으로서 정치적 자유의 상실들을 원인으로 삼고 있다. 제 개인적인 생각도 우리 사회뿐만 아니라 나라도 불안을 초래하는 요인이 이 세 가지에 포함되어 있다.

자기만의 이기심 팽배, 서로 간에 상생하지 못하는 마음, 물질적인 만능 추구로 인한 사회의 혼돈, 주관주의의 침몰로 인한 사회의 눈치 보기의 만연, 지연과 학연으로의 잘못된 인지가 팽배한 것이 현실이다. 서로 간에 묵인해가는 사회의 통념은 분명히 짚어 봐야 한다.

영국의 소재 마케팅 회사인 JWT가 국가별 불안의 정도와 내용을 측정해 발표했는데(Anxiety-Index) 이에 따르면 2008년 금융 위기 이후 불안의 정도가 세계 각국에서 전반적으로 높았던 가운데, 가장 높은 러시아와 가장 낮은 중국은 6배가 넘는다.

예를 들면 미국의 경우는 국가 경제, 생활비에 대한 불안이 높고 브라질은 의료비와 범죄가 높았다. 우리나라는 언급은 없었지만 불안의 요소를 인간의 오류가 가장 크다고 언급하지 않았을까 하는 생각을 해본다. 인간의 참 오류의 원인을 불안, 공포, 사고, 오염, 화재, 사회의 오염과 이슈, 산업발전의 치명적인 타격과 정체성의 혼란, 사회 전반의 장애요소 및 가치의 혼돈, 불안사회의 고조 등이 회자정리가 될 수 있다.

안전관점에 인간의 오류를 정리하다 보니 경제적인 측면의 금융적인 측면에서의 오류가 있을 수 있다고 들어 사례를 본다. 세계 금융가의 큰손이자, 펀드 매니저인 조지 소로스는 "오류의 시대"라는 저서에서 주된 내용을 경제적인 측면에서 미국의 금융 문제를 놓고 인간과 미국이 범할 수 있는 휴머니티를 통한 주제의 접근과 통찰력으로 표현하고 있다. 인간의 오류를 인간의 무지, 무식, 무능력, 무적응, 무착각, 무인지, 무경험, 무자각, 무의지, 무식별 등으로 발생하는 것으로 일반적인 요인으로 논하고 있다. "무"라고 표현을 하는 것이 없다고 표현을 한 것보다는 어떤 기준과 어떤 상태나 행동에서 못 미쳐서 일에 대한 끝맺음이 안 되었을 때를 말한다. 그 결과를 도출하기 위하여 쉽게 모자라고, 못 미치는 것을 "없다"라고 표현을 일반적 표현으로 한다.

인간의 오류는 큰 프레임에서 보면 도움을 줄 만한 책은 몇 년 전에 제가 출판한 "오류엔 원칙밖에 없다"라는 저서에서도 인간의 오류로 예방할 수 있는 항목에 5가지를 표현했다. 그 언급한 내용은 인간의 행동에서 중요한 다섯 가지를 태도, 문화, 스트레스, 행동, 혁신의 다섯 가지로 언급했다.

이 다섯 가지가 인간의 오류로 전체를 대체할 수는 없지만 빠져서는 안 되는 요인이다. 이번 출간한 책도 인간 오류가 왜 발생하는지를 인간의 요인으로 정리한 것이 여섯 가지 인자로 정리한 것이다.

6대 인자는 행동, 위험인지, 의식, 지식, 생각과 경험의 오류를 가지고 안전관점, 오류의 접근을 서술했다.

특히 여섯 가지의 주된 내용을 핵심적인 말로 정리해본다. 행동오류는 인간의 움직임에 대하여 우선순위를 어디에 두느냐의 관점으로 이벤트나 폴트(Fault), 실수나 잘못을 일으키게 되는 것이다. 위험인지의 오류는 인간이 가지고 있는 오류의 접근방법과 표현과 구두나 문서의 소통 잘못으로 발생할 수 있는 것으로 보았다.

의식의 오류는 인간의 오류 중에 발생할 수 있는 에어리어에 대한 언급을 하고 있다. 존(지대: Zone)은 관리지역도 될 수 있고, 자기가 맡은 영역의 관리나 해야 할 권리와 책임을 얘기하고 있다. 지식의 오류는 인간의 오류 중에 행동의 요인으로 인해 인간이 놓치고 가는 지식의 한계나 범위의 초과로 인해 핵심적인 부분과 실행을 정의한 것이다. 지식은 앞나 말했듯이 오류를 발생하는 것은 인간이 지식 중에 무엇을 놓치고 가기 때문에 왜 발생하는지를 말했다.

생각의 오류는 인간의 행동으로 실행하기 전에 생각의 차이가 발생하는데 이로 인해 문화적인 차이가 발생하여 실행의 차이를 갖게 되는 부분을 갭으로 발생하는 것을 표현한다. 생각은 사고의 뜰을 갖는 중요한 부분이고 안전 의식 수준을 높이기 위해 각별한 노력을 해야 하는 부분이다. 경험의 오류는 인간행동의 오류 중에 가장 발생할 수 있는 범위가 넓고, 가장 오류가 발생할 수 있는 원인의 요인도 많다. 경험은 인식과 자신과 이론과 경험의 겸비함으로써 발생하는 동시성을 갖는다. 〈사람이 오류일 때〉라고 언급을 할 때 사실 여섯 가지 비중이 크다고 생각해 전체를 좌우한다고 피력해 본다.

오류가 발생하면 생각과 행동의 역행지수, 불행지수, 방해의 지수가 되지만, 사람이 오류를 알고 대처하면, 행복지수와 건강지수, 행복지수, 생산지수의 모든 것이 사례에서 볼 수 있었듯이 양측의 이해관계를 신뢰하고 추구하는 좋은 선행의 지수로 발전해서 인류의 오류가 없는 가정과 직장과 인류의 각 터전에서 발전과 혁신만이 지속되길 바란다.

【참고문헌】

- 제1장 -

1. 한스 페터 페터스,《위험인지와 위험 커뮤니케이션》, 송해룡, 김원제, 서울 커뮤니케
   이션북스㈜, 2009, pp 45

2. 중앙일보, 2011, 4월 5일 (poemloveyou@hanmail.net)

3. 김왕배, 서남규, 〈2006년 연구 보고서; 외국계 기업과 국내기업의 안전문화 비교연
   구〉, 한국 산업안전공단, 2006, pp 5~7

4. 짐 콜린스,《좋은 기업을 넘어 위대한 기업으로》, 김영사, 2002, pp 185

5. 김성호,《일본전산 이야기》, 쌤앤파카스, 2009, pp 102

6. 파리드 엘라시머위, 필립 R.해리스,《글로벌 시대 성공을 위한 이문화 경영기법》, 삼
   성 국제경영연구소 옮김, 삼성 인력개발원 국제경영연구소, 1995, pp 93

7. 새뮤얼 헌팅턴, 로렌스 해리슨,《문화가 중요하다》, 이종인 옮김, 김영사, 2000, pp
   60

8. 중앙일보, 2012, 08.11. (오피니언 31)

9. 이영직,《세상을 움직이는 100가지 법칙》, 스마트 비즈니스, 2009, pp 134

10. 사토 인이치,《문제해결의 기술》, 새로운 제안, 2003, pp 15

11. 이상훈,《세상을 지배하는 숨은 법칙》, 21세기북스, 2012, pp 70

12. 〈안전에는 공짜가 없다〉 조선일보. 2014.04.07

13. 댄 매리얼리 지음,《거짓말하는 착한 사람들》, 이경식 옮김, 청림출판, 2012, pp 268

‑ 제2장 ‑

1. 아즈카 아키오 지음,《변혁의 시대, 리더는 무엇으로 사는가》, 국제사회문화 연구소 옮김, 고려원, 1992, pp 254

2. 크리스토퍼 차부리스, 대니얼 사이먼스,《위험인지와 위험 커뮤니케이션》, 김명철 옮김, 서울 커뮤니케이션북스㈜, 2009, pp 45

3. 존 팰프리. 우르스 가서,《그들이 위험하다》, 송연석, 최완규 옮김, 갤리온, 2008, pp 06

4. 김태형,《불안 증폭 사회》, 위즈덤 하우스, 2010, pp 13

5. 노진철,《불확실성 시대의 위험 사회학》, 한울아카데미, 2010, pp 7

6. 새뮤얼 헌팅턴, 로렌스 해리슨,《문화가 중요하다》, 이종인 옮김, 김영사, 2000, pp 60

7. 중앙일보. 2012.04.10. 30 PAGE. Opinion

8. 중앙일보. 2013.03.15. 34 PAGE. Opinion

9. 자크 아탈리,《세계는 누가 지배할 것인가》, 청림출판, 2012, pp 36

10. 제러미 리프킨,《공감의 시대》, 민음사, 2010, pp 675

11. 이태혁 지음,《지면서 이기는 관계술 114》, 위즈덤하우스, 2013, pp 20~21

12. 중앙일보. 2014.06.13. B10 Opinion

‑ 제3장 ‑

1. 김원석,《디지털 생존 교양》, 갤리온, 2010, pp 143

2. 새뮤얼 헌팅턴, 로렌스 해리슨,《문화가 중요하다》, 이종인 옮김, 김영사 2000, pp

60

3. 조성환,《성격 리더십》, 좋은책 만들기, 2004, pp 139

4. 이태복,《변화는 마침표가 없다》, 2007, pp 26

5. 이근배,《의지력》, 경향미디어, 2006, pp 68

6. 조지 와인버그, 다이엔로우 지음,《의지력》, 김재필 옮김, 한언출판사, 1997

7. 제럴드 잘트만 지음,《How customers think》, 노규형 옮김, 21세기북스, 2003, pp 8, pp 103

8. 우종민.《마음력》, 위즈덤하우스, 2007, pp 7~8

9. 수 해드필드, 질 해슨,《적극성에 스펙을 걸어라》, 북허브, 2012, pp 134

10. 웨인 다이어,《행복한 이기주의자》, 21세기북스, 2012, pp 119~120

11. 전경일,《레드플래그》, 다산북스, 2008, pp 26~27

- 제4장 -

1. 이호선,《질문이 답이다》, 창림출판사, 2007, pp 13~14

2. 제러미 리프킨,《공감의 시대》, 민음사, 2010, pp 132

3. 문영미,《디퍼런트》, 살림 Biz, 2012, pp 11

4. 이영직,《세상을 움직이는 100가지 법칙》, 스마트 비즈니스, 2009, pp 94

5. 제러미 리프킨,《3차 산업혁명》, 민음사, 2012, pp 15

6. 웨인 다이어,《행복한 이기주의자》, 21세기북스, 2012, pp 87, pp 141

- 제5장 -

1. 톰 피터스,《리틀 빅 싱》, 더난 출판, 2010, pp 426

2. 중앙경제. 2012.05.09. Opinion

3. 중앙일보 중앙 sunday 미래 탐사팀 지음,《10년 후 세상》, 청림출판, 2012, p 35

4. 조셉 포크만 지음, 이종훈 지음,《피드백의 힘》, 북 폴리오, 2007, p 21

5. 크리스토퍼 호에익 지음,《문제해결의 법칙》. 박영수 옮김, 예문, 2004, pp 65

6. 가토 다이조 지음,《심리경영》, 양경미 옮김, 오늘의 책, 2002, pp 16

7. 에릭 시노웨이, 메릴 미도우 지음,《하워드의 선물》, 김명철, 유지연 옮김, 위즈덤 하우스, 2013, pp 56~57

8. 다카스키 히사다카 지음.《맥킨지 문제해결의 이론》, 도서출판 일빛, 2006, pp 256

8. 김난도,《트랜드 코리아 2020》, 미래의 창, 2019, pp 429

9. Daum 백과, 어학 사전, 매경 시사용어 사전

– 제6장 –

1. 볼프강 조프스키 지음,《안전의 법칙》, 푸른 숲, 2007, pp 26

2. ROY E. SANDERS (여영구, 이수경) 공역,《화학 에너지 안전 공학 실무》, 도서출판 아진, 2007, pp 7

3. 마커스 버킹엄, 도널드 클리프턴,《위대한 나의 발견* 강점 혁명》, 윤봉락 감수, 박정숙 옮김, 청림출판, 2003, pp 40, 41

4. 중앙일보, 2013.10.19. 24 PAGE. Opinion

5. 중앙일보, envirepo@joongang.co.kr

6. 스샤오엔 지음,《내 편이 아니라도 적을 만들지 마라》, 양성희 옮김, 다연, 2012, pp 52

7. 중앙일보. 2014.04.18. Opinion 31

– 맺음말 –

1. 찰스 테일러 지음,《불안한 현대 사회》, 송영배 옮김, 이학사출판, 2001, pp 12

2. http://001ti.tistory.com

여섯 가지 핵심 오류 관리

우리는 왜
똑같은 오류를
범할까

초판인쇄 2023년 12월 08일
초판발행 2023년 12월 08일

지은이 윤용구
펴낸이 채종준
펴낸곳 한국학술정보(주)
주 소 경기도 파주시 회동길 230(문발동)
전 화 031-908-3181(대표)
팩 스 031-908-3189
홈페이지 http://ebook.kstudy.com
E-mail 출판사업부 publish@kstudy.com
등 록 제일산-115호(2000. 6. 19)

ISBN 979-11-6983-841-2 13330